湖南省优秀社会科学学术著作出版资助项目

# 外商投资税收激励与政策调整

WAISHANG TOUZI SHUISHOU
JILI YU ZHENGCE TIAOZHENG

刘建民 著

人民出版社

# 序

　　建民教授长期从事我国财税理论和实务的教学和科研工作,且学有所成。《外商投资税收激励与政策调整》一书是他在其博士学位论文基础上经补充修订后完成的。该书获得第十二届湖南省优秀社科学术著作立项资助,即将由人民出版社出版。作为他的指导教师,我很高兴为其作序。

　　在当前世界经济一体化的浪潮中,无论是从西方发达国家的经济发展史还是从上世纪亚洲的韩国、新加坡等新兴工业化国家的经济发展历程来看,没有哪一个国家是在完全封闭的经济环境下实现经济腾飞的,相反,无一例外的都是成功地通过国际贸易或利用国外资源,主要是引进外资而实现的。基于此,无论是发展中国家还是发达国家都把吸引外资作为促进本国经济发展的重要手段。

　　我国从 20 世纪 70 年代末期开始改革开放,吸引外资,截至2005 年底,已累计批准设立外商直接投资企业 26 万家,合同利用金额累计达 14600 多亿美元,实际使用外资金额 8 千多亿美元。我国自 2002 年首次超过美国以来就一直是世界上利用外资最多的国家。而国家间税收差异被认为是吸引外资的一个重要因素,对税收工具的运用也理所当然地成为各国引资的重要方式,尤其是税收激励手段的运用。我国政府历来高度重视并积极探索税收激励创新,这也是我国成为世界上最大的外资流入国的重要因素之一。

　　时至今日,我国早已打破了“双缺口”的历史瓶颈,摆脱了长期短缺经济的困扰,追求外资已不单单是数量上的问题,而是如何不断提高外商投资质量,调整利用外资结构,推动我国的技术进步、产业升级和促进区域协调发展的问题。

　　本书在内容上既丰富又新颖，既不同于现有的众多的研究外资的专著，也不同于众多的研究税制改革的专著，而是紧密结合经济发展现实，以税收激励问题为主线，以国际投资理论、税收激励理论、税收效应理论为指导，深入系统研究涉外税收政策调整影响外商投资决策的机理及其对经济增长的作用。在研究方法上，注重吸收与创新相结合，以外商投资动因为研究起点，以税收激励为切入点，在充分吸收前人成果与国际外资税收激励经验的基础上，遵循从理论分析到实证分析到对策研究的逻辑顺序，采用理论与实际、历史与现实、定量分析与定性分析、国内纵向比较与国际横向比较相结合的方法，全面系统地分析和研究了外商投资的动因、外商投资税收激励效应、外资税收激励政策国际比较及我国外资税收激励政策实施效果与存在的问题，提出了我国涉外税收政策调整的建议与对策。

　　就在本书即将出版之前不久，第十届全国人民代表大会第五次会议审议通过了《中华人民共和国企业所得税法》，由于该法调整外资企业所得税的税率，无疑会对规范外资企业的税负，进而对形成公平的外资发展环境产生积极而深远的影响。值得一提的是，本书作者提出的一些观点与此次法律修订的某些内容不谋而合，提出的某些建议也可以在该法中得到印证，这无疑说明了本书具有较强的超前性与时代感，也足见作者把握我国经济发展动向所具有的敏锐洞察力和厚实的学术功底，而这些都要归功于其不懈攀登学术高峰的精神和严谨治学的科学态度。然而，书无尽言，言无尽意，有些问题在本书中还没有完全展开，甚至还有待于进一步深入地研究，尽管如此，瑕不掩瑜，本书仍具有很强的理论指导意义和重大的现实价值。希望借此作序，祝愿他在今后的研究工作中取得更大的成绩。

　　是为序！

王姚冲

二〇〇七年十月于长沙石佳冲

# 目　录

第1章　导　论 ……………………………………………………（1）

1.1　选题背景 ………………………………………………………（1）

1.2　文献综述 ………………………………………………………（3）

1.3　本书的逻辑框架及主要创新点 ………………………………（7）

　1.3.1　本书的逻辑框架 …………………………………………（7）

　1.3.2　本书的主要创新点 ………………………………………（8）

第2章　外商投资动因与税收激励 ………………………………（9）

2.1　外商投资动因组合 ……………………………………………（9）

　2.1.1　对外投资理论的发展脉络 ………………………………（9）

　2.1.2　国家鼓励企业对外投资的动因分析 ……………………（14）

　2.1.3　企业实施对外投资的动因分析 …………………………（18）

2.2　税收激励在外商投资动因中的作用 …………………………（24）

　2.2.1　税收激励的涵义及工具 …………………………………（24）

　2.2.2　税收激励对 FDI 的影响 …………………………………（26）

2.3　不同类型企业对外投资的动因差异 …………………………（33）

第3章　我国外商投资税收激励政策的沿革 ……………………（40）

3.1　我国吸引外商（直接）投资沿革及现状 ……………………（40）

　3.1.1　我国吸引外商投资的历史沿革 …………………………（40）

　3.1.2　我国利用外资的现状 ……………………………………（42）

3.2　中国外商投资税收激励政策的沿革 …………………………（43）

　3.2.1　第一阶段（1978～1982 年） ……………………………（44）

　3.2.2　第二阶段（1983～1991 年） ……………………………（45）

　3.2.3　第三阶段（1992 年以来） ………………………………（48）

3.3 我国现行涉外所得税制 …………………………………… (50)

**第4章 外商投资税收激励的效应分析** …………………………… (55)

4.1 FDI税收政策的评判标准和外资规模效应 …………………… (56)

4.1.1 FDI税收政策效应的评判标准 ……………………… (56)

4.1.2 税收激励的外资规模效应 ………………………… (56)

4.2 税收激励政策的效应分析:基于流转税和所得税的视角 ……… (58)

4.2.1 税收激励政策的收入效应分析 …………………… (58)

4.2.2 税收激励政策的资源配置效应分析 ……………… (61)

4.3 针对两类外资税收激励的效应分析 …………………………… (64)

4.3.1 基于市场导向型FDI的分析 ……………………… (64)

4.3.2 基于出口加工型FDI的分析 ……………………… (71)

4.4 外商投资税收激励的正负效应分析 …………………………… (76)

4.4.1 外商投资税收激励的正效应分析 ………………… (77)

4.4.2 外商投资税收激励的负效应分析 ………………… (78)

4.5 外商投资税收激励效应的客观差异性 ………………………… (82)

4.5.1 外商投资税收激励效应差异因跨国公司性质不同而不同 …… (82)

4.5.2 外商投资税收激励效应差异因激励工具不同而不同 …… (83)

4.5.3 外商投资税收激励效应因母国税制的不同而不同 …… (84)

4.6 税收竞争的效应分析 …………………………………………… (85)

4.6.1 外商投资税收竞争的动因——一个简单的博弈分析 …… (85)

4.6.2 东道国实施税收竞争的作用分析 ……………………… (87)

**第5章 外商投资税收激励政策的国际比较** …………………… (91)

5.1 四国(地区)鼓励外商投资税收激励政策的共性分析 ………… (91)

5.1.1 低税率优惠 ………………………………………… (91)

5.1.2 税收减免 …………………………………………… (92)

5.2 四国(地区)鼓励外商投资税收激励政策的差异分析 ………… (99)

5.2.1 香港与新加坡税收激励政策的比较 ………………… (99)

5.2.2 韩国与印度税收激励政策的比较 …………………… (100)

5.3 四国(地区)的税收激励政策对国民经济产生的影响 ………… (104)

5.3.1 四国(地区)吸引FDI政策的效果比较 ……………… (104)

5.3.2 FDI流入对四国(地区)产业发展的影响 …………… (106)

5.4　四国(地区)鼓励外商投资税收激励政策的成功经验 ············ (107)

## 第6章　中国外商投资税收激励的实证分析 ················ (111)

6.1　引言 ···················································· (111)

6.2　实证分析 ················································ (112)

6.2.1　中国外商投资税收激励与引资规模间的实证分析 ·········· (113)

6.2.2　中国外商投资税收激励与引资结构间的实证分析 ·········· (115)

6.2.3　中国外商投资税收激励与外商投资企业税收收入间的实证
分析 ················································ (118)

## 第7章　中国外商投资税收激励政策存在的主要问题 ········ (121)

7.1　外商投资税收激励成本过高 ································ (121)

7.1.1　税收激励的类型 ······································ (121)

7.1.2　税收激励的成本 ······································ (124)

7.2　税收激励政策的边际收益递减 ······························ (129)

7.2.1　正确看待税收激励在引进外资中的作用 ·················· (129)

7.2.2　税收激励在投资环境中的权重降低 ······················ (131)

7.2.3　税收竞争影响了我国税收激励政策效果 ·················· (133)

7.2.4　税收激励的国际协调滞后 ······························ (135)

7.3　税收激励的结构性效应不强 ································ (137)

7.3.1　税收激励的产业结构导向性不强 ························ (137)

7.3.2　税收激励加剧了区域经济发展的不平衡 ·················· (139)

7.4　税收激励政策缺乏系统性和动态性 ·························· (143)

7.4.1　税收激励政策庞杂 ···································· (144)

7.4.2　税收激励政策缺乏系统性 ······························ (145)

7.4.3　税收激励政策缺乏动态性 ······························ (145)

7.5　税收激励政策缺乏法制化和规范性 ·························· (146)

## 第8章　中国涉外税收政策调整 ·························· (148)

8.1　中国涉外税收激励政策调整的必要性分析 ···················· (149)

8.1.1　涉外税收激励政策调整是适应其引资效应变化的需要 ······ (149)

8.1.2　涉外税收激励政策调整是适应 WTO 规则的需要 ·········· (152)

8.1.3　涉外税收政策调整是避免恶性国际税收竞争的需要 ········ (155)

8.1.4 涉外税收政策调整是顺应世界性税制改革潮流的需要 …… (157)

8.2 中国涉外税收政策调整的基本思路:建立质量导向型政策体系…… (158)

8.2.1 涉外税收政策调整应服务于引资战略调整 ……………… (159)

8.2.2 涉外税收政策调整应体现引资质量提高的需要 ………… (160)

8.3 中国涉外税收政策调整的基本原则 ………………………… (162)

8.3.1 公平与效率相结合的原则 …………………………… (163)

8.3.2 产业税收激励与区域税收激励相结合的原则 …………… (165)

8.3.3 适度性与可操作性相结合的原则 …………………… (166)

8.3.4 国际化与本土化相结合的原则 ……………………… (167)

8.4 中国涉外税收激励政策调整 ………………………………… (168)

8.4.1 涉外税收优惠方式调整 ……………………………… (168)

8.4.2 产业税收激励政策调整 ……………………………… (171)

8.4.3 区域税收激励政策调整 ……………………………… (174)

8.5 中国涉外税种的调整 ………………………………………… (176)

8.5.1 企业所得税的调整 …………………………………… (176)

8.5.2 流转税的调整 ………………………………………… (181)

8.5.3 其他税种的调整 ……………………………………… (183)

8.5.4 税收征管的优化调整 ………………………………… (185)

8.6 中国涉外税收政策调整的配套措施 ………………………… (187)

8.6.1 进一步完善吸引外商投资的法律体系 ………………… (187)

8.6.2 为实施税收激励政策营造良好投资环境 ……………… (189)

结　论 ……………………………………………………………… (192)

参考文献 …………………………………………………………… (194)

后　记 ……………………………………………………………… (201)

# 第1章 导　　论

## 1.1　选题背景

　　许多发展中国家在其经济发展过程中都把吸引和吸收外国直接投资（FDI）作为该国经济发展的一项重要战略。据最新发布的《2005 年世界投资报告》显示，2004 年，外国直接投资的全球流动在经历下滑以后首次出现反弹，外国直接投资流入总额为 6480 亿美元，比 2003 年增长 2%，而流入发展中国家的外国直接投资强劲上升 40%，达到 2330 亿美元。这说明，在经济全球化的潮流中，外国直接投资对各国社会经济发展的影响日益扩大，尤其是对发展中国家。正因为如此，如何正确处理吸收外国直接投资与发展本国经济的关系，制定和执行有效的吸收外资战略，就成为世界各国，特别是发展中国家在世界经济一体化大潮中面临的严峻挑战。

　　改革开放以来，我国陆续制定了一系列以吸引外资为目的的税收政策，建立了专门针对外资的税制体系框架，外资在促进我国固定资本形成、技术进步和管理水平提高、产业结构调整与升级、就业机会扩大与就业质量提高、市场经济体制的构建与完善等方面发挥了重要作用，其已成为我国名副其实的经济增长的发动机。自 1992 年起，中国就成为利用外资最多的发展中国家，2004 年中国以 610 亿美元的外国直接投资流入继续位居发展中国家之首。1983～1999 年期间，中国经济总量（GDP）对外商直接投资总量的综合弹性比为 0.121，按照市场汇率计算，中国引进外商直接投资的存量占 GDP 的比重已经上升到 34%，大大超过全球 22% 平均水平[①]。在拉动经济增长的作用上，2001 年我国 GDP 增长的 7.3 个百分点中，外商投资企业贡献了 1.9 个百分点[②]；在吸

---

　　① 赵晋平：《利用外资与中国经济增长》，人民出版社 2000 年版。
　　② 汪小涓："中国的外贸对经济增长、结构提升和竞争力的贡献"，《中国社会科学》2002 年第 6 期。

收就业上,1991～1999年期间,外商投资企业新增从业人员546万人,为我国创造了大量的就业机会;在税收收入贡献上,来自外商投资企业的所得税在1994～2002年期间一直以高于内外商投资企业所得税总额的速度增长,其在所得税中所占份额从1994年的6.99%上升到2004年的22.89%①。可以预见,在世界经济一体化的进程中,我国将继续成为外商投资的重点选择区域,外资将对中国的经济体制改革以及国民经济发展产生更为重大的影响。

不过,涉外税收是中国整体税制的一个重要组成部分,二者应该保持有机的统一与协调,而涉外税收在体现国家税收激励政策时,应强调税收激励工具的正确运用以确保激励效果的发挥。然而,由于我国投资环境的变化与税收制度的变迁,我国现行的外资税收制度所存在的问题逐渐暴露出来。首先,我国内资税制与外资税制中存在大量不和谐之处,制度的矛盾与冲突不仅影响我国整体税制优化的进程,而且在一定程度上有损市场竞争秩序;其次,外资税收激励政策的运用缺乏科学合理的理论依据,往往注重引资的利益而忽略了税收成本,较高的引资代价降低了引资的实际效益,这一点已引起了有关专家学者的关注②;再次,由于理论研究的相对滞后,我国外资税制未根据经济形势的变化做出动态性调整,无法适应我国在新的历史时期转变引资战略的需要;最后,外资税制的制定缺乏系统性考虑,税制优化与经济发展战略调整的割裂、税收政策与其他政策的割裂、国内税制与世界税制的割裂,制约了税收调控功能的发挥。

近年来,西方经济学家纷纷运用现代经济学分析方法来考察税收因素对跨国投资所产生的效应,西方国家也纷纷对本国的外资税制做出了评估,并根据自身的环境与需要对外资税制做出了相应的调整。国外学者分别从不同角度对税收的投资激励以及外资税制构建进行了研究。但总的来说,由于国情的差异,现有的研究还不能为我国外资税制的设计提供一个适用的、完整的理论框架,更不能提供一个可操作性方案。而我国学者在该领域的研究和探索明显不足,存在许多的理论分歧和空白,认识较为模糊。在现有的研究文献中,有的只注重国际比较而忽视中国国情,有的虽重视中国国情却缺乏科学完整的理论支持。税收对我国吸引外商投资是否重要? 税收如何影响外商投资

---

① 国家税务总局统计资料。
② 邓宁(John H. Duning):"重估外国直接投资的利益",《里丁大学国际投资与商务研究研讨会论文》1994年第7期。

决策的地点选择？不同税收激励工具在影响外商投资上存在何种差异以及税收激励政策的有效性如何？我国现有涉外税收政策存在什么缺陷？应该如何进一步调整我国的涉外税收政策并进行税收激励工具的创新？这一系列的问题都值得进行全面、系统的探讨。我国接受外商直接投资巨大，且呈增长趋势，吸引外资的实践已有 20 多年的历史，并且在地区分布上具有典型的差异性特征，这就为学术研究提出了迫切的课题及可供研究的对象。我国在利用外资方面的数据具有多样性及时空上的关联性，也使得这一方面的研究能够得以深入。

## 1.2　文献综述

随着经济全球一体化的到来和要素国际流动的日益加速，如何吸引更多的 FDI 为国家的经济发展积累更多的资本，一直是每个国家努力的方向。经济学界对于一国的税收政策对 FDI 的影响的研究，可谓仁者见仁，智者见智。特别是 2005 年"两会"召开前后，内外商投资企业所得税合并再次成为学术界和媒体讨论的焦点，有关争论的核心就在于如何看待对外直接投资（FDI）的税收优惠，是应该尽快取消这种优惠政策，还是应当给予一定的过渡期。我国有关外商直接投资税收优惠政策的讨论大都建立在理论分析的基础之上，没有相应的实证分析来支持，这就使各种观点缺乏相应的说服力。而外国的分析方法大都建立在调查和数据分析的基础之上，采用的方法比较客观，并进行计量分析。总的来说，国内外的观点主要分为以下几种：

第一种观点认为税收政策对一国的 FDI 影响无效。

国外最早有关该观点的讨论始于 1955 年 Barlow 与 Wender[5] 对海外投资 247 家美国公司进行的调查，被调查者要回答的一个问题是，公司到外国投资前希望获得的条件。只有 10% 的公司将优惠的外国税收作为投资的条件。另有 11% 的公司提到"东道国对公司的鼓励"。这两种答案放在一起表明，税收因素只能排到第四位。

1961 年 Robinson 对 205 家公司进行了调查，他在调查中发现，企业与政府就影响决策的主要因素看法差异很大。政府认为税收优惠是影响投资者的首要因素，但是投资者并没有把这种因素考虑进去。

此后，Root 和 Ahmed 运用计量经济分析评价税收优惠政策，他们对 41 个发展中国家 1966～1970 年的数据进行时间序列分析，按照每年人均 FDI 流入量这些因素分为三类:无吸引力的国家,有一定吸引力的国家和有高度吸引力的国家。计量的实证表明公司税率是确定三类国家的有效指标之一,而税收优惠不是影响外资的有效指标。1984年Ahmed对52家跨国公司的调查结果显示,在19项对FDI流动产生影响的因素中,东道国税收减让对投资者影响的重要性在发展中国家位居第七,在发达国家中位居第八[1]。

近期,Jack M. Mintz和Thomas Tsiopoulos在1992年对中东欧5个转型经济国家(保加利亚、前捷克斯洛伐克、匈牙利、波兰和罗马尼亚)外国直接投资的税收政策进行研究后发现,税收优惠并不是吸引外国直接投资的有效方法。通过对有关数据的分析,他发现,大多数情况下税收优惠在跨国公司的投资决策中并不起决定性作用,除了在两种例外情况下,那就是极端高的税收水平以及所谓的自由资本。只有在这两种情况下,税收优惠是有效的。除此之外,不同国家间微小的所得税差异不可能对跨国公司的投资决策产生重大影响[2]。

国内有关该观点的评述代表人物是2000年左大培在《外商投资企业企业税收优惠的非效率性》一文中,通过数学模型进行的分析表明,给予外商投资企业的税收优惠政策是非效率的,其净结果是降低了本国居民所享受的福利[3]。

所有持这些观点的学者的中心思想体现在:投资者在决策时主要受市场和政治因素的影响,税收政策在外国投资地点确定方面作用甚微,税收政策只是补偿一国投资环境中各种不利因素的一种手段。外商是否到一国投资,主要是看这个国家的整体投资环境,并不会只看重税负的轻重和税收优惠的多少。

第二种观点认为税收优惠政策为吸引外国直接投资的主要因素。

国外有关该观点的论述通常是继第一种观点之后,因为根据国外学者的后期统计数据、税收优惠在吸引FDI的过程中起到了一定的作用。由此,他们进行了更详细的讨论。

1972年Forsyth通过研究发现,在一项特定的外国投资决策中,税收激励可能不起关键的作用,但是一旦其他因素已经将投资吸引到一个广泛的地区,其具体地点的确定将受税收优惠因素的强烈影响。

---

① Root, F. and Ahmed, A. :The Influence of Policy Instruments on anufacturing Direct Foreign Investment in Developing Countries, in *Journal of International Business Studies*, 1978.

② Jack M. Mintz & Thomas Tsiopoulos:Corporate Income Taxation and Foreign Direct Investment in Central and Eastern Europe,1992.

③ 左大培:"外商投资企业税收优惠的非效率性",《经济研究》2000年第5期。

Wells① 在 1986 年指出东道国税率对贸易型跨国公司的影响大于对以寻求市场或区位优势为动机的跨国公司的影响。因为,税收作为公司成本结构中的重要组成部分,公司为充分利用税收优惠政策会轻易地转移其投资,这类公司往往流动性强,并倾向于比较不同的国家税收政策。

Rolfeetal 于 1993 年对美国公司经理的一项调查显示,新投资公司倾向于利用税收优惠以减少公司内部开支(设备和原料开支)。而再投资公司倾向于目标利润(target profit)。他指出,制造业公司偏好与资产折旧相关的税收优惠,由于这类公司与服务业相比投入了更多的固定资产。

Coyne② 在 1994 年也从不同投资规模对税收优惠的反应度的角度进行了分析。因为小公司没有财力和人力资源实施熟练的避税战略,税收可能就会成为他们的重要成本之一。而大的跨国公司往往通过谈判预先与东道国达成秘密税收条款,因此小规模的投资者比大规模的投资者对东道国税收优惠反应更具有灵敏度。

联合国和 OECD 等国际组织也在研究税收优惠的影响。1996 年联合国研究的结论是将其他政策和非政策条件放在一起,税收刺激的作用变得更加重要,特别是对成本导向和流动性项目的作用更是如此。OECD 的 Steven Clark③ 研究也得出了类似的结论,他指出,促进外国直接投资的经验表明,东道国的税收确实影响投资的流动,东道国的税收政策对投资区域决策的影响正在增加。

国内也有很多学者对该观点进行了诠释,马栓友(2001 年)对税收优惠与投资进行了实证分析,他通过建立外商直接投资回归模型的方法指出影响外商来华投资的因素是多方面的,除了税收优惠以外,我国的经济增长速度和汇率也是吸引外国直接投资的重要诱因。通过回归结果他得出结论:我国的经济增长速度越快,吸引的外商投资越多;人民币贬值,也有利于吸引外国资本流入;税收优惠和税收优惠预期与外商投资正相关,这说明我国对外商投资企业实行税收优惠政策对吸引外资起到了促进作用④。

---

① Wells:InvestmentIncentives:An Unnecessary Debate, CTC Roporter, autumn, 1986.
② Coyne, E. J.:An Articulated Analysis Model for FDI Attraction into Developing Countries, Florida, Nova Southeastern University, 1994.
③ OECD:"Tax Rates Are Falling", OECD in Washington, April 2001.;KPMG:"Corporate Tax Rate Survey",January, 2002.
④ 马栓友:"税收优惠与投资的实证分析",《税务研究》2001 年第 10 期。

陈丽霞和王长义(2005 年)通过建模分析,从博弈论的角度简要论证税收优惠的内在激励性。在基本假定的基础上,采用古典囚徒博弈模型的方法分析各国通过税收优惠吸引外资的激励机制。分析表明,虽然实施税收优惠政策的国家都知道,实施税收优惠是要付出一定代价的,但不实施优惠政策又担心外资会大量流向其他国家,结果他们最终还是有实施税收优惠政策的内在动力①。

李宗卉和鲁明泓(2004)年采用经验分析方法,运用 Panel Data 模型来检验税收优惠政策在吸引外资方面的有效性。分析表明税收优惠政策是引导FDI 的主要因素。这些政策基本实现了在特定的时期将外资引向特定地区的政策目标。回归结果表明,税收优惠变量显著地影响外资的流入,外资倾向于流入有较低企业所得税率、更多所得税减免、地方政府有权自行决定所得税征免、实行再投资退税、更优惠的关税减免的城市②。

与第一种观点相反,持这一观点的学者的中心思想体现在:税收优惠政策是引导外国直接投资流向的主要因素,并且基本能实现在特定时期将外资引向特定地区的政策目标。

第三种观点居于上面两种观点之间,即认为税收优惠对一国吸引 FDI 有影响但效果不大。

持这一观点的学者大都采用成本——效益的分析方法进行分析,客观地述说税收优惠的优缺点。税收优惠的最大成本就在于直接减少了一国的税收收入。如果一项投资按正常的税收法规可以取得足够的投资收益,而无法轻易地转移到其他国家去,此时给予优惠措施就是多余的,造成国家税收白白浪费。有时税收优惠尽管对特定投资很重要,但如果提供的优惠过于慷慨,这种优惠的一部分就是多余的,不必要地减少了国家财政收入。

1995 年 Estache 和 Gaspar 通过成本——效益的研究方法发现,巴西广泛的税收优惠带来的税收收入超过了吸引的投资。Boadway、Chua 和 Flatters 发现,马来西亚的税收优惠对外企的价值很小③。

① 陈丽霞、王长义:"浅析利用税收优惠政策吸引 FDI 的激励机制",《商场现代化》2005 年第 1 期。

② 李宗卉、鲁明泓:"中国外商投资企业税收优惠政策的有效性分析",《世界经济》2004 年第 4 期。

③ Estach, A. and Gaspar: Why Tax Incentives Do Not Promote Investment in Brazil, in Fiscal Incentives for Investment and Innovation, ed. by A Shah, ( New York: Oxford University Press) 1995.

国内学者凌岚和刘恩专于 1996 年从该视角对该观点进行了诠释,他们试图将利用 FDI 的问题引入"成本——效益"评估的新层面。文章中分析了发展中国家普遍采用的与 FDI 有关的税式支出的主要形式,提出不同情况下东道国有关的税式支出对 FDI 的刺激效果:较高的东道国税率,有利于发挥 FDI 税式支出的鼓励效果;而在相对较低的税率以及东道国税式支出程度不变的情况下,东道国通过税收协定争取适用免税法或税收饶让,是提高税式支出 FDI 鼓励效果的有效途径。文章还分析了 FDI 动机与东道国投资环境的关键刺激因素。提出 FDI 决策受多种因素的影响,在一定条件下,东道国的税式支出会产生某种作用,但是减免税收并非不可或缺的因素[①]。

另外,牛泽厚(2003)[②]在其毕业论文中引入了税收敏感度来衡量所得税和财产税政策对跨国公司投资的影响程度。他指出各国政府在制定跨国公司税收政策时必须考虑跨国公司的税收敏感度,如果跨国公司的税收敏感度弱,可以考虑取消跨国公司的税收优惠,实行与国内企业相同的税收政策,通过改善东道国的投资环境来吸引投资。如果跨国公司对东道国税收优惠政策敏感度强,东道国可以实施税收优惠,但是要提高税收优惠效益,要保持适度,确保东道国税收收入与引进外资的均衡发展。

但是,所有这些国内外观点,都只是从某一方面来论述税收优惠政策与 FDI 的关系,并不适合我国多种因素并存的现状,因此他们的分析存在一定的局限性,本书在他们的分析基础上,试图从 FDI 存在的动因着手,通过效应分析、国际政策比较、成本收益分析以及相关的实证检验来说明我国税收优惠在吸引 FDI 的过程中所扮演的角色,并针对税收优惠存在的问题提出了相应政策建议。

## 1.3 本书的逻辑框架及主要创新点

### 1.3.1 本书的逻辑框架

本书分理论研究、实证分析与政策探讨三个板块:

在理论研究板块,主要分析税收激励影响外商投资的内在机理。外商投资行为取决于其对外投资的动因组合。不同时期及不同类型的外商投资企业

---

① 凌岚、刘恩专:"外国直接投资的税收支出结构研究",《南开经济研究》1996 年第 5 期。
② 牛泽厚:"税收优惠对跨国公司调控研究",《中央财经大学博士学位论文》2003 年。

其投资动因组合是有差异的,或者说,不同动因在其组合中的权重是不同的,因而对税收激励的敏感程度也不相同。对于外商投资的东道国来说,利用税收激励来吸引外资既有收益,也有成本。其成本就是税收激励的程度,其收益主要体现在收入效应与资源配置效应两方面。因此,我们要从经济学的视角,分析对外商投资的税收激励是否是一种理性的选择。

在实证分析板块,主要是对中国税收激励对外商投资效应进行检验。首先是外商投资税收激励与外资规模的相关性检验;其次是外商投资税收激励与利用外资结构的相关性检验;最后是对外商投资税收激励与外商投资企业税收贡献相关性的检验。

在政策探讨板块,首先是进行国际比较,选取了韩国、中国香港地区、新加坡与印度,通过分析其吸引外商投资的税收激励政策,找出可供中国借鉴的经验;其次剖析中国现行外商投资税收激励政策的缺陷;最后提出我国涉外税收政策调整的建议。

## 1.3.2  本书的主要创新点

创新点之一:在整合对外投资理论的基础上,分析了外商投资企业对外投资的动因组合。税收激励是通过影响外商投资企业对外投资的动因组合而影响其投资行为的,但不同时期及不同类型的外商投资企业其对外投资动因组合是存在差异的,因此对税收激励的敏感程度也不相同。这为税收激励对外商投资的结构效应分析提供了理论基础。

创新点之二:从经济学的视角,分析了吸引与利用外资的税收激励效应,主要就市场导向型与出口加工型两类 FDI 分析其收入效应及资源配置效应,并试图借助价值链理论以及内生经济增长理论,来分析东道国的税收激励政策对本国价值链的攀升及比较优势的动态演进。

创新点之三:对中国外商投资税收激励的效应进行了系统的实证,包括税收激励与外资投资规模、外商投资结构的产业结构及区域结构、外商投资企业的税收贡献进行了相关性检验。并在进行国际比较的基础上,分析了目前我国税收激励政策存在的问题,提出了我国涉外税收政策的调整的基本思路:建立质量导向型政策体系,涉外税收政策调整既要服务于引资战略的调整,又要体现引资质量提高的需要。在此思路指引下,提出了我国涉外税收政策调整的具体对策。

# 第2章 外商投资动因与税收激励

## 2.1 外商投资动因组合

### 2.1.1 对外投资理论的发展脉络

理论总是相伴着实践而发展的。亦不例外,外商投资或对外直接投资(Foreign Direct Investment,简称 FDI)理论也是伴随着该领域实践的发展而演进的。20 世纪 60 年代以前,有关国际直接投资理论的研究任务主要在于试图阐述跨国界企业活动。1976 年,海墨(Stephen H. Hymer)①的《国内企业的国际化经营——关于对外直接投资的研究》,"在理论上开创了以 FDI 为研究对象的崭新研究领域,首次论证了 FDI 不同于一般意义上的外国金融资产投资,并提出以垄断优势来解释美国企业对外直接投资的理论"②。至此,对外直接投资才成为一门系统化的理论,也正是在这之后对外直接投资才引起了经济学家的广泛关注。

此后,西方经济学家们开始了跨国公司对外直接投资理论的研究,他们各自从不同的理论基础对直接投资做了诠释,其中最具代表性的是:以产业组织学说为基础的海默及其导师金德尔博格等的垄断优势理论,卡森和罗格曼的内部化理论,列农的产品生命周期理论等。

(1)垄断优势理论 垄断优势理论为 20 世纪 60 年代美国麻省理工学院教授斯蒂芬·海默所首创。他认为跨国公司进行对外直接投资的动机源自市场缺陷。首先,不同国家的企业常常彼此竞争,但市场缺陷意味着有些公司居于垄断或寡头地位,因此,这些公司有可能通过同时拥有并控制多家企业而牟利;其次,在同一产业中,不同企业的经营能力各不相同,当企业拥有生产某种

---

① Pechman,Joseph A:Who Paid the Taxes,1985.
② 方建裕:"FDI 理论的比较分析",《商业研究》2003 年第 3 期。

产品的优势时,就自然会想方设法将其发挥到极致。这两方面都说明跨国公司和直接投资出现的可能性。海默还进一步指出,从消除东道国市场障碍的角度看,跨国公司的优势有一种补偿作用,亦即它们起码足以抵消东道国当地企业的优势。垄断优势论从理论上开创了以国际直接投资为对象的新研究领域,使国际直接投资的理论研究开始成为独立学科。这一理论既解释了跨国公司为了在更大范围内发挥垄断优势而进行横向投资,也解释了跨国公司为了维护垄断地位而将部分工序,尤其劳动密集型工序,转移到国外生产的纵向投资,因而对跨国公司对外直接投资理论发展产生很大影响。

垄断优势理论认为企业对外投资必须具备两个方面的条件:不完全市场的存在和企业必须拥有竞争优势。企业之所以投资到其他国家并与当地企业进行竞争,主要是由于其拥有垄断优势。其优势主要表现在:高水平的科学技术、管理理念以及品牌优势、产品差异、营销技巧、融资能力等。正是因为具有在商品市场、生产要素以及生产一体化上的优势,企业才能在国外市场上获得高额的垄断利润,而立于不败之地。这也是垄断企业投资国外的主要原因。

(2)内部化理论　　内部化理论是由英国里丁大学的巴克利(Peter J. Buckley)和卡森(Mark C. Casson)提出,并由加拿大学者鲁格曼(Alan M. Rugman)等加以发展的。内部化是指企业内部建立市场的过程,以企业的内部市场代替外部市场,从而解决由于市场不完整而带来的不能保证供需交换正常进行的问题。认为世界是不完全竞争的市场,跨国公司为了自身的利益,为了克服外部市场的某些失效,以及某些产品(如知识产品)的特殊性质或垄断势力的存在,导致企业市场交易成本的增加,通过国际直接投资将本来应该在外部市场交易的业务转变为在公司所属企业之间进行,并形成一个内部市场。通过外部市场内部化,降低交易成本和交易风险。内部化理论也承认市场的不完全,但他们将起因归结为市场机制的内在缺陷,从中间产品(特别是知识产品)的性质和市场机制的矛盾来论述内部化的必要性,内部化的目标是要消除外部市场的不完全①。

(3)比较优势理论　　日本学者小岛清(Kojima)在1978年提出了具有日本特色的对外直接投资理论——比较优势论。小岛清认为,各国经济情况均有特点,所以根据美国对外直接投资状况研究出来的理论无法解释日本的对外直接投资。他认为对外直接投资应该从投资国已经或即将陷于比较劣势的

---

① 　江心英:"东道国因素与东道国外商直接投资特征",《经济经纬》2004年第2期。

产业,即边际产业依次进行。概括他的比较优势理论,有以下三个方面的创新:第一,摒弃了"市场不完全竞争"的观点,提出了从投资国的具体情况出发,据以制定切实可行的对外投资策略。第二,摒弃了"垄断优势"的观点,强调了比较优势的原则,继续维护传统的国际分工原理。第三,摒弃了"贸易替代型"的观点,提出了"贸易创造型"的发展战略。这种从国际分工角度来解释对外直接投资的理论,与其他理论相比显然有其独到之处,对传统的国际直接投资无疑是一种冲击。

(4)国际生产折衷理论　到了 20 世纪 70 年代后期,欧洲和日本经济的崛起使得世界对外直接投资的格局发生了重大变化:美国在对外直接投资领域一枝独秀的局面被打破,欧洲和日本在对外直接投资中的地位迅速上升,逐步形成了美、欧、日三足鼎立的格局。对外直接投资的快速发展促进了对外直接投资理论的繁荣,为邓宁折衷理论的出现创造了条件。英国经济学家邓宁(Dunning,1977)在借鉴垄断优势论和内部化理论并引入区位理论的基础上,采用折衷的方法提出了跨国公司对外直接投资的一般理论:国际生产折衷理论,指出企业进行对外直接投资需要同时具备三种优势:所有权优势、内部化优势和区位优势,否则只能采取出口贸易或技术转让的方式来参与国际经济活动。但是折衷理论的研究对象仍是发达国家的跨国公司,很难解释那些并不具备各种优势的发展中国家企业的对外直接投资行为,对发展中国家企业的对外直接投资行为无法作出科学、全面的解释。

(5)产品生命周期理论　该理论认为产品在市场上是符合生产、发展到灭亡这一客观规律的,产品的生命周期分为三个部分,第一部分是新产品阶段,在这个阶段厂商把产品由研发到推向市场。第二部分是产品成熟阶段,在这一阶段产品销量增大,国内市场趋向饱和,厂商开始把市场扩大到海外。第三部分是产品进入标准化阶段,在此阶段厂商的垄断优势已经不复存在,成本因素是厂商考虑的主要对象。产品生命周期理论根据价格因素和成本因素在不同的生命周期里面对生产的重要性不同,从而从成本方面解释了企业对外投资的动因。在产品生命周期的第二阶段即产品的成熟阶段里,产品需求扩大,国内市场趋向饱和,而次发达国家市场正在兴起,价格弹性升高,价格竞争成为主要手段。此时企业投资的主要对象是次发达国家。在产品的第三阶段即产品进入标准化阶段,在这个阶段企业的技术垄断优势已经不复存在。而此时次发达国家由以前的仿制到现在拥有成熟的技术再加上高关税的保护,从而使企业在次发达国家的价格优势也变得不复存在,而此时的发展中国家正在兴起,大量廉价劳动力和广阔的市场成为生产区位的最佳选择,此时企业开始向发展中国家转移生产并销往本国和其他国家①。产品生命周期理论较好地解释了出口导向型投资企业对外投资的动因,这种投资流向呈现出由发达国家向次发达国家再向发展中国家转移投资的演变。

出于不同的研究角度,经济学家又把 FDI 进行了不同的分类:

Kojima 把 FDI 分成两种类型:贸易创造型(trade-creation)和贸易替代型(trade-substitute)两种。如果跨国公司投资其他国家的目的是为了利用该国廉价的原料,尤其是劳动力,这样的 FDI 通常是贸易创造型的;如果跨国公司的目的主要是看中该国的市场潜力,这样的 FDI 通常是贸易替代型。

邓宁—巴克莱分类法则从另一角度对 FDI 进行了分类。邓宁在研究直接投资政策对跨国公司投资区位选择的影响问题时,将 FDI 分为六种类型:自然资源寻求型、市场寻求型、效率(生产效率和加工效率)寻求型、战略资产(技术、市场等)寻求型、贸易及分配型和辅助服务型等。巴克莱的分类方法认为 FDI 可以简单地分成资源寻求型(通过直接投资确保自然资源类投入品的供应)和效率寻求型(通过直接投资降低总成本,尤其是降低不可贸易类投入品如劳动力的成本)。另外,他指出,如果把资源寻求型看作是确保低成本资源供应的直接投资类别的话,那么,直接投资就可以简单划分为市场寻求型和效率寻求型两大类②。

(6)不均衡理论  前面我们提到的传统对外投资理论的一个突出不足,就是在解释发展中国家的企业进行对外直接投资时,说服力就非常有限。在发展中国家,实行对外直接投资的企业与竞争对手相比,没有任何明显的所有权优势。并且,它们所进行的很多投资是资源寻求型的投资,投资的目的不是为了更好地利用资源,而是为了获得资源。

针对这些新的现象,最近十年来不断有学者提出一些新的理论。比如,美国学者穆恩和罗伊在 1993 年和 2001 年提出并逐渐完善的"不均衡理论"就是一个有代表性的工作。这两位学者认为,正是资源和要素方面的不均衡,才导致了发展中国家对外投资,特别是向发达国家进行投资。他们指出,企业不仅可以因为其所有权优势对外投资,也可以因为其所有权劣势到国外投资。

具体来说,发展中国家到海外进行直接投资,主要出于如下几个方面的

---

① 刘汉屏、吴江:"论国际税收竞争",《财贸经济》2003 年第 12 期。
② 苏建华:"外商直接投资的税收敏感度分析",《中央财经大学硕士论文》2004 年。

原因。

第一,是发展中国家的企业为了寻求市场。东道国的贸易保护主义,如关税壁垒会促使企业以当地生产来代替出口。如果投资企业有任何的所有权优势,用传统的理论就可以解释市场寻求型的 FDI。但如何从理论上解释这种从发展中国家到发达国家的反向投资呢? 因为所有权优势在这种非传统 FDI 的投资中所起的作用非常小,将所有权优势作为 FDI 必要条件的传统理论不能解释这种反向 FDI。在这种情况下,有人可能会说 FDI 的主要动因是区位要素,即发达国家的市场规模。即使是这样,传统理论也不能解释哪个企业会投资,因为区位要素对于在东道国企业也存在着相同的影响。但是,根据不均衡理论,市场寻求型 FDI 的根本动因既不是所有权优势,也不是区位因素,而是由于企业的所有权劣势(如有限的市场份额)而引起的企业资产组合的不均衡。

第二,是发展中国家的企业为了寻求恰当的生产要素供应。通过对外直接投资,建立跨国公司,企业不但可以利用自己的竞争优势,而且可以比其他可能的方式更为有效地利用不同国家的比较优势。比如,一些学者的研究发现,美国先进的技术和管理诀窍是吸引海外投资的重要因素。这些研究指出,在美国的海外跨国企业与当地企业相比并不具有垄断性的竞争优势,而是由于被美国经济体系中的某种特殊内容吸引而进入美国的。这种特殊内容可能就是美国的技术开发环境和研究资源。也就是说,非传统 FDI 的一个主要动因不是为了发挥所有权优势,而是为了弥补其明显的所有权劣势,或者是解决两者之间的不均衡。

第三,是发展中国家的企业要对竞争对手做出反应。由于企业常常是处于寡头竞争市场的环境之中,我们按照一般的寡头竞争理论,如果跟随者在领导者之后投资,它们应当考虑领导者行为对它们的影响,现有理论可以解释领导者行为,但不能解释跟随者行为。但是,一些研究产业组织问题的学者发现,跟随者这时会选择对外投资,来规避"竞争威胁",这也是为了解决所有权劣势问题。如果它们不进行投资,情况可能会更差。跟随者实际上是在通过其他渠道来克服它们在既定市场上的竞争弱点。

这种不均衡理论可以解释一种非常显著的"第二名企业率先投资现象"。这种现象在很多发展中国家的行业中都非常显著。比如,在韩国的汽车行业,大宇公司的国内市场份额不如现代公司,于是,它率先将其产品生产转移到国外去进行。我国的彩电生产也同样面临着类似的情况。正是康佳和 TCL,而不是长虹首先希望进行海外生产。那么,为什么在很多情况下是实力较弱的、跟随型企业率先进行海外直接投资呢? 不均衡理论显然可以提供一个比较合理的解释。

第四,发展中国家的企业为了规避风险而进行海外投资。我们假定不同国家的经济波动不是完全正相关的,这样,在不同的国家进行经营就存在降低风险的优势。一些理论家认为,在各种风险中,发展中国家的企业进行对外投资,在很大程度上可能是为了规避发展中国家常常存在的过高的政治风险。这在一定程度上也可能有资本外逃的含义。

## 2.1.2 国家鼓励企业对外投资的动因分析

进入 20 世纪 80 年代以来,对外直接投资已超过国际贸易和国际技术转让而在世界经济中占主导地位,参与直接投资的规模已成为衡量一国生产力发展水平和国际竞争力主要标志。正如美国经济学家比德·德鲁克所说的那样:"国际投资现在已成为世界经济中的主导因素,是国际投资而不是国际贸易日益推动世界经济前进"[1]。"对外直接投资系指一国的投资者将资本用于他国的生产或经营,并掌握一定的经营控制权的投资行为。它往往是以一揽子要素的跨国流动为特征,以控制经营管理权为核心,以获取利润为主要目的的国际投资。对外直接投资的基本特征有跨国性、有效控制性和收益性。对外直接投资与国内直接投资相比有跨国特征"[2]。对外直接投资的跨国性体现在:

(1)风险性,如政治风险、汇率风险、民族文化差异风险等。

(2)更广泛地获取资源,可以利用两国的资源和要素为投资者服务。

(3)投资者必须取得东道国政府批准并得到当地法律保护,同时还要遵守国际惯例和有关国际条约的规定。

对外直接投资与对外间接投资相比具有有效控制的特征。有效控制性是指投资者对企业全部资产经营拥有最终决策控制权。投资者可以在关键时候根据自己的利益对该企业的生产经营活动作出某些特权安排以获得额外收益。

---

① 《形式与热点 1998——中国融入世界经济大潮》,中国对外经济贸易出版社 1998 年版。

② 姚利民、李攻:"企业对外投资的战略动因",《华东经济管理》1998 年第 3 期。

收益性是投资者进行投资的直接和最终的目的。对外直接投资的收益性包括投资项目近期的、中长期的收益;不仅包括该投资项目本身的收益,更主要的是该投资项目给投资者所有资产可能带来收益的增加。收益性、跨国性和有效控制性是相辅相成的,跨国性是投资者获得高收益的条件。有效控制性是使得投资者抓住机遇实现额外投资收益的保证和手段,投资者通过将跨国性和有效控制性相结合,可以使全部资产收益最大化。

跨国投资企业既作为一个以追求利润最大化为目标的微观经济实体,又是一国进行对外经济渗透防止和规避外国经济侵略、保护民族工业的重要工具。当该国经济充分发展,具备相对竞争优势,该国政府往往采用各种措施和优惠政策鼓励跨国企业进行海外投资;反之,当该国经济实力下降,竞争优势被削弱时,该国政府又采用各种税收或非税收壁垒措施防止跨国企业在国内进行投资。一般来说,跨国企业在海外投资的宏观原因包括以下几个方面:

(1)国际贸易互补。随着各国经济的发展和竞争实力的改变,国际竞争产生了日益严重的贸易壁垒以限制出口,国际直接投资往往可以产生替代出口和创造出口效应,即国际投资与国际贸易有较强的互补性。

(2)发展水平。一般来说,一国对外贸易水平与本国经济发展水平呈正相关。一国人均 GNP 越高,对外投资净额越大,即一国经济发展水平越高,跨国经营就越发达。因此,经济发达国家发展水平高,人均 GNP 多,对外投资大,跨国经营也发达。

(3)补缺性。发展中国家经济发展过程中受外汇短缺的制约。通过跨国公司的对外投资一方面获得投资利润,将以外汇形式存在的利润汇回本国,另一方面又带动本国产品出口,增加外汇收入。

(4)复合原因。一般来说,跨国企业的跨国经营既可以满足顾客需求(处于生命周期的某一个极端),又可节省成本(通过工业生产过程的内部化实现),且同时也可以给东道国带来最大的好处[①]。

鉴于跨国企业通过海外投资能够满足以上的要求,各国政府也纷纷出台鼓励对外直接投资的政策。从政府的角度来说,各国制定鼓励和促进对外直接投资政策的动因在于:

(1)增强本国企业的国际竞争力,维护和扩大国际市场份额,提高国家的

---

① 尹玉林、宋剑文:"跨国公司对外投资的宏微观原因分析",《广西师范大学学报》1997年。

经济业绩,改善投资国的国际收支状况。

哈夫鲍尔(G. C. Hufbauer)和阿德乐(F. M. Adler)对美国跨国公司在20世纪60年代上半期的海外直接投资分析表明,约9年的利润收入即可收回全部直接投资。从有关资料来看,美国跨国公司海外直接投资的高额利润率为美国跨国公司带来了巨额的利润收入。据统计,1966～1989年间,美国跨国公司通过直接投资为本国带来了5600亿美元的惊人利润,再加上同期的美国跨国公司在技术贸易方面的收入,以及国外子公司出售半成品和原材料所得的利润收入,其全部利润收入高达8000亿美元,超过美国到1989年底全部海外直接投资累计余额的一倍以上。又据联合国跨国公司与投资司1995年的报告,1982～1992年间,美国、日本、瑞典从国外获得的直接投资收入的年均增长率分别为5%、13%、和17%,可见从长期看,跨国公司的对外直接投资的巨额收入有利于改善投资国的国际收支状况,扩大市场份额。

其中,对外直接投资对国际收支的影响应该包括直接影响和间接影响。直接影响包括两个方面:一方面,对外直接投资引起的是资金的流出和国外子公司对母国的出口,构成母国外汇的流出,对国际收支起着消极的影响,体现在国际收支表中为资本项目的流出和经常项目中进口的增加;另一方面,在投资初期以实物形式带动母公司的设备出口,投产后母公司对海外子公司的中间产品和原材料的出口,以及子公司项目公司支付的专利费用、管理费用、薪金、汇回的股息、红利和贷款本金等,构成了母国的外汇收入,对母国的国际收支起着积极的影响。这两方面的作用就既有可能使母国国际收支顺差扩大,也有可能使国际收支逆差扩大。从对国际收支的均衡调节作用来看:首先对外直接投资收入对经常项目平衡起着重要的调节作用,其次是对经常项目和资本项目之间平衡起调节作用。尽管投资初期的资金流出对投资国国际收支有不利的影响,但资金的外移只是投资国一系列要素资源外移的一部分,而且研究表明其回收期在10年左右。一些发达国家的投资收入占经常项目收入的比重,英国达到30%以上,日本为25%左右,美国为20%左右。其中,英美对外直接投资收入占经常项目收入的比例为8%左右。这也表明对外直接投资对国际收支的影响较大,投资收入项目的盈余已成为缓解商品贸易项目逆差的重要组成部分。间接影响,假定可通过出口进入也可通过在东道国设立子公司在当地生产,如果对该市场的销售增长率并未伴随对其直接投资而呈现增长的态势,那么,这种对外直接投资事实上替代了母国的最终产品出口,若出口大幅下降的损失超过对外直接投资对母国国际收支的直接的积极影响,由此对母国国际收支的影响是负面的;反之,如果这种投资是处于维持和扩大对该东道国市场的占有率和销售增长率的需要,则影响是正面的。

(2)寻求更加有利的投资区位,降低成本、提高生产率

将产业转移至劳动力成本更低、资源供应更为充足的地区,可获得新的比较优势。由于发达国家所转移的产业、产品和生产过程都具有技术成熟、产品生产标准化、在国内失去比较优势等特点,所以转移的产业或产品其生产过程的主要成本构成是劳动力成本和资源原材料成本,这决定了发展中国家的劳动力和资源的比较优势成为吸引国际产业资本流向的重要因素,也成为发达国家鼓励本国企业进行对外直接投资的动因之一。随着国际转移产业结构的不断提升,发展中国家的劳动力和资源比较优势内容也在不断变化,由最初的简单的劳动和初级原材料比较优势向具有一定技术水平和中间产品加工生产配套能力方向发展。20 世纪 70 年代以前,发达国家制造业大量向亚洲、拉丁美洲的一些发展中国家转移,在造就了亚洲"四小龙"和拉美的阿根廷、巴西等一批新兴工业国家的同时,通过利用更加有利的投资区位,降低了成本,提高了生产率,有利于进一步保持比较优势。

因为国际产业资本输出的竞争,跟进战略是后进入企业模仿先进入企业向发展中国家的产业资本输出,可能其短期目标各有差异,但从长期来说,其产业转移目的也是企业利润最大化,所以归根结底其理论依据也是比较优势原理。在这一原理的指导下,发达国家通过对外直接投资,产业转移等维持了原有产业的比较优势,同时也促进了发展中国家产业结构的升级。

(3)淘汰国内夕阳产业,促进经济结构调整和产业升级

跨国公司对外直接投资,对母国国内的影响可分为两个方面:一个是直接效应,即通过转移了国内的夕阳产业,将释放出沉淀生产要素转移到新兴产业当中,促进国内产业升级。产业结构的变化使就业需求结构发生变化,表现为制造业行业吸纳的就业占整个社会当中的比例越来越低;另外一个是间接效应,主要包括收入效应和关联效应。海外直接投资与国内新兴产业成长往往会使母国的人均收入增加,当服务需求的收入弹性大于 1 时,就会促进母国服务业的就业人数增加;当企业在海外进行直接投资时,当地消费者还会增加对其他产品的需求,从而进一步扩大与之相关部门的出口,并增加这些部门的就业。这些效应对就业的综合影响在总量上表现为就业人数的增加,在结构上表现为制造业就业人数的相对降低和服务业就业人数的相对增加。

### 2.1.3 企业实施对外投资的动因分析

改革开放以来,我国经济逐步融入世界经济体系当中,对外开放程度不断加深,对外资的吸引力也在不断增强。随着我国对 WTO 的承诺,在金融、保险、医疗卫生等服务性领域的逐步开放,外商对我国投资趋势还会进一步加剧。那么,企业对外投资的具体动因到底是什么呢?加拿大学者亚历克斯·伊森(Alex Easson)将企业对外投资的动因分为两个方面来考察:一是企业为什么投资海外,而不是在国内投资;二是为什么企业投资海外而不是和其他国家进行贸易①。从根本上来说,外商对外直接投资的动机源于企业为了自身的利益和发展而进行的对外扩张。就一般来说,企业对外直接投资的微观原因主要包括以下类型:

(1)追求高额利润型投资动机

获取最大化利润是外商对外投资的最根本动因。追求高额利润,或以追求利润最大化为目标,这是对外直接投资最根本的决定性动机。追求高额利润是资本的天然属性,当在国外投资比在国内投资更有利可图时,资本必然流向国外。美国跨国公司对外直接投资,特别是在发展中国家的直接投资所获利润要远远高于在国内投资的利润。例如,在 20 世纪 70 年代末,美国国内制造业平均利润率为 13% 左右,而 1979 年美国在发达国家直接投资的利润率为 19.2%,在发展中国家直接投资的利润率高达 32%。美国在发达国家和发展中国家直接投资利润率,80 年代中期分别为 16.2% 和 14.2%;1987 年分别为 21.3% 和 13.8%;1989 年分别为 14.6% 和 17.6%。如此丰厚的利润,是企业进行对外直接投资最大的驱动力②。

(2)资源导向型投资动机

这是指企业为寻求稳定的资源供应和利用廉价资源而进行的对外直接投资。这类投资又可分为两种情况:一是寻求自然资源,即自然资源导向型投资,企业对外直接投资是以取得自然资源为目的,如开发和利用国外石油、矿产品以及林业、水产等初级产业资源,这种类型投资动因在早期对外投资中占

---

① Easson, Alex : Taxation of Foreign Direct Investment, An Introduction, Kluwer Law International Ltd,1999.

② 王耀中:"论外资在中国资本市场融资",《国际商务》2003 年第 5 期。

有相当大的比重。但是随着发展中国家的产业结构的不断调整,这种以资源为导向的投资比重也逐年下降。二是寻求人力资源,利用国外廉价劳动力。随着国内工资水平的不断上升再加上发展中国家的劳动密集型产业在国际市场上的竞争力越来越弱,因此不得不把生产的地点移到发展中国家。一般来说,这种投资类型和东道国市场是相隔的,东道国市场对其影响不大,因为这类型企业主要是利用东道国的资源生产产品而返销到第三国或者母国。

（3）市场导向型投资动机

企业境外投资是外部竞争的需要,这是国际众多跨国公司的竞争理念。很多公司把在国外直接投资当作先于竞争者进入国外市场的一种方式,因此当竞争对手在海外建立生产基地时,自己是不会等闲视之的,目前很多国际汽车知名生产厂家争先在中国建立合资企业,也即是出于竞争需要,这与我国企业在国外开展的并购类似。例如联想集团收购 IBM 全球个人电脑业务,通过其历史悠久的品牌与完善的销售网络,新联想将成为仅次于美国戴尔和惠普公司的世界第三大个人电脑生产商。据统计,目前全球前十大个人电脑生产商占据着全球市场的 60% 到 65%,投资银行机构摩根斯坦利发布的全球个人电脑生产商所占市场份额则显示,2004 年第三季度,戴尔电脑占据全球市场18% 的份额,惠普电脑占到 16%,而 IBM 和联想合占 8.7%。这对于 IBM 的个人电脑业务整合后的联想而言是有利的。

此外企业跨国发展的另一诱因是为了获取当地优势。一是为了减少运输费用和服务费用,离客户越近,产品和服务越容易适应当地市场和顾客的偏好;二是为利用资源,如廉价的劳动力、低价的能源和其他资源等。海尔集团在国外建立生产基地,即出此考虑。

对于一个向外扩张的企业而言,贸易壁垒是令人头疼的。虽然自由贸易是必然趋势,但贸易保护主义始终存在。目前,很多国家的贸易保护政策都变得更加隐蔽,除关税外,还有 WTO 规则框架下所允许的诸如技术标准、环保要求、检疫条件,进口配额,以及区域性贸易组织对外部非成员国的歧视政策等非关税壁垒,以上种种均使得我国产品的进入存在困难。因此在境外建立生产基地就成为最优选择。目前,我国电视机生产企业在美国市场遭遇反倾销,使得很多企业萌生了在墨西哥建立组装生产基地,再通过墨西哥出口到美国的想法,因为墨西哥与美国同属于北美自由贸易区,便于规避。还有一个典型事例就是纺织品,由于很多国家对我国的纺织品出口设限,如配额限制,因此企业必须绕过这方面的限制,在当地设厂,通过出口半成品再加工以寻求解决。这类投资的目的在于巩固和扩大原有的市场,开辟新市场。避开各种贸易壁垒,直接或者间接地进入当地市场。这类投资可分为以下四种情况:①开发他国新市场。企业通过对外直接投资在过去没有出口市场的东道国占有一定的市场,或者由于企业的产品在本国受到其他产品的排斥,企业只有另辟蹊径。②接近目标市场。这类型投资主要是由于公司生产的产品容易变质和不适宜长途运输,因而在其他国家进行生产和销售。③克服贸易限制和障碍。企业可通过向进口国或第三国直接投资,在进口国当地生产或在第三国生产再出口到进口国,以避开进口国的贸易限制和其他进口障碍。④跟随竞争者在寡占市场结构。即少数大企业占统治地位的市场结构中,当一家企业率先到国外直接投资,其他企业就会跟随而至,有时甚至不惜亏损,以维护自己的相对市场份额,保持竞争关系的平衡。

(4)效率导向型投资动机

效率导向型投资动机是指企业进行对外直接投资的目的在于降低成本,提高生产效率。通常有两种情况:①降低生产成本。如果企业在国内生产出口产品,其生产成本高于在国外生产时,可通过对外直接投资方式在国外设厂生产,以降低生产成本以及运输成本等,提高生产效率。②获得规模经济效益。当企业的发展受到国内市场容量的限制而难以达到规模经济效益时,企业可通过对外直接投资,将其相对闲置的生产力转移到国外,以提高生产效率,实现规模经济效益。

(5)分散风险型投资动机

企业在进行对外直接投资过程中面临着种种风险,主要有经济风险(如汇率风险、利率风险、通货膨胀风险等)和政治风险(如政治动荡风险、国有化风险、政策变动风险等)。对于政治风险,企业通常采用谨慎的方式对待,尽可能避免在政治风险较大的国家投资;对于经济风险,企业主要采用多样化投资方式来分散或减少风险,通过对外直接投资在世界各地建立子公司,将投资分散于不同的国家和产业,以便安全稳妥地获得较高的利润。

为了减少经营中的不确定性,企业作为一个生产者,必须消除一些不确定因素,包括产品上游和下游的不确定性,如铝厂投资铝矿公司是为了确保原材料供应和价格的稳定,而铝厂投资装饰公司则是为解除对其产品需要的不确定性,力争今后市场风险降低到最小。内部化可以是直接投资建立完全属于自己的企业,也可以通过并购等方式进行。在国际上,很多的纵向并购都发生在生产过程或经营环节密切相关的企业之间,而且是处于生产同一产品、不同生产阶段的企业之间的合并,如原材料供应者和生产者,因为对彼此的生产状况较为熟悉,合并之后较易融合在一起。目前资源类开发项目中,有些是直接投资建立新的企业,直接拥有资源开采权,而有些是通过收购具有开采权的企业来间接拥有资源开采权。

(6)技术导向型投资动机

企业可通过对外直接投资来获取东道国的先进技术和管理经验,这种动机的投资通常集中在发达国家和地区的资本技术密集型产业。二战以来,发达资本主义国家之间的对外直接投资不断增加。20世纪90年代以来这种趋势更为突出,国际直接投资的80%左右集中在"大三角"国家之间,欧共体和日本不断扩大对美国的直接投资,而美国也在不断增加在欧共体和日本的直接投资,出现这种情况的一个重要原因就是各国为了获得对方的先进技术①。

以中国为例,与世界级大公司相比,中国企业最为突出的缺陷是技术创新能力弱,而出于保持与增强垄断优势的需要,跨国公司无论在技术转让还是在对外投资中对关键技术都十分敏感,因此,中国企业很难通过技术引进或引进外资的方式吸收国外先进技术。这就促使许多企业主动"走出去",开展以技术获取为目的的对外直接投资。企业或通过在发达国家购并高新技术企业、跨国公司的研发部门,或者与当地拥有先进技术的高新技术企业合资设立新技术开发公司,雇佣当地工程师、科研人员、管理人员,利用当地的先进设备,以最大限度地获取国外技术集聚地所产生的外溢效应;同时,海外研发机构更能将大量技术信息及时、准确、直接地传递到国内公司总部,使我国企业及时了解世界前沿技术动态,调整技术研发方向,将海外研发机构的成果在国内迅速转化、投入生产,形成"研发在外、应用在内"的格局。

20世纪90年代中后期,中国大量海外技术获取型投资主要集中在家电、IT等行业。仅以IT行业为例,有首信集团在美国新泽西投资组建的Mobicom公司,作为海外研发机构,跟踪世界最新数字技术和移动通信终端技术;华为集团与摩托罗拉、IBM、英特尔等一流企业成立联合实验室,并通过对外直接投资在美国硅谷、美国达拉斯、瑞典、印度和俄罗斯成立了5家研究所;联想集团则已建成全球化研发网络,并在中国以至世界计算机行业确立了强者地位。

(7)追求优惠政策型投资动机

---

① 王耀中:"基于前后关联分析的外商直接投资与技术外溢",《经济评论》2005年第6期。

政策推动包括国内政策推动和国外政策吸引。仍然以中国为例,从国内看,自国家实施"走出去"战略以来,有关政府部门在境外企业设立的审批、境外投资外汇管理和税收优惠、境外加工装配、对外承包工程、对外劳务合作等方面制订了一系列政策措施。例如自 2002 年 10 月以来,国家外汇管理局陆续批准 24 个省、自治区、直辖市进行境外投资外汇管理改革试点,对企业境外投资采取了积极的政策支持,包括境外企业产生的利润,可由企业自主决定保留用于境外企业的增资或者在境外再投资;允许境外投资使用多种外汇资金来源,自有外汇不足的,可以使用国内外汇贷款、政策性外汇贷款或者购汇解决;允许跨国公司通过财务公司运作、银行委托放款或通过直接放款等方式,在集团内部开展跨境资金运作;中国银行和中国工商银行境外机构可以直接使用国内总行对境外中资企业国内母公司的授信额度为海外中资企业提供贷款等。截至 2004 年底,外汇局共支持 1152 个项目在境外投资,中方投资总额51. 19 亿美元。

从国外看,东道国政府或地方政府的优惠政策是另一重要诱因。企业被东道国政府的优惠政策所吸引而进行直接投资,可减少投资风险,降低投资成本,获得高额利润。这类投资一般集中在发展中国家和地区。东道国特别是发展中国家东道国的优惠政策,对外国直接投资产生了强烈的吸引力,促进了企业对外直接投资的发展。

虽然 WTO 要求实行国民待遇,周边国家也很关注一国的优惠政策,但政府为增加就业和增加税收总可以找到吸引外资的手段。这包括税收减免、进行基础设施投资、对土地和效用成本给予补贴等激励手段,同时也包括提供信息,给潜在的投资者以特殊的场所设立公司等,这无疑对外来投资者具有极大的吸引力。

(8)环境污染转移型投资动机

转移环境污染是一些国家的跨国公司进行对外直接投资的重要动机之一。环境污染是威胁人类生存和经济发展的世界性问题,一些发达资本主义国家迫于日益严重的环境污染问题,严格限制企业在国内从事易造成污染的产品生产,从而促使企业通过对外直接投资,将污染产业向国外转移。在发达国家对外直接投资中,尤其是在制造业对外直接投资中,化工产品、石油和煤炭产品、冶金、纸浆造纸这四大高污染行业所占比重是相当高的。

以中国为例,在外资流入拉动中国经济增长的同时,一些高污染产业也纷纷转移过来,造成局部地区的环境恶化和经济的不可持续增长。在利用外资发展经济的迫切愿望下，一些地区在引进外资的过程中具有较大的盲目性，对项目审批把关不严，缺乏对地区经济可持续发展的考虑，给发达国家转移污染产业和夕阳产业提供了机会。制革、印染、电镀、杀虫剂、造纸、橡胶、塑料等产业一般具有高消耗、高污染的特点，是造成环境污染的主要产业。然而，这些产业一度成为外商在沿海地区投资的"热点"。

更重要的是，由于环保标准的缺失或较低，使发达国家有可能将不符合本国环境保护要求的产业与生产技术转移到中国。中国没有为外商投资企业设立单独的环保标准，虽然《中外合资经营企业法实施条例》明确规定造成环境污染的项目不予审批，《外商投资企业法实施细则》也做了类似的规定，但仍有不少外商投资企业利用中国环境管理、引资可行性分析与审批中的漏洞，向中国转移具有较高污染的产业、生产技术和设备等，造成环境污染，严重损害了社会公共利益。如一些外商通过直接投资向中国转移别国限制的生产设备和技术流程，有些投资者甚至把外国垃圾转移到中国，进行循环再利用。在1993 年以前，中国台湾是美国危险废弃物的再加工基地，但随着台湾当局对废弃金属物贸易的禁止，大批台商将其生产设备转移到大陆沿海地区，废弃物的进口与再利用对周边环境造成巨大的环境影响。

（9）全球战略型投资动机

跨国公司的全球战略是指跨国公司在全世界范围内安排投资，从事生产经营活动的战略。全球战略是跨国公司的对外直接投资发展到全球化阶段的一种投资动机。跨国公司在进行对外直接投资决策时，所考虑的并不是某一子公司在某一时期或某一地区的盈亏得失，它所关心的是跨国公司长期的、全局的最大的利益，将其所属各机构、各部门看作是一个整体，有时不惜牺牲某地区某部门的局部利益，以保证全球战略目标和整体利益的实现，因此跨国公司全球战略性投资一般被认为是跨国公司海外直接投资的高级形式。对外直接投资的各种投资动因可以单独存在，也可以同时并存，其中追求高额利润型投资动机是最基本的投资动机，而其他各种类型的投资动机都是它的派生形式[1]。

---

[1]　王元龙："跨国公司对外直接投资的动因及其应对策略"，《中国外汇管理》2000 年第 8 期。

## 2.2　税收激励在外商投资动因中的作用

### 2.2.1　税收激励的涵义及工具

　　税收激励的涵义是指税法中规定的给予某些活动、某些资产、某些组织形式以及某些融资方式以优惠待遇的条款,所有这些条款的基本意图就是要鼓励特定活动的资本形成与积累。

　　税收激励的一般理论认为:税收激励政策被如此广泛运用的根源在于资本市场失灵,即在标准的无外部性、完全竞争的情况下,规模收益率不变,瞬时调整没有成本,税收激励将导致不同资产和各部门间的税前收益率不等,从而使配置资源时出现低效率,并由此导致投资总量及投资结构的扭曲。由于市场扭曲的存在,资源配置无法达到帕累托有效,因此根据次优理论,研究经济中主要的扭曲因素未被消除情况下的资源最优配置问题,税收激励政策便应运而生了。税收激励政策属于次优税收政策的一部分,用于抵消由于政府干预政策而带来的市场扭曲,它只要绕过行政管理的限制便是可行的。

　　而所有资产和部门的边际有效税率都相等的这种所谓的"铲平竞赛场地"的观念,即能够引导资本用于其最富有生产性的用途,从而实现资源的最优配置,是以完全竞争市场为研究对象的。但是现实中的市场不可能是完美的,可能会存在外部性、信息不对称、不完全竞争、规模经济等市场缺陷和市场失灵现象,而税收激励政策的广泛运用就根源于资本市场失灵,即其在配置资源时出现低效率,并由此导致投资总量和投资结构的扭曲。各种形式的税收激励政策的存在,有助于抵消市场缺陷和市场失灵对投资的扭曲效应,从而实现资源的优化配置[①]。一般情况下,税收激励是在宏观税负既定的情况下,政府通过减少或增加某些经济活动或某些纳税人的税负,来达到调控社会经济发展的政策目标。也就是在纳税人追求自身利益最大化的前提下,政府通过税负调整形成的利益激励机制,调整或引导纳税人的行为选择。税收激励又可以分为正向激励和反向激励。正向激励是通过减轻税负激励某些经济活动或某些纳税人的行为;反向激励是通过增加税负抑制某些经济活动或某些纳税人的行为,对某些经济活动或行为的抑制,就是对其他经济活动或行为的支

---

　　① 董晓岩:"海外投资的税收激励政策研究",《东北财经大学硕士论文》2003 年。

持。通常人们所说的税收激励往往是指正向激励①。

政府实行税收激励政策最主要的政策手段就是规定各种形式的税式支出。就刺激经济活动和调节社会生活的税式支出而言,常用的工具大体包括税收豁免、纳税扣除、税收抵免、优惠税率、延期纳税、盈亏相抵、加速折旧、退税等。

(1)优惠税率。优惠税率是指特定类型的企业临时或永久地适用比其他企业更低的税率。它的一个极端情形是免税期,即企业可以在一定时期免税。免税期是在相机抉择的基础上对指定的产业和地区实施的。

(2)加速资本消耗宽减刺激。加速资本消耗宽减是指特定类型的成本可以快速注销,这也是激励投资的一项有力工具。最常见的是折旧扣除可以加速,甚至可以作为费用列支。一般而言,任何类型的成本都可以加速扣除,包括有形投资和无形投资(如研究与开发投资、勘探费用和广告费用等)以及融资(利息)成本等。同样道理,有关亏损冲销规定的力度大小在这里也显得很重要。实施加速折旧制度的国家如巴西,对批准的项目在第一年,允许50%甚至100%的折旧;而马来西亚则允许符合条件的项目支出,在前两年即可完全注销——折旧完毕。

(3)免税。主要集中于对公司所得税的减免,即在一定时期内,对 FDI 投资所得的应纳税额给予一定比例的减除或全部免除,包括向外商提供免税期和减半征收的优惠等。

(4)税收扣除。即在正常成本费用项目以外,对某些特殊项目允许按一定比例或定额从税前利润中扣除,使其应税所得相对减少。

(5)税收抵免。即按 FDI 投资额的一定比例,给予当年及今后年度的所得税抵免。

(6)优惠退税。包括出口退税和再投资退税两种形式:出口退税,旨在鼓励产品出口,在增值税制度下,通常采用出口产品零税率的方式来处理;再投资退税,即当外商将取得的利润用于再投资时,退还再投资部分已缴纳的部分或全部税款。

(7)亏损结转。即允许纳税人将某一年度内的亏损额向前或向后结转到盈利年度,在其盈利额中予以抵补。

---

① 秦玲芳、王彤:"税收激励的实质及其运用",《吉林财税高等专科学校学报》2006 年第 1 期。

## 2.2.2 税收激励对 FDI 的影响

税收激励政策的总体目标是降低投资者的税收负担。其内容包括以利润为基础的措施,例如降低公司收入所得税率和提供免税期;以资本投资为基础的措施,例如加速折旧和给予投资与再投资补贴;以劳动为基础的措施,例如减少社会保险的支付额和减少劳动者收入税负;以附加值为基础的措施,例如以公司收入或产出的净本地含量为基础减免公司所得税;以进出口为基础的措施,例如根据出口业绩减免产品国内流转税负,对生产出口产品的进口机器、设备、原料退还关税或减免关税等。

一般意义上讲,税收激励的影响程度可以用税收敏感度来说明。税收敏感度是指 FDI 对东道国政府课征税收或各项税收的变动所引起的反映程度。即:

$$Ts = \triangle I / \triangle T \tag{2.1}$$

上式中,Ts 表示税收敏感度,$\triangle I$ 为 FDI 投资的增长(减少)率,$\triangle T$ 表示东道国的税率变化量。当然,这个公式仅仅代表了税收敏感性的基本含义,在实际应用的过程中,税收敏感度作为测量政府税收对 FDI 刺激程度的一种工具,具有多种评估方法。最典型的,就是通过研究转移投资和保留利润投资的边际税率因素考虑在内的回归方程的分析,来衡量 FDI 对边际有效税率的敏感程度。如果 FDI 对税收不敏感,则东道国对此课税是一个适当目标,在不牺牲东道国 FDI 的经济利益下,可以征集收入。但是如果 FDI 的数量因税收而下降,则东道国就必须权衡提高税收收入以获得收入与降低 FDI 所产生的经济代价。不同的评估方法,在具体应用中有着不同的作用。目前,计算 FDI 税收敏感度的方法很多。

税收优惠对于吸引 FDI 是相当必要的。从 FDI 角度讲,它不仅是对 FDI 正外部性的一种有效补偿,也是对 FDI 潜在风险以及因政府干预而遭受损失的补偿,从而满足 FDI 的动机。从政府的角度讲,通过税收优惠,让渡出一部分政府利益,可以吸引 FDI 投资东道国,从而为东道国创造更多的就业机会和更多的财富。英国经济学家庇古认为:FDI 的私人收益率与社会收益率之间出现的"楔子",若要实现资源的高效率配置,只有通过政府干预,利用经济手段对"楔子"给予补偿,使私人收益率等于社会公益率。鉴于税收直接影响 FDI 的投资收益率,所以利用税收优惠手段来减少外国投资者的应纳税额,提高其税后实际收益率,是补偿"楔子"的直接有效方法。但是,税收优惠对于吸引 FDI,并不是必要的条件。FDI 进入东道国,其基本动机固然是利润最大化,但实现利润最大化的手段,并非只有税收优惠。当东道国其他优势——如劳动力、资源、投资环境等,对 FDI 实现利润最大化的边际效应高于税收优惠时再进行税收优惠,不仅会损害政府利益,也会直接影响政府动机的实现。因此,在利用 FDI 的政策体系中,税收优惠需要,但要有度。而这种度,可以通过FDI 对税收优惠的敏感度分析来实现。

(1)税收激励在外商投资动因中的作用主要表现在对投资总量、投资方向以及投资区位等方面的影响。

近几十年来各国政府通过税收激励政策吸引外商投资的确起到了积极作用,引进外资数量大幅度增加。根据世界银行统计,20 世纪 50 年代到 70 年代这 20 年间,发展中国家通过税收激励等手段吸引外资的数量平均占这些国家的总投资量的 13%,其中不发达国家占 47%。世界工业银行发展组织认为,至少有 27 个低收入国家通过税收激励政策吸引外商投资占其总投资的58.2%。发展中国家 FDI 流入额占固定资产形成的比重随着税收激励政策力度的加大而增大。

表 2.1　1981～2004 年国际直接投资一览表　（单位:亿美元）

| 类别 ＼ 年份 | 1981~1990 | 1995 | 1998 | 1999 | 2000 | 2002 | 2004 |
|---|---|---|---|---|---|---|---|
| 发达国家流入 | 1670 | 2035 | 4832 | 8298 | 10052 | 5478 | 3800 |
| 流出 | 2100 | 3058 | 6720 | 9457 | 10463 | 5999 | 6374 |
| 发展中国家流入 | 380 | 1133 | 1884 | 2220 | 2402 | 1555 | 2332 |
| 流出 | 70 | 490 | 377 | 580 | 995 | 478 | 832 |
| 所有国家流入 | 2050 | 3311 | 6925 | 10750 | 12708 | 6510 | 6480 |
| 流出 | 2160 | 3553 | 7119 | 10058 | 11499 | 6470 | 7300 |

资料来源:历年《世界投资报告》数据整理。

从表 2.1 中可以看出,20 世纪 90 年代以前世界各国对外直接投资的规模比较小,只有 2160 亿美元,并且 90 年代以前世界对外投资主要集中在发达国家,流入发展中国家的外资非常之少,整个 80 年代以来发展中国家吸引外资的总量只有 380 亿美元。进入 90 年代以来,随着发展中国家实施税收激励力度的加大,外商在发展中国家的对外投资总额逐年增多,1995 年以来由于税收激励的影响,发展中国家吸引外资的总量达到 1133 亿美元,比整个 80 年代吸引外资的总量增长了近 30% ,2000 年达到 2402 亿美元。

20 世纪 80 年代以来国际税收改革的总体方向是低税负,宽税基,优化税收制度,严征管,并因此形成了世界减税浪潮,国际税收界称之为国际税收竞争的表现和结果,其目的只有一个就是吸引国际资本流动、国际流动贸易等流动性生产要素,促进本国的经济增长。

20 世纪 90 年代以来,随着经济全球化的发展,对外投资进一步得到发展,并以较快的速度增长。据联合国贸发会议统计资料表明:从 1991 年到 2004 年,全球直接投资额总体上来呈增长趋势,由 1830 亿美元增至 6120 亿美元增长了 2 倍多(表 2.2),世界跨国公司由 1994 年的 4 万家增加到 1997 年的 5.13 万家。跨国公司的销售额由 1994 年的 5 万亿美元增长到 1997 年的 9.5 万亿美元①。

表 2.2　全球国际直接投资总量表　　　（单位:亿美元）

| 年份 | 对外直接投资总量 |
| --- | --- |
| 1991 | 1830 |
| 1992 | 1500 |
| 1993 | 1080 |
| 1994 | 2263 |
| 1995 | 3150 |
| 1996 | 3470 |
| 1997 | 4000 |
| 1998 | 4300 |
| 1999 | 8655 |
| 2001 | 7455 |
| 2002 | 6510 |
| 2003 | 5600 |
| 2004 | 6120 |

资料来源:联合国贸易与发展会议各年《世界投资报告》。

---

①　刘鹏俊:"论外国直接投资的财政优惠政策",《对外经济贸易大学硕士论文》2005 年。

　　研究税收影响投资区位的代表性人物是 Slemrod[1]。他的研究表明：母国和东道国的税收差异不能说明投资者是在国内还是国外进行投资的"初始决策"，而仅仅在已经决定对外投资的前提下，决定在哪国投资的区位决策有影响。

　　税收优惠对 FDI 的区位影响主要表现在外资地区分布的不均衡性。由于一个国家不同地区采取的不同的税收优惠政策，从而使得不同地区的 FDI 投入量具有很大的差异。我们以中国为例来说明一下税收在 FDI 区位选择上的影响：东部投资规模与中西部投资规模之间的差额中，外商投资部分所占比重由 1993 年的 15.4% 上升到 1998 年的 31.4%。截至 2002 年底，在全国累计批准设立的外商投资企业数、合同外资金额和实际使用外资金额中，东部地区所占比重分别为 81.34%、86.60% 和 86.05%；中部地区所占比重分别为 11.66%、7.55% 和 8.86%；西部地区所占比重分别为 7.00%、5.85% 和 5.09%。这表明各地区利用外资的差距越来越大。东西部地区基础设施和投资环境之间的差异固然是造成 FDI 地区分布不均衡的主要原因，但所得税优惠在地区之间的不同也是一个重要的原因。我国现行的地区性税收优惠共有 13 个，其中具有代表性的有经济特区、沿海开放城市（地区）、经济技术开发区和高新技术产业开发区。上述优惠主要集中在我国东部，造成了 FDI 也主要集中在东部地区，这种不均衡无疑扩大了我国东西部地区之间的差异[2]。

　　税收对外资投资方向的影响虽然不占主要地位，但对其投资的方向起到一定的作用，产业优惠可能使跨国公司在某些产业获得更多的收益，在其他条件相同的情况下，某产业的跨国公司税收优惠，可能鼓励跨国公司投资于该产业。假定东道国是确定的，不同产业基础环境方面的情况相似，母国对跨国公司投资于不同领域的税收待遇相同，投资总量是固定的。这样跨国公司在东道国投资方向的选择，就要受到东道国税收政策影响。在市场配置资源的情况下，理性的投资者都希望通过投资获得最高的资本收益率，一旦某种因素影响行业间的资本收益率，就会影响资本投资方向。我们可以从以下公式来分析：

　　税前各行业的资本收益率（R）＝各行业的税前所得额（I）/资本投资额（K）；若对各行业按照统一比例征收所得税，则各行业的税后所得按照统一比

---

①　Joel B. Slemrod：Progressive Taxes，The concise Encyclepdia Economics，1993.

②　李海绒："税收优惠政策对 FDI 的影响"，《会计之友》2005 年第 11 期。

例(t)缩小,变为(1-t)I,各行业的资本收益率仍然相等。税后各行业的资本收益率(R')=各行业税后所的(1-t)I/资本投资额(K)。统一比例的所得税不会改变各行业的资本收益率,因而也不会引起资本在产业间的流动,对跨国公司投资方向选择也没有影响。如果对不同行业课征差别所得税,或者各行业优惠幅度不同,就会改变不同行业间的资本收益率格局,影响投资方向的选择。因为不同行业征收差别所得税,就会使不同行业的税后资本收益率下降幅度不一致,于是就会影响跨国公司投资方向选择。我国对跨国公司投资采用不同行业的税收优惠政策(比如对高风险行业的快速折旧政策、对科技成果转让、科技咨询、科技服务产业等实行减免所得税优惠政策)也具有这种效应①。

(2)税收激励对外商投资的作用因外商投资企业的动因差异而不同。企业的投资行为实际上是由两个方面的因素决定的,一个是投资收益,另一个是投资成本。对于不同的投资动因,税收激励对其作用的大小我们可以从这两个方面加以比较分析。

首先通过从税收激励对不同投资动因的收益率的影响来分析。投资收益是指投资报酬,在企业不负担税收的情况下,企业实现利润就是投资收益,税前利润作为反映投资收益的主要指标,投资收益率=实现利润÷投资额。在对企业利润征税以后,企业的实际投资收益率=实现利润×(1-税率)÷投资额。投资动因与企业的投资额度及企业的投资规模之间存在着某种相关性,因而在各种税收条件都一致的情况下,投资额越小的企业税收激励对其的影响就越大。

其次从税收激励对不同投资动因的成本的影响来分析。对于不同的投资动因税收激励对其企业的成本影响也是不同的,在此我们可以借用西方经济学中的完全竞争市场的生产成本曲线,来说明税收激励对外商投资不同动因的影响:

由于大部分外商投资是以市场导向为主要投资动因,大部分发达国家对外投资的主要动因都可以归结为这种类型。以市场导向为投资动因主要是来自经历了信息技术革命、处于国际分工上游的欧美发达国家,它们无论是在技术、管理经验方面还是产品差异化开发方面都有垄断优势。这类企业主要倾向于长期投资,而并不在乎短期的经验成本,经济和政治稳定是这类型投资动

---

① 钟炜:"企业所得税并轨对我国引进外国直接投资的影响",《当代财经》2005年第6期。

因关注的主要因素,这类投资主要是看中东道国的经济发展速度和未来的前景,他们的投资是为了在东道国获得长远的发展,因而投资规模比较大并且做了大量的前期投入,因而税收激励政策对其的影响不是很大。例如,中国由于改革开放以来经济增长世界瞩目,投资环境得到了极大的改善,再加上安定的政治环境和广阔的市场,越来越多的发达国家把中国作为投资的主要目标。目前在中国设立的地区总部 30 余家主要是来自欧盟、美国和日本的跨国公司。如北京市注册的地区总部中,41.7% 的投资来自欧盟,20.8% 来自美国和加拿大,16.7% 来自日本①。以出口导向也叫贸易导向为目的的外商投资主要是利用东道国的廉价的自然资源或人力资源,生产产品出口到母国或第三国,一般来说这类型公司是与东道国市场相隔绝的,东道国市场对其影响不是很大,这类型投资企业一般在特定的出口加工区生产,因而对东道国的投资环境要求不高。再由于其本身的投资额不大、公司规模不大,所以具有流动性大、不稳定的特点,因而对东道国的政治稳定看得不是很重。由于公司规模小,投资不大,所以一旦遇到问题可以马上撤资,相反正是由于公司规模小,投资不大,因而对原材料的成本和其他经验成本特别关注,因此税收激励对其影响特别大。比如服装业的贸易型公司其行业竞争激烈,利润微薄,所以税收是其公司成本结构中的重要组成部分,公司会因税收优惠的大小从而轻易的转移投资。

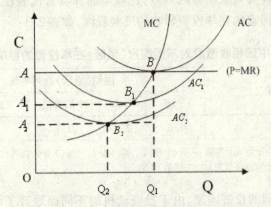

**图 2.1　完全竞争市场税收激励对企业成本影响**

---

①　牛泽厚:"税收优惠对跨国公司调控研究",《中央财经大学博士学位论文》2003 年。

在图 2.1 中,我们假设所有的投资企业都处于完全竞争市场,根据资源最优配置条件,企业应该在平均成本曲线(AC)与价格线(边际成本曲线 MC)的交点 B 点处生产,企业的产量为 $Q_1$,所以企业的成本为 $ABQ_1O$。出口型投资导向动因以及资源利用型投资动因由于都是投资额度不大的行业,并且公司规模小,从事低附加值产品的生产,税收对其影响比较大,从而它的平均成本曲线下降得要比市场导向型投资动因平均成本曲线下降得要多要快,出口导向型投资动因的平均成本曲线下降为 $AC_2$,市场导向型投资动因的平均成本曲线下降为 $AC_1$,从而导致不同的投资动因在税收激励的作用下企业生产成本出现不同的降低程度,以市场导向为投资动因的企业生产成本下降得比较少,在图中降低为 $A_1B_1Q_3O$ 部分;而以出口导向为投资动因的企业生产成本下降得多,在图中下降部分为 $A_2B_2Q_2O$。通过分析我们可以知道,市场导向型投资动因由于企业生产成本下降得比较少,再加上该类型的企业投资额以及生产规模大,税收激励对其影响不是很大。而以出口导向为投资动因的企业面对税收激励产生的效果比较大,税收优惠从而使企业降低的成本占企业总成本的比例大于以市场为导向的企业。

我国税收激励效果对于外商投资企业在我国投资动因的不同因而得到的反映程度也是大不相同。这方面的调查尤其是对美国、日本以及欧盟各国等在华的投资动因的调查并不多见,复旦大学的世界经济研究所 1987 年在中外合资企业外方经理为对象所做的调查,比较全面和具有代表性。其中一项是税收优惠对不同国家的在华投资影响的反映程度,如表 2.3:

**表 2.3　中国税收激励对不同国家(地区)在华投资的影响程度**

| 激励政策 | 国别(地区)数列等级 | | | |
|---|---|---|---|---|
| | 美国 | 日本 | 中国香港 | 欧洲和泰国 |
| 税收优惠 | 1.6 | 2.5 | 3.3 | 2.0 |

各因数重要等级共分为五个等级:一等(5 分),二等(4 分),三等(3 分),四等(2 分),五等(0 分)
资料来源:上海《世界经济情况》1987 年第 18 期。

可见对于不同的投资国家,由于投资动机的不同而导致了面对同样的税收优惠政策,它们的反映程度也不同。从表中可以看出香港地区在面对税收激励政策时的反映程度就明显要高于美国、日本和欧洲地区。这也正是与香港主要是以出口导向为其在大陆投资的主要动机是密不可分的。相对于美国、日本等发达国家以市场导向为主要投资动因的在华投资企业来讲,税收优惠政策对引进小资本、生产规模不大,产品附加值不高的企业来说更具有作用。

## 2.3　不同类型企业对外投资的动因差异

　　税收优惠的倾斜目标主要是:①基于产业政策鼓励优先发展的产业项目(包括基础设施、基础产业项目和农业等在内);②促进区域开发;③促进出口(主要限于发展中国家);④鼓励研究、开发和技术创新、培训、就业和环境保护等等。例如,马来西亚政府为给工业发展打下良好基础,对农业十分重视,规定凡与农业有关的企业,可享受免税 5～10 年优惠。在韩国,凡根据《外资引进法》批准进口的生产资料、设备部件和附件等全部免税。泰国的《关于投资促进政策与准则》规定,外商投资于基础运输系统、公用事业与开发新技术有关的产业、基础工业等,可免纳所得税 8 年。为促进区域发展,朝鲜在咸镜北道的罗津和先锋地区设立自由经济贸易区,面积为 621 平方公里,允许外商在区内开办各种类型企业,并允许经营各种形式的服务行业,并给予包括减免关税和所得税在内的各种优惠和方便。芬兰设三大鼓励投资区,塞浦路斯设自由工业区等,以税收优惠鼓励外商到区内投资。关于对高新技术开发项目的优惠,日本规定企业用于科研开发设备、高技术设备的投资,可按科研开发费用增长部分的 20% 再加上资产购置成本的 7% 减免国家公司税。法国从 1983 年开始实行"技术开发投资税收优惠政策",规定凡研究开发费用增加的企业经批准后可免缴相当于该费用增加额的 25% 的企业所得税[①]。在不同时期,日本企业对外投资的动因也是大不相同的。日本是个自然资源和能源奇缺的国家,必须依赖进口才能保证其工业化发展。因此战后日本特别重视自然资源和能源的开发。因此 20 世纪 70 年代,日本最初对外直接投资的主要动机是为了获取资源和原材料等生产资料的来源保证。此时税收激励对其投资动因产生的作用不是很大,它投资的主要动机并不会因为东道国实施税收激励而改变,它主要的动机还是要获得该国的自然资源和能源。此时的中国正是日本瞄准的主要目标,中国地大物博,拥有丰富的自然资源和能源,又和日本一水相隔。因此日本把中国作为它工业生产的燃料、原料以及初级产品的供应地。70 年代的中国,并没有实行对外开放,税收激励并不是中国的主

---

　　①　扬静:"论引进外国直接投资的税收优惠",《中央财经大学硕士论文》1999 年。

要引进外资的手段,此时日本企业大举进军中国,并非是因为中国的税收激励政策的影响。80年代,经历快速增长期后,日本国内生产成本逐渐上升,再加上随之而来的经济泡沫推波助澜的作用,使得生产成本尤其是劳动力成本持续高涨。因此,这一时期对外直接投资的主要动机是为了寻求生产的低成本。90年代以来由于日本国内经济形势的变化和世界经济全球化、区域经济一体化趋势的加强,促使跨国公司在进一步降低生产成本的同时,寻求其他投资目的。投资的动因和目的不断发生变化。90年代以来,资源、原材料的保障与利用在对外直接投资目的的比重逐渐降低,而且降低速度不断加快,1994年的比重为3.3%,而2001年的比重降至2.5%,2002年更是进一步降至1.8%。寻求低成本的劳动力仍是对外直接投资的主要目的之一,其所占比重在90年代后半期略有增加并保持相对稳定,1994年的比重为7.7%,2002年的比重为8.1%①。而以降低成本为主要目的的投资动因对税收优惠政策的敏感度比较强,这一点可以根据乔根森1963年提出的模型来解释税收优惠能对企业对外投资产生激励作用。设 C 为资本使用者成本,r 为融资成本,$\theta$ 为经济折旧率,q 为单位资产的购买价格,则资本使用者成本可以写为:$C = q(r + \theta)$。按照新古典投资理论,厂商投资决策将会按资本要素的边际产品价格等于资本使用成本的原理,得出:$p^* MP = q(r + \theta)$。其中,MP 为资本要素的边际产量,P 为该产品的生产价格。

罗森(1992)指出,由于公司税收(t)使得公司每一单位价格只剩下(1 - t)单位利润,因而,它实际上提高了使用成本,提高额为它的倒数。从而可以看出税收优惠能降低生产者的成本,对以降低成本为主要动机的外商起到一定的激励作用②。

改革开放近30年来,我国税收优惠的政策并无太大的变化,但税收优惠政策的效果是相当显著的。据统计,1979年至1995年6月底,我国累计批准FDI项目237458个,协议利用外资金额3343亿美元,实际利用外资金额1119.62亿美元,是利用外资金额最多、增长速度最快的发展中国家,已成为世界上仅次于美国的第二大资本输入国,因此我们以中国为例进行分析是很有代表意义的。

中国对不同类型外商投资企业的税收优惠政策主要采取的是以下几种形

① 蒋顺怀:"1990年以来日本对外直接投资动因与结构变化",《探求》2005年第1期。
② Rosen,H.S:《财政学》,中国人民大学出版社2003年版。

式:普通型税收优惠政策,区域型税收优惠政策和产业型税收优惠政策。

(1)普通型税收优惠政策主要是在全国范围内对外商投资企业实行所得税税收优惠。这类型税收优惠统一给予生产性企业,体现出国家鼓励生产性投资的政策,主要形式是降低名义利率、定期减免税、再投资退税等。

(2)区域型税收优惠政策指在特定的区域给予外商投资企业特定的优惠政策。这种区域主要有两类:一是特定经济地区,包括经济特区、经济技术开发区、沿海 14 个开发城市、沿海经济开发区、海南省、上海浦东高新开发区等。这些地区的外商投资企业可以享受 15% 的低税率和不同程度的税收减免。二是经济不发达的边远地区,设在这类型地区的外商投资企业可以享受免税期和减征优惠。

(3)产业型的税收政策是指对投资于特定行业的外商投资企业给予优惠的税收待遇。相关的行业有农林牧业、能源开发、交通设施建设以及高新技术产业等。优惠政策主要包括减免税和降低税率等。这类型优惠政策目标明确定位于引导外资的产业流向,促使其符合国家的产业结构调整目标①。

改革开放以来中国吸收对外直接投资的规模一直以较快的速度增长,增长速度超过20% ,从 2000 年开始到 2004 年 2 月底全国累计批准设立外商投资企业 471302 个,合同外资金额 9622. 65 亿美元,实际使用外资金额 5097. 89 亿美元。可见中国吸收外国直接投资的规模基本上保持了较高的增长速度。截至 2000 年中国所吸收的外国直接投资近一半来自于香港,其他主要来自美国、日本等西方发达国家以及新加坡、韩国等新兴工业化国家。

表 2.4　中国历年实际使用外资统计　　(单位:亿美元)

| 年度 | 合同外资金额 | 实际使用外资金额 |
|---|---|---|
| 1979 ~ 1982 | 49. 58 | 17. 69 |
| 1983 | 19. 17 | 9. 16 |
| 1984 | 28. 75 | 14. 19 |
| 1985 | 63. 33 | 19. 65 |
| 1986 | 33. 30 | 22. 24 |
| 1987 | 37. 09 | 23. 14 |

① 王镭:"国际投资中的涉外企业所得税收问题研究",《中国社科院研究生论文》2003 年。

续表

| | | |
|---|---|---|
| 1988 | 52. 97 | 31. 94 |
| 1989 | 56. 00 | 33. 93 |
| 1990 | 65. 96 | 34. 87 |
| 1991 | 119. 97 | 43. 66 |
| 1992 | 581. 24 | 110. 08 |
| 1993 | 1114. 36 | 275. 15 |
| 1994 | 826. 80 | 337. 67 |
| 1995 | 912. 82 | 375. 21 |
| 1996 | 732. 76 | 417. 26 |
| 1997 | 510. 03 | 452. 57 |
| 1998 | 521. 02 | 454. 63 |
| 1999 | 412. 23 | 403. 19 |
| 2000 | 623. 80 | 407. 15 |
| 2001 | 691. 95 | 468. 78 |
| 2002 | 827. 68 | 527. 43 |
| 2003 | 1150. 7 | 535. 05 |
| 2004 | 1534. 79 | 606. 30 |

资料来源:《中国统计摘要2004》,2004年数据来自商务部网站。

  跨国公司对外投资规模与税收优惠密不可分。在90年代初期以前,税收优惠政策大量吸引来自港、澳、台中小企业的投资。由于政策还不是很明朗,市场体制也不成熟,存在比较大的风险,所以大多数投资者对在中国投资抱谨慎的态度。大多数投资者都是试探性的投入,在数量上并没有太大的增加。随着我国税收激励政策的调整,使得我国吸引外资的规模也越来越大。通过对1979~2004年年底我国使用外资情况的对比(参见表2.4),我们可以看出,随着改革开放的深化,外资的进入从一开始就呈现出上升趋势。尤其是1991年,我国颁布《中华人民共和国外商投资企业和外国企业所得税法》及其实施细则,并取消了利润汇出我国的所得税,税收优惠政策第一次以法律的形式规定下来,同时,避免双重征税的双边协定也使得税收优惠政策给予外商的实惠在外资的来源地也得到了保证。税收激励政策就变得非常明朗、清晰和稳定了,投资者的担心和顾虑也就减少了很多。所以,在 1991～1993 年之间,外资进入的幅度就大大提高了。实际使用外资金额由 34.87 亿美元增长到 275.15 亿美元,增幅达 690%。可见,税收优惠政策在吸引外资方面产生了积极效果。

在市场经济中,由于利益驱动,各个企业对外投资都会尽力使自己所拥有的生产要素得到最充分的利用,以提高经济效益增强自身实力。对于不同的投资者来说,税收优惠政策在其投资决策中的作用也不尽相同。税收优惠政策对企业对外投资主要在以下几个方面产生影响:①税收优惠对企业利润的影响。②税收优惠对企业折旧的影响。我国所吸引的外商投资企业中,总体来说可以分为两部分:一部分是港、澳、台地区资本,另一部分主要是来自日、美、德、法、英等西方发达国家的资本。两类资本代表了不同的工业水平,发达国家早已完成了工业化阶段,开始了资本密集产业的对外转移,相反港澳台是新兴工业化地区,转移的是劳动密集型产业。科因(Coyne)提出对于税收的激励措施,小型投资企业一般会做出比大型投资企业更加积极的反应。税收可能在小型跨国公司的成本结构中占据重要地位,因为小型公司没有财务和人力资本方面的能力来发展成熟的避税策略①。从我国实际来看,在整个 20世纪 80 年代,跨国公司来华投资以港、澳、台中小投资者为主,占我国外商投资总额的 75%左右,其中大多数企业在沿海地区设立,从事加工贸易,这些企业在国内配套率低,加工的增值率低,相当一部分企业没有在华投资的发展战略。对这些企业来说,由于港澳台属于工业不发达地区,对外投资的主要方向是:文体用品、皮毛革制品、造纸和纸用品、塑料制品等其他劳动密集型产品的制造和加工。其资本很难带进先进技术,而且投资规模小发展后劲受到限制。税收优惠是其选择在华投资的重要原因,无论是产品选择、投资区域选择、还是合作伙伴的选择,都把税收优惠的程度作为重要的考虑因素。从税收优惠对外商投资企业留利方面的影响来看,由于企业留利是企业税后利润中分配股息以后,保留在企业中的利润,因此,企业所得税对企业留利水平影响较大。税法规定的税前成本与费用的列支标准、应纳税

① Coyne, E. J.: An Articulated Analysis Model for FDI Attraction into Developing Countries, Florida, Nova Southeastern University, 1994.

所得额的计算、税率的高低等,都决定着企业的税后利润。在企业实际利润水平既定的情况下,提高企业所得税则减少企业留利,而对于港澳台等工业不发达地区从事的是低附加值的行业来说,它的投资规模小,企业通过税收优惠而得到的企业的留利对这个企业影响较大。所以说,在整个80年代外资对我国的税收敏感性较强,税收优惠对吸引外资、促进我国经济增长起了积极的作用。

进入90年代以来,外商投资企业的构成发生了明显变化,来自美国、欧盟、日本、韩国等国家和地区的大跨国公司的大型投资项目快速增多,国内原有的一些跨国公司也在不断扩大规模和提升产品与技术水平,在华投资成为长期战略。这些跨国公司对投资地区、投资方向、合作伙伴的选择都着眼于长期战略。税收政策依然重要,但不是唯一或决定因素①。对于这类型企业来说吸引它对外投资的关键在于整体的投资环境,而税收只是影响其投资的一个微小的因素,相对于其他因素(如政治稳定和市场潜力等)来说,税收激励作用是次要的。另外由于西方发达国家的税收可抵免性规定使减免产生的实际利益往往归于投资国政府而不是投资者本身,从而导致了欧美发达工业国对我国的税收激励反应不大。因而对于这类型企业来说税收激励政策作为税收政策的一个组成部分对其影响是有限的。他们更注重于东道国市场的开放度、外汇管制程度、股权和知识产权的保护程度等因素。这说明目前我国跨国公司税收敏感性有所下降,有必要对我国目前跨国公司税收优惠政策进行调整。主要措施是取消过多过滥的区域和地方性的税收优惠、规范产业优惠、减少优惠数量、加强优惠管理、优惠要体现国民待遇。2001年在中国社科院国际投资研究中心举办的《入世与中国对外经济高级论坛》上,戴姆勒·克莱斯勒汽车公司代表说道:我们公司注重的是中国汽车市场的巨大潜力,而不是中国政府给予我们多大的税收优惠。

东道国的税收激励政策对新公司和原有公司的激励效果也是不同的。Rolfeetal于1993年对美国公司经理的一项调查显示,新投资公司倾向于利用税收优惠以减少公司的内部开支,主要是设备和原材料的开支。而原有公司倾向于目标利润。他指出,制造业公司偏好与资产折旧相关的税收优惠政策,因为制造业公司和服务业公司相比,投入的固定资产要比服务业公司多。其次小规模公司要比大规模公司对税收激励政策要敏感,税收是小

---

① 江小娟:"投资鼓励措施与吸引外资问题探讨",《现代乡镇》2003年第4期。

公司的重要成本之一,因为其没有足够的人力和财力资源去实施熟练的避税战略①。

---

　①　江心英:"东道国外资税收激励政策效应的国际研究综述",《学术前沿》2005 年第 2 期。

# 第3章 我国外商投资税收激励政策的沿革

## 3.1 我国吸引外商(直接)投资沿革及现状

### 3.1.1 我国吸引外商投资的历史沿革

改革开放近三十年来,我国利用外商直接投资的历程大体可划分为初步探索、持续发展、高速增长、稳定发展与质量提高五个阶段。

(1)初步探索阶段(1978～1986年)。改革开放初期,我国吸引外资工作刚刚起步,经验匮乏,相关的法律法规和配套设施不完善,基础设施落后。外商来华投资多是试探性的,以港澳台地区中小资本为主,引进外资数量不大。随着《中华人民共和国中外合资经营企业法》的颁布,对外开放的步伐首先在沿海经济特区、经济开放区、沿海港口城市展开。到1986年底,我国共批准成立8061家外商投资企业,平均每年为1008家;协议外资额为231.22亿美元,平均每年为25.69亿美元;实际利用外资为106.18亿美元,平均每年为11.80亿美元①。这一阶段我国吸引外资主要来源于港澳台地区,以劳动密集型的一般加工业以及宾馆、服务业等为主,科技含量低,资金较少且市场份额较小,大型跨国公司基本没有投资。

(2)持续发展阶段(1987～1991年)。这个阶段我国扩大了沿海经济开发区的范围,设立开放了海南经济特区和上海浦东新区。我国吸引外商投资的步伐也随之加大,1986年10月国务院颁布了《鼓励外商投资的规定》,1987年财政部发出《贯彻国务院〈关于鼓励外商投资的规定〉中优惠条款的实施办法》,1988年国务院发布《关于鼓励投资开发海南岛的规定》。1991年全国人大制定并颁布了《外商投资企业与外国企业所得税法》,该法合并《中外合资企业所得税法》和《外国企业所得税法》,实行了对外商投资企业税收优惠和

① "我国吸引外资进入新的发展阶段",www.jjbk.cn。

税收管辖权的统一。这些法律和措施改善了对外商投资的宽松环境和外商投资企业的生产经营条件,外商直接投资得到迅速发展,生产型项目和出口型项目增加,宾馆和旅游服务项目所占比重下降,利用外资的地区和行业逐步扩大。这一时期我国共批准设立外商投资企业 31975 家,合同外资金额 294.7亿美元,实际利用外资金额为 144.4 亿美元,年均增长速度分别达到 55.27%、34.05% 和 17.20%。随着我国开放范围的扩大和优惠程度的加大,引进外资大幅度增长,外商投资的行业由第三产业逐步扩展到制造业等。外资来源也开始由单纯的港澳台地区中小资本扩大到美、日、欧共体、东南亚等国家的较大型跨国公司。该阶段引进外资的主要特点是投资区域和产业的扩大,外资质量也有大幅度提高,投资结构逐步改善,我国初步掌握了利用外资的规律,积累了较为丰富的经验。

(3)快速发展阶段(1991～1995 年)。随着邓小平同志视察南方重要讲话的发表以及党的十四大的召开,我国对外开放进一步扩大,外商投资实现了飞跃性的高速增长。外商对华投资速度加快,投资项目规模加大,我国实际利用外资额也从 1992 年的 110 亿美元迅速提高到 1995 年的 375 亿美元,并从 1993 年开始成为吸引外国投资最多的发展中国家。这一时期我国共批准设立外商投资企业 216761 家,合同外资金额 3435.22 亿美元,实际利用外资为 1098.1 亿美元,年平均增长速度分别达到了 13.06%、43.66% 和 57.06%。尤其是 1992 年和 1993 年,外商投资的增长速度分别达到了 152.11% 和 149.98%,达到了改革开放以来的最高峰。这一阶段,我国引进的外资大量流向第二产业尤其是制造业,一些大型跨国公司进入我国,外资投资的项目规模和技术水平有了较大提高。

(4)稳定发展阶段(1996～2005 年)。这一时期我国引进外资进入调整期,利用外资进入一个平稳的发展阶段。我国颁布了《指导外商投资方向暂行规定》、《外商投资产业指导目录》和《关于当前进一步鼓励外商投资的若干意见》,为了维护国家经济安全,维护民族产业,在鼓励外资发展的同时也采取了一定的限制措施。指定优惠政策引导外资投向国家扶持的产业和中西部地区。实际利用外资额年均保持在 400 亿美元以上。这一阶段我国共批准外商投资项目 104850 个,合同外资金额 2588.72 亿美元,实际利用外资 2136.73亿美元,年均增长 1.6%。

(5)质量提高阶段。2006 年开始我国利用外资进入了新的阶段:从过去重视利用外资的数量变为重视利用外资的质量。鼓励外资投资重点从制造业转向服务业,提高外资对我国技术发展、产业结构升级的贡献。

前四个阶段即从改革开放的初期至 21 世纪初期,我国的引资政策主要以税收激励为主,更多地重视引进外资的数量,通过给予外商投资企业"超国民待遇"、扩大引进外资的产业和地区范围来大量吸引外资。第五个阶段即 2006 年开始,我国的引资政策发生了改变,随着我国经济的发展,我国引进外资达到了一定规模,给予外商投资企业的"超国民待遇"弊端也开始显现,我国的外资政策逐步调整,更加重视引进外资的质量和效率,合理引导外资流向,逐步对外商投资企业实行国民待遇。

### 3.1.2 我国利用外资的现状

吸收外商直接投资是我国对外开放基本国策的重要组成部分,改革开放以来,外商在我国的投资规模不断扩大,水平逐步提高,我国引进 FDI 的力度成效巨大。1979～1999 年中国吸收外商直接投资总额达 3060 亿美元,占全球外商直接投资的 10%,占新兴国家和地区吸引外资总额的 30%。1992～2001 年间,中国大陆连续 10 年吸引 FDI 的流量在发展中国家中排名第一,在全球各国排名仅次于美国。在 2002 年和 2003 年,我国吸引 FDI 的流量已超过美国,全球排名第一。连续 8 年,中国吸引外商直接投资的金额仅次于美国。外资的大量流入对国民经济的快速发展和综合国力的增强起到了积极的作用。2006 年全国新设立外商投资企业 41485 家,实际使用外资金额 694.68 亿美元,来华投资的国家和地区近 200 个,世界 500 强企业约 470 家在华投资,外商投资设立的各类研发机构超过 750 个。

从产业分布上看,我国吸引的外资主要集中在第二产业,服务贸易领域吸收外商直接投资增势良好。2005 年,制造业领域新设立外商投资企业 28928 家,合同外资金额 1273.57 亿美元,实际使用外资金额 424.53 亿美元,占同期全国吸收外资总量的 65.72%、67.36% 和 58.63%。同期,服务贸易领域(不含银行、证券、保险行业)合计新设立外商投资企业 7445 家,合同外资金额 390.31 亿美元,实际使用外资金额 116.79 亿美元,同比分别为 8.65%、45.95%、-4.49%;其中新设立企业数、合同外资金额的增长幅度均高于全国水平,在全国新增外资总量中的比重分别增加了 1.23 个和 3.22 个百分点,为 16.92% 和 20.64%。金融领域吸收外资快速增长。银行、证券、保险行业新批设立中外合资银行、保险公司、基金管理公司 18 家,实际使用外资金额达

120.81 亿美元,同比增长幅度达 279.19%。

从区域分布上看仍以东部为主且比重有所上升,中西部地区相关指标升降不一。2005 年,东部地区新设立外商投资企业 38439 家,合同外资金额 1658.87 亿美元,实际使用外资金额 535.58 亿美元,同比分别增长 1.21%、25.27%、2.59%,占全国同期吸收外资总量的比重分别为 87.36%、87.74%、88.78%,较 2004 年分别增加了 0.38 个、1.46 个、2.67 个百分点。同期,中部地区新设立外商投资企业 3752 家,同比下降 0.50%;合同外资金额 159.68 亿美元,同比增长 21.64%;实际使用外资 48.26 亿美元,同比下降 27.75%。同期,西部地区新设立外商投资企业 1810 家,同比下降 5.48%;合同外资金额为 72.09 亿美元,同比下降 9.05%;实际使用外资金额为 19.41 亿美元,同比增长 11.30%。东部地区累计实际使用外资金额在全国占有较大比重,为 86.50%;中、西部地区累计实际使用外资金额占全国累计实际吸收外资总量的比重分别为 9.04% 和 4.46%。①

## 3.2　中国外商投资税收激励政策的沿革

我国外商税收激励政策是随着我国改革开放、引进外资的发展而逐步建立与发展起来的,表 3.1 反映了我国外商投资企业所得税的发展过程。概括来讲我国的外资税收激励政策经历了以下几个阶段:

**表 3.1　外商投资企业所得税的发展过程**

| 外商投资企业所得税的发展过程 |
| --- |
| ·全国人大 1980 年 9 月 10 日发布《中华人民共和国中外合资经营企业所得税法》 |
| ·国务院 1980 年 12 月 14 日发布《中华人民共和国中外合资经营企业所得税法施行细则》 |
| ·全国人大 1981 年 12 月 13 日发布《中华人民共和国外国企业所得税法》 |
| ·国务院 1982 年 2 月 21 日公布《中华人民共和国外国企业所得税法施行细则》 |
| ·全国人大 1983 年 9 月 2 日发布关于修改《中华人民共和国中外合资经营企业所得税法》的决定 |
| ·国务院 1983 年 9 月 20 日发布《中华人民共和国中外合资经营企业所得税法施行细则》 |
| ·全国人大 1991 年 4 月 9 日发布《中华人民共和国外商投资企业和外国企业所得税法》 |
| ·国务院 1991 年 6 月 30 日发布《中华人民共和国外商投资企业和外国企业所得税法实施细则》 |

资料来源:新浪网,两会专题,www.sina.com。

---

①　商务部:《中国外商投资报告》2006 年。

### 3.2.1 第一阶段(1978～1982年)

1978年,党的十一届三中全会作出了对外开放并确立以经济建设为中心的具有历史意义的决定。我国逐步加强国际经济技术的合作与交流,大量吸引外商来华投资,引进先进技术和设备,对外经济关系有了很大的发展。1979年7月,五届人大二次会议通过并公布《中华人民共和国中外合资经营企业法》,明确规定经我国政府批准允许外国公司、企业和其他经济组织或个人,按照平等互利的原则,可以在我国境内,同我国的公司、企业或其他经济组织共同举办合营企业。为了满足改革开放、调节社会收入分配的需要,1980年8月26日,第五届全国人大常委会第十五次会议批准施行《广东省经济特区条例》,对有关注册和经营、优惠办法、劳动管理、组织管理等作出了明确规定。党中央、国务院决定在广东、福建两省在对外经济方面实行特殊政策和灵活措施,并在广东省的深圳、珠海、汕头和福建省的厦门设置经济特区。

1980年9月,五届人大三次会议审议通过并颁布了《中华人民共和国中外合资经营企业所得税法》和《个人所得税法》,同年12月财政部公布《中华人民共和国中外合资经营企业所得税法施行细则》。中外合资经营企业所得税,是对我国境内中外合资经营企业的生产经营所得和其他所得征收的一种税。基本内容如下:

(1)纳税人:设在我国境内的中外合资经营企业,包括该种企业在我国境内的总机构、分支机构和境外分支机构等。

(2)课税对象:包括生产经营所得和其他所得。生产经营所得,具体包括从事工、矿、交通运输、农、林、牧、副、渔等行业的生产经营所得。其他所得包括两大类:一类属于投资性质的所得,如股息、利息、红利等;另一类是合资经营企业将财产出租所得的租金,将专利权、专有技术、商标权、版权等无形资产提供给其他单位使用而取得的特许权使用费,以及将财产和无形资产转让或出售的所得收入。

(3)税率:采用30%的比例税率。比例税率计算方便,符合我国涉外税收简便可行的原则,鼓励了大额投资,使那些投资多、利润高的企业发展,但这对于投资少、利润小的企业来说,税负偏重。另外,合营企业除缴纳30%的所得税外,还应缴纳相当于应纳所得税额10%的地方所得税。

个人所得税是对自然人个人的各项应税所得课征的一种税。对个人所得征税是当今世界普遍实行的做法。涉外个人所得税的纳税人是在我国境内居住满一年以上的外国人,以及不在我国境内居住或居住不满一年,但有来源于我国的所得的外国人。个人所得税法对个人的各项所得分别规定了两种税率:按月征收的和按次征收的。如工薪所得,按月征收的,适用九级超额累进税率,税率从 5% 到 45% 不等;按次征收的所得税,如劳务报酬等减除法定扣除项目适用 20% 的比例税率。

1981 年 12 月,颁布了《外国企业所得税法》,外国企业所得税是在中华人民共和国境内,外国企业的生产、经营所得和其他所得,都按照本法的规定缴纳企业所得税。本法所称外国企业,除第十一条另有规定者外,是指在中华人民共和国境内设立机构,独立经营或者同中国企业合作生产、合作经营的外国公司、企业和其他经济组织。外国企业每一纳税年度的收入总额,减除成本、费用以及损失后的余额,为应纳税所得额,采取超额累税率进的方式征收,适用五级超额累进税率,税率从 20% 到 40% 的超额累进税率,外国企业按照前条规定缴纳企业所得税的同时,应当另按应纳税的所得额缴纳 10% 的地方所得税。对生产规模小,利润低,需要给予减征或者免征地方所得税的外国企业,由企业所在地的省、自治区、直辖市人民政府决定。至此,我国已经初步形成了对外资的税收激励制度体系。

## 3.2.2 第二阶段(1983～1991 年)

改革开放推行了 5 年,已经形成了从沿海向内地推进,沿海开放、沿江开放和沿边开放的对外开放格局,吸引外资、引进先进设备和技术的渠道和方式也有了很大的改观。中外合资经营企业、中外合作经营企业和外商投资经营企业的规模和数量也在不断增加。1984 年国务院发布了《关于经济特区和沿海 14 个港口城市减征、免征企业所得税和工商统一税的暂行规定》,1985 年发布了《关于中外合资建设港口码头优惠待遇的暂行规定》,1986 年颁布《关于鼓励外商投资的规定》。在这种形势下,20 世纪 80 年代初建立的涉外企业所得税已逐渐不能适应新的形势需要。存在的问题如下:

(1)税负不统一,不利于公平竞争

按照原《中华人民共和国中外合资经营企业法》,中外合资经营企业采用 30% 的比例税率,还应缴纳相当于应纳所得税额 10% 的地方所得加税,两项合计税率为 40%。中外合作经营企业和外商独资企业适用五级超额累进税率,最低一级20%,最高一级40%,两项合计,最高税负接近50%,这种不公平税负,也不利于中外合资经营企业和中外合作经营企业和外商独资企业之间的公平竞争。1987年财政部发出《贯彻国务院〈关于鼓励外商投资的规定〉中优惠条款的实施办法》。该《规定》第七条"产品出口企业和先进技术企业的外国投资者,将其从企业分得的利润汇出境外时,免缴汇出额的所得税",是指外国投资者从中外合资经营的产品出口企业和先进技术企业分得的1986年度及以后年度的利润汇出境外时,免征汇出额10%的所得税;对其在《规定》发布之日前汇出的1986年度预分利润,汇出时已缴纳的汇出额的所得税税款,应给予退税。外国合营者将1986年以前年度分得的利润汇出境外时,其汇出额的所得税仍按原规定执行。

(2)税收优惠差别大,不利于贯彻产业导向性投资政策和区域导向性投资政策

按照《中外合资经营企业所得税法》规定,对中外合资经营企业,不分生产性与非生产性,也不论是否投资于政府需要鼓励的行业或地区,凡经营期在10年以上的,都给予"免二减三"的税收优惠。而按照外国企业所得税法的规定,对中外合作经营企业和外商独资企业,对生产规模小,利润低,需要给予减征或者免征地方所得税的外国企业,由企业所在地的省、自治区、直辖市人民政府决定。从事农业、林业、牧业等利润率低的外国企业,经营期在10年以上的,经企业申请,税务机关批准,从开始获利的年度起,第1年免征所得税,第2年和第3年减半征收所得税。按前款规定免税、减税期满后,经财政部批准,还可以在以后的10年内继续减征15%~30%的所得税,时间上只有"免一减二"。《中外合资经营企业所得税法》和《外国企业所得税法》中的区域优惠,仅限于深圳、珠海、汕头和厦门等经济特区,没有扩大到沿海开放城市。

(3)税收管辖权不统一,不利于企业与非居民企业纳税义务标准的判定

《中外合资经营企业所得税法》中规定中外合资企业负有全面纳税义务,其境内、境外所得要汇总纳税,未区分居民企业与非居民企业,外国企业负有限纳税义务,就来源于中国境内的所得缴纳所得税。总机构设在中国境内的中外合作经营企业和外商投资企业,按国际惯例,在税收缴纳上都应该视为居民企业,对我国负有无限纳税义务,而事实上按照各自应遵循的法律,中外合资企业负有无限纳税义务,而外国企业只需就境内的所得纳税。

为此,七届人大四次会议将上述两个所得税法进行合并,于1991年4月9日审议并通过了《外商投资企业和外国企业所得税法》。该法合并《中外合

资经营企业所得税法》和《外国企业所得税法》,实行了对外商投资企业税收优惠和税收管辖权的统一在不增加税负的情况下,进行了相应调整,主要表现在:

(1)统一税率,便于投资者做出决策

新的税法规定了 30% 的比例税率和相当于应纳所得税额 3% 的地方附加税,改变了以往的对中外合资经营企业实行的 30% 的比例税率和还应缴纳相当于应纳所得税额 10% 的地方附加税,也改变了以往对中外合作经营企业和外商独资企业适用的五级超额累进税率(20% ～40%),这样,税率形式和税负水平的统一,有利于投资者进行合理地投资,以便于选择投资的方式、渠道,计算投资效益。

(2)统一税收优惠,便于公平竞争

对生产性外商投资企业(不包括石油、天然气、稀有金属、贵重金属等资源开采项目),经营期 10 年以上的,从获利年度起,第 1～2 年免征企业所得税,第 3～5 年减半征收企业所得税。从事农业、林业、牧业的外商投资企业和设在经济不发达的边远地区的外商投资企业,在上述"两免三减"的税收优惠期满后,经国务院主管税务部门批准,在以后的 10 年内,可继续按应纳税额减征 15%～30% 的企业所得税。改变了以往仅限于从事农业、林业、牧业等利润低的行业,扩大到从事生产性项目的企业,并延长了减免税的期限。1988年国务院发布《关于鼓励投资开发海南岛的规定》,在海南经济特区设立的从事机场、港口、码头、铁路、公路、电站、煤矿、水利等基础设施项目的外商投资企业和从事农业开发经营的外商投资企业,经营期在 15 年以上的,报经海南省税务局批准,从获利年度起,第 1～5 年免征企业所得税,第 6～10 年减半征收企业所得税。这体现了税负从轻、优惠从宽的原则,统一了税收优惠,便于公平竞争,也有利于引导外商投资,更好地为发展我国国民经济服务。

(3)统一税收管辖权,便于税务机关征收、监管

在税收上对法人居民纳税义务与非居民纳税义务的确定,统一明确以企业总机构所在地为准。把原来仅明确合营企业负有全面纳税义务,其境内、境外所得要汇总纳税,改为外商投资企业的总机构设在中国境内,负有全面纳税义务,就来源于中国境内、境外的所得缴纳所得税。外国企业负有有限纳税义务,就来源于中国境内的所得缴纳所得税。这样,在税收上对法人居民与非居民的判定就有了统一的标准,便于对外合理地行使税收管辖权。

《外商投资企业和外国企业所得税法》的公布施行,是中国涉外税收法制

建设的重大发展,也是在税收上改善投资环境所采取的重要步骤。从鼓励投资的积极意义来说,主要有两个方面:

一是合理地调整税率和定期减免税优惠,不仅从总体上没有增加税负和减少税收优惠,而且使大多数外商投资企业减轻了税负,并按照产业政策,增加了一些外商投资企业的税收优惠。还对外商投资者从合营企业分得的利润,由原来于汇出时征收 10% 的所得税,改为免予征税。应当指出,明确鼓励投资的重点,运用税收这一宏观调控手段引导资金投向,是国际上的通常做法,中国也自然不能例外。

二是把一些鼓励外商投资的行政法规明文规定于税法,以税法形式定下来。对设在经济特区的外商投资企业和外国企业的营业机构以及设在经济技术开发区的生产性外商投资企业,都沿用原来的行政法规的规定,减按 15% 的税率征收企业所得税;对设在沿海开放区的生产性外商投资企业,由原来行政法规规定按税法规定的税率减按 24% 的税率征收企业所得税。在经济特区和国务院批准的其他地区设立的外资银行、中外合资银行等金融机构,外国投资者投入资本或者分行由总行拨入营运资金超过 1000 万美元、经营期在 10 年以上的,经企业申请,当地税务机关批准,从开始获利的年度起,第 1 年免征企业所得税,第 2 年和第 3 年减半征收企业所得税。此外,还有一些通过行政法规规定的减免税,如对高新技术企业的减免税等,都尽可能地写入了税法的实施细则。这样做,增强了税收法律、法规的透明度,并保持了税收优惠政策的连续性和稳定性,从而有利于更好地发挥鼓励投资、促进合作的积极作用。

### 3.2.3 第三阶段(1992 年以来)

从 1978 年到 1993 年,随着改革开放政策的实行和经济的发展,中国的工商税制改革从建立涉外税收制度入手,进而推行国营企业"利改税"(即将国营企业上缴利润改为缴纳所得税)和工商税制的全面改革,初步建成了一套内外有别,以流转税和所得税为主体,其他税种相配合的新的税制体系,大体适应了中国经济体制改革起步阶段的经济状况,税收的职能作用得以全面发挥,税收收入持续稳定增长,宏观调控作用明显增强,对于促进国家的改革开放和经济发展起到了非常重要的作用。问题存在于内外有别的税制,不利于内外商投资企业的公平税负、公平竞争,1993 年 4 月下旬,中共中央总书记江泽民先后三次主持召开中央财经领导小组会议,听取国家税务总局主要负责人等人关于税制改革等问题的汇报,研究税制改革工作。中央财经领导小组在听取了上述汇报以后,充分肯定了中国改革开放以来税制改革取得的明显进展和税收工作发挥的重要作用。同时指出:现行税制已经不适应经济发展的需要,对于理顺中央与地方以及国家、企业、个人的分配关系,难以起到有效的调节作用。因此,必须加快税制改革。这次会议的决议中提出:税制改革涉及面广,影响大,既要积极,又要稳妥;要同投资体制、企业体制、财政体制等方面的改革协调配套进行。为了加强对财税体制改革的领导,同意由中共中央政治局常委、国务院副总理朱镕基负责,研究制定改革的具体方案和步骤。在改革中,特别提出要公平税负,公平竞争。1994 年实施的税制改革,对按流转额的征税,改为征收增值税、消费税和营业税,构成以实施规范化的增值税为主体的流转税制。第八届全国人民代表大会常务委员会第五次会议于 1993 年 12 月 29 日通过《全国人民代表大会常务委员会关于外商投资企业和外国企业适用增值税、消费税、营业税等税收暂行条例的决定》,确定在有关税收法律制定以前,外商投资企业和外国企业自 1994 年 1 月 1 日起适用国务院发布的《中华人民共和国增值税暂行条例》、《中华人民共和国消费税暂行条例》和《中华人民共和国营业税暂行条例》。国务院 1958 年公布试行的《中华人民共和国工商统一税条例》同时废止。并明确规定,1993 年 12 月 31 日前已批准设立的外商投资企业,由于改征增值税、消费税、营业税而增加税负的,经企业申请,税务机关批准,在最长不超过 5 年的期限内退还因税负增加而多缴的税款。

1993 年 10 月 31 日,第八届全国人民代表大会常务委员会第四次会议通过了《关于修改〈中华人民共和国个人所得税法〉的决定》,同日以中华人民共和国主席令公布,自 1994 年 1 月 1 日起施行,同时废止国务院 1986 年发布的《中华人民共和国城乡个体工商业户所得税暂行条例》和《中华人民共和国个人收入调节税暂行条例》。1994 年 1 月 28 日,国务院发布了《中华人民共和国个人所得税法实施条例》。至此,统一个人所得税制的改革顺利完成,该法适用于中外籍人员。

中国的涉外税收,除了所得税和流转税以外,还有房产税、车船使用牌照税、印花税、资源税、土地增值税、屠宰税和契税。对外商投资企业和外国企业征收的房产税和车船使用牌照税,尚未与内资企业相一致,仍然适用 1950 年中央人民政府政务院公布实行的《城市房地产税暂行条例》和《车船使用牌照税暂行条例》。1994 年以前,由于外商投资企业和外国企业所缴纳的工商统一税含有印花税的税额,其所书立、领受的合同凭证,不纳印花税。从 1994 年 1 月 1 日起废止了工商统一税条例,对外商投资企业外国企业改征增值税、消费税和营业税,实现了对内和对外流转税制的统一。从此,外商投资企业和外国企业书立、领受印花税条例所举纳税的凭证,即应缴纳印花税。从 1994 年 1 月 1 日起施行的资源税暂行条例,扩大了资源税的征税范围,包括了所有的矿产资源,共设有 7 个税目,即原油、天然气、煤炭、其他非金属原矿、黑色金属矿原矿、有色金属矿原矿、盐(包括固体盐、液体盐)。统一规定税额幅度,从量计征。国务院于 1993 年 12 月公布了《中华人民共和国土地增值税暂行条例》,财政部于 1995 年 1 月公布了《中华人民共和国土地增值税暂行条例实施细则》,从 1994 年 1 月 1 日起,对转让国有土地使用权、地上的建筑物及其附着物并取得收入的单位和个人,按其增值额适用 4 级超率累进税率征收土地增值税,税率为30% ~60% 。对外商投资企业和外国企业征收的地方税还有屠宰税,按宰杀后的实际重量从价计算缴纳屠宰税,但征税面比较窄,实际税负也比较低。契税是个古老的税种,仍适用 1950 年中央人民政府政务院公布的《契税暂行条例》。

1994 年实行的工商税制改革,对内外商投资企业实行统一的增值税、消费税、营业税、土地增值税、资源税、印花税等流转税与财产税,由此迈出了内外企业税制统一的第一步,1999 年国家为扩大外商投资企业从事能源、交通等基础项目颁布了税收优惠的适用范围。2000 年国家规定对设在中西部地区国家鼓励类外商投资企业实行一定税收优惠,2002 年我国颁布并执行了外商投资产业政策法律文件《指导外商投资方向规定》,标志着我国外资税收优惠政策向产业及中西部地区倾斜。为防治环境污染,保护生态环境,加速社会服务基础设施建设,根据《外商投资企业和外国企业所得税法实施细则》第七十二条第(十)项的规定,对从事污水、垃圾的处理业务的外商投资企业可以认定为外商投资企业,并享受"两免三减半"的优惠,体现了产业导向型的税收优惠。地区导向的涉外税收激励制度加大了地区差距,不利于区域经济结构的调整与优化。

## 3.3  我国现行涉外所得税制

我国的涉外税收优惠政策是随着改革开放的步伐逐步建立发展起来的。

改革开放初期;我国基础设施薄弱、配套设施落后、市场化程度较低,外国投资者对在我国投资态度谨慎、投资额很小。为了发挥税收在吸引外资、引进先进技术、正确引导外资投向等方面的激励作用,中国《外商投资企业和外国企业所得税法》规定了一系列的税收优惠措施。为了大规模地吸引外资,加快利用外资的步伐,我们选择了一条"以优惠促开放"的道路。表现在税收制度上,就是给予外商投资企业一系列的税收优惠待遇,使得外商投资企业的税负明显地低于内资企业的税负,并且围绕经济特区、经济技术开发区、沿海经济开放区、高新技术产业开发区和保税区等的建设,逐步设计、形成了"经济特区——经济技术开发区——沿海经济开放区——其他特定地区——内地一般地区"的多层次的涉外税收优惠格局。全面的涉外税收优惠政策的实施以及多层次的涉外税收优惠格局的确立,对我国的社会经济发展起到了有目共睹的巨大推动作用。我国涉外所得税制的优惠内容如下:

(1)税率优惠

涉外企业所得税主要设有 24% 和 15% 两种低税率。分别按照涉外企业所在地区的不同、所从事项目的种类不同而分别适用。设在经济特区的外商投资企业,在经济特区设立机构、场所从事生产、经营的外国企业和设在经济技术开发区的生产性外商投资企业,减按 15% 的税率征收企业所得税。设在沿海经济开放区和经济特区、经济技术开发区所在城市的老市区的生产性外商投资企业,减按 24% 的税率征收企业所得税。设在沿海经济开放区和经济特区、经济技术开发区所在城市的老市区或者设在国务院规定的其他地区的外商投资企业,属于能源、交通、港口、码头或者国家鼓励的其他项目的,可以减按 15% 的税率征收企业所得税。

(2)税收减免

其方式有一免两减、两免三减、五免五减和延期减免等,按照涉外企业所在地区的不同、所从事项目的不同和涉外企业性质的不同分别适用。在经济特区和国务院批准的其他地区设立的外资银行、中外合资银行等金融机构,外国投资投入资本或分行由总行投入营运资金超过 1000 万美元的外资金融机构、在经济特区设立的从事服务性行业的外商投资企业,外商投资额超过 500 万美元的服务性行业以及在国务院确定的国家高新技术产业开发区设立的被认定为高新技术企业的中外合资经营企业,经营期 10 年以上的,经当地主管税务机关批准,从获利年度起,第 1 年免征企业所得税,第 2~3 年减半征收企业所得税。对生产性外商投资企业,经营期在 10 年以上的,从开始获利的年度起,第1年和第2年免征企业所得税,第3年至第5年减半征收企业所得税,不包括石油、天然气、稀有金属、贵重金属等资源开采项目。《细则》75条规定,从事港口码头建设的中外合资经营企业,经营期在15年以上的,经企业申请,所在地的省、自治区、直辖市税务机关批准,从开始获利的年度起,第1~5年免征企业所得税,第6~10年减半征收企业所得税。在海南经济特区设立的从事机场、港口、码头、铁路、公路、电站、煤矿、水利等基础设施项目的外商投资企业和从事农业开发经营的外商投资企业,经营期在15年以上的,经企业申请,海南省税务机关批准,从开始获利的年度起,第1~5年免征企业所得税,第6~10年减半征收企业所得税。在上海浦东新区设立的从事机场、港口、铁路、公路、电站等能源、交通建设项目的外商投资企业,经营期在15年以上的,经企业申请,上海市税务机关批准,从开始获利的年度起,第1~5年免征企业所得税,第6~10年减半征收企业所得税。

(3)间接税收优惠

我国吸引外资的间接税收优惠主要包括再投资退税、税收抵免、投资抵免、税项扣除等优惠政策。《细则》第81条规定,外国投资者在中国境内直接再投资举办、扩建产品出口企业或者先进技术企业,以及外国投资者将从海南经济特区内的企业获得的利润直接再投资海南经济特区内的基础设施建设项目和农业开发企业,可以依照国务院的有关规定,全部退还其再投资部分已缴纳的企业所得税税款。

税收抵免体现在:外商投资企业来源于中国境内的所得已在境外缴纳的所得税税款,准予在汇总纳税时,从其应纳税额中扣除,但扣除额不得超过其境外所得按中国税法规定计算的纳税额。税收饶让体现在境内减免税抵免和境外减免税抵免。所谓境内减免税抵免,指纳税人在与中国缔结避免双重征税协定的国家,按照所在国税法及政府的规定获得的所得税减免,可由纳税人提供有关证明,经税务机关审核后,视同已缴的所得税准予抵扣;所谓境外减免税抵免,指中外合资经营企业承揽中国政府援外项目、当地国家(地区)的政府项目,世界银行等国际经济组织的援建项目和中国政府驻外使、领馆项目,获得该国家(地区)政府减免所得税的,可由纳税人提供有关证明,经税务机关审核后,视同已交的所得税准予抵扣。

投资抵免体现在:(1)国产设备的投资抵免。财税[2000]49号规定,凡在中国境内设立机构、场所的外商投资企业和外国企业,在总投资内购买或在总投资外购买进行技术改造的国产设备,属于《外商投资产业指导目录》鼓励类、限制乙类的投资项目,除《外商投资项目不予免税的进口商品目录》外,其购买国产设备投资的 40%,可以从购置设备当年比前一年新增的企业所得税中抵免。(2)抵免设备计提折旧。财政部财税[2000]49 号规定,外商投资企业和外国企业实行抵免的国产设备,应为 1999 年 7 月 1 日以后用货币购进的未使用过的国产设备。国产设备抵免后,仍可按设备原价计提折旧,并按规定在税前扣除。(3)亏损企业和免税企业投资抵免。国家税务总局国税发[2000]90 号规定,企业购买国产设备的以前年度累计为亏损的,购买设备的当年或以后年度实现的应纳税所得额,应按规定弥补企业以前年度亏损后,确定投资抵免。企业购买设备的当年或以后年度处于免税年度的,其该年度的应纳税所得额,首先按规定给予免税,其设备投资抵免额可延续下一年度进行抵免,但延续期超过 7 年。

税项扣除主要体现在法定扣除项目上。如《细则》第 22 条规定,企业发生与生产、经营有关的交际应酬费,应当有确实的记录或者单据,分别在下列限度内准予作为费用列支:(1)全年销货净额在 1500 万元以下的,不得超过销货净额的 5‰;全年销货净额超过 1500 万元的部分,不得超过该部分销货净额的 3‰;(2)全年业务收入总额在 500 万元以下的,不得超过业务收入总额的 10‰;全年业务收入总额超过 500 万元的部分,不得超过该部分业务收入总额的 5‰。《细则》第 28 条规定:外国企业在中国境内设立的机构、场所取得发生在中国境外的与该机构、场所有实际联系的利润(股息)、利息、租金、特许权使用费和其他所得已在境外缴纳的所得税税款;除国家另有规定外,可以作为费用扣除。财政部财税字[1999]273 号文件,规定外商投资企业和外国企业资助中国境内不是所属或投资,且科研成果不是唯一提供给资助企业的科研机构和高等院校的研究开发费,可比照公益性、救济性捐赠,在计税时准予全额扣除。

目前,我国主要在企业所得税和关税领域实行内外两套制度,内外商投资企业所得税虽然名义税率都是 33%,但税前扣除项目、折旧速度和减免税等方面仍然存在较大差距,以至近几年来涉外企业的所得税实际负担率一般不到 10%,享受的税收优惠高达实征税款的 2.3 倍,而内资企业所得税的实际负担率约为 28%,原有的各种优惠经过清理整顿后范围大为缩小,相当于实征税款的 17.86%。因此,内资企业的实际负担远远高于外商投资企业,内外商投资企业不公平竞争更加显著,其结果是,外资在国内许多产业占据优势地位,尤其在一些成本竞争相对激烈的行业,外商投资企业靠先进的技术优势,已经将一部分国内厂商的市场份额挤掉,如化妆品、通讯、器材等几乎被外资独霸。因而这种税负上的"超国民待遇"使得我国外资税收优惠政策的引导效应产生了一定的偏差。

我国内外商投资企业所得税的差别主要表现在以下三个方面:

(1)法律效力不同

自1994年实行新税制,外商投资企业企业适用《中华人民共和国外商投资企业和外国企业所得税法》,而内资企业则适用《中华人民共和国企业所得税暂行条例》。法律效力的不同,使得内外商投资企业从根本上划分为两种不同的企业实体,而这一点是与国民待遇原则相悖的。应从根本上确立内外商投资企业平等的地位,是实质性转变的关键,将更有利于国内经济的发展。

(2)适用税率不同

两种企业所得税的法定税率均为33%。但外资企业所得税是由两部分组成的,一是所得税税率30%,二是地方所得税税率3%,而地方所得税在许多地方都是免征或减半征收的。此外,对特定地区产业,特别是在沿海开放城市或经济开发区,能享受24%+3%或15%+3%的优惠税率。对于国内企业,只针对中小企业增设了两档18%和27%的低税率。相比较而言,外商投资企业最低税率为7.5%,内资企业为18%,这样内外商投资企业的税收负担差别是不言而喻的。

(3)内外商投资企业税前扣除和资产的税务处理不同

涉外税法中对外商投资企业的应纳税所得额扣除范围和标准的规定,比内资企业要宽,例如外商投资企业支付给职工的工资,实际支付多少,准予列支多少,而内资企业则要按计税工资进行扣除。此外,利息支出、职工工会经费、福利费、教育费、公益救济性捐赠、交际应酬费或业务招待费等项目的税前列支,也有不同优惠。在折旧留存残值比例方面,外商投资企业的折旧残值留存比例在原值的10%以内提取计算,内资企业在原值的5%以内计提计算。明确会计核算标准。税收法规中应建立规范的内外商投资企业税前法定扣除制度,明确成本、费用、税金、损失等的扣除。对于一些像职工工资的扣除,必须说明的条款应在补充说明中说明,但大的前提应是在法定扣除制度之下的,不得与之有相悖的地方。对于折旧值的问题,可以按行业进行规定,鼓励高新技术企业加快折旧速度,不应再以内外商投资企业的标准进行划分。

# 第4章 外商投资税收激励的效应分析

伴随着 20 世纪 80 年代以来的全球化浪潮以及 FDI 的迅猛增长,除了消除壁垒,现在众多的国家还采用激励手段来进一步吸引 FDI。税收激励政策的引资效应和对经济的拉动效应已经得到了大多数国家实践的证明。但是,税收激励政策是否有效,应以它是否增加了本国居民的福利水平为标准,而不是简单地看是否增加了本国的产出。

外国直接投资对投资国、东道国以及整个世界的经济发展都产生了深远的影响。联合国贸易与发展会议通过对 103 个国家的研究发现,20 世纪 90 年代这些国家中只有 4 个国家没有对 FDI 提供任何优惠。1991 年至 2000 年期间,世界各国共有 1185 项 FDI 政策改革,其中 1121 项是朝着有利于吸引 FDI 的方向改进。可见,世界各国对 FDI 的重视是日益加深的。我国自 20 世纪 70 年代末期开始吸引外国直接投资,截至 2005 年 6 月底,全国共批准外商投资企业 530153 个,合同外资 118271.99 亿美元,实际使用外资 59061.64 亿美元。2002 年,中国引资总额更是超过了美国,成为世界上吸收外资最多的国家。取得这样的成果是和我国吸引 FDI 的大量相关优惠政策分不开的。一般而言,吸引 FDI 的优惠政策包括财政优惠、金融优惠和其他优惠工具。在这三种优惠政策中,财政优惠中的税收优惠应用最为广泛,这也是 20 世纪 80 年代以后爆发一轮轮全球减税浪潮的重要原因。但有些问题是值得我们思考的。首先,就是与税收优惠政策相关的成本与收益的对比分析问题;其次,我们应该深入的分析一下税收优惠政策在 FDI 的选址过程中究竟对最后的决策产生多大的影响,也就是它对决策的影响权重究竟有多大。这也正是本书分析的重点。应该说对于税收优惠政策吸引外资的经济效应的研究早已开始。国外的有鲁特和艾哈迈德(Root & Ahmed,1978)、德弗罗和弗里曼(Devereux & Freeman,1998)、杰克、明茨和托马斯、齐奥普洛斯(Jack M. Mintz & Thomas Tsiopoulos)、格罗普和科斯蒂尔(Gropp & Kostial,2000)、Blomstrom & Ari Kokko(2003)等等,从不同角度分析了税收因素在外资投资决策中的影响力度大小及其经济效应。从国内来看,在 1994 年分税制改革期间和 2001 年入世前后,有关 FDI 的国民待遇和税收优惠问题就曾经受到学界的关注。随着我国加入 WTO 以及我国宏观经济环境和微观市场基础的发展和完善,2004 年我国开始了新一轮税制改革,这其中内外商投资企业所得税的合并问题成为这次改革的重点,关于 FDI 的税收优惠政策效应的探讨再次成为了学界的焦点。

## 4.1 FDI 税收政策的评判标准和外资规模效应

### 4.1.1 FDI 税收政策效应的评判标准

要确定税收政策效应,首先我们必须明确现行 FDI 税收政策的政策目标,并以此目标为衡量政策效果的检验标准。《中共中央关于完善社会主义市场经济体制若干问题的决定》第 8 节第 26 条规定:"抓住新一轮全球生产要素优化重组和产业转移的重大机遇,扩大利用外资规模,提高利用外资水平,结合国内产业结构调整升级,更多地引进先进技术,管理经验和高素质人才,注重引进技术的消化吸收和创新提高。继续发展加工贸易,着力吸引跨国公司把更高技术水平更大增值含量的加工制造环节和研发机构转移到我国,引导加工贸易转型升级,进一步改善投资环境,拓宽投资领域,吸引外资加快向有条件的地区和符合国家产业政策的领域扩展,力争再形成若干外资密集、内外结合、带动力强的经济增长带"。根据这一规定,可以确定我国利用 FDI 总的政策的目标是"扩大利用外资规模,提高利用外资水平,优化资源配置"。具体主要有:引进先进技术、扩大外资规模、优化产业结构、协调区域经济、管理经验和高素质人才。我们又可以把这些具体目标分为两类:税收收入和资源配置,其中资源配置方面的效应又可以从投资、产业结构调整、区域经济协调和技术进步等方面来考察。

### 4.1.2 税收激励的外资规模效应

我国税收政策的一个重要目的就是要扩大外资吸引的数量。早期有关这方面的论证包括 Henderson, J. M. and Quandt (1980)[1] 和 Musgrave,

---

[1] Henderson, J. M. and Quandt, R. E.:Microeconomic Theory, A Mathematical Approch, Mc Graw 2 Hill Co. Third Edition, 1980.

R. A(1958)①,但是他们的一些分析只是停留在表面,并没有深入分析。

随着我国的经济发展,税收激励的作用越来越不明显。1992 年,Jack M. Mintz 和 Thomas Tsio poulos② 在对中东欧 5 个转型经济国家(保加利亚、前捷克斯洛伐克、匈牙利、波兰和罗马尼亚)外国直接投资的税收优惠政策进行研究后发现,税收优惠并不是吸引外国直接投资的有效方法。通过对有关数据的分析,他发现,大多数情况下税收优惠在跨国公司的投资决策中并不起决定性作用,除了在两种例外情况下,那就是极端高的税收水平以及所谓的自由资本。只有在这两种情况下,税收优惠是有效的。除此之外,不同国家间微小的所得税差异不可能对跨国公司的投资决策产生重大影响。

梁琦(2003)③对中国外国直接投资的区位选择进行了实证研究,在其得到的实证结果中,开放度、关联度和优惠政策变量都具有正的估计系数,而反映市场有效需求的指标的估计系数为负。目前决定 FDI 分布的因素有地区的开放度、地区产业关联效应及集聚水平和地区对吸引外商投资的优惠政策,而地区产业专业化程度以及基础设施对 FDI 的分布没有显著影响。值得注意的是,在对 FDI 分布有正面决定影响的三个因素中,地区开放度的影响大于地区产业关联,地区产业关联的影响又大于地区对吸引外商投资而采取的优惠政策的影响。这说明,曾经在引进外资中起重要作用的优惠政策已经退居次要地位,外商现在更为看重的是一个地区的开放度和地区产业关联程度。

我国近几年的实践经验也证明了这一点,丰厚的优惠政策对确有实力的大型跨国公司收效并不大,但却被少数外国投机商和某些国内合资企业钻了政策的空子,造成国家税收和国有资产的大量流失,出现经济欺诈行为和犯罪行为增加的状况。因此,实现内外商投资企业税负的平等(统一税率、统一税基、统一税收优惠)已是当务之急,同时也应尽快取消外商投资企业仍然享有较大的所得税优惠政策④。

是不是外资规模越大越好呢,或者说是不是更多的外资会给我国带来更

---

①　Musgrave, R. A.: The Theory of Public Finance, Mc Graw 2 Hill, 1958.

②　Varian, H. R.: Microeconomic Analysis, Third Edition, 1992.

③　梁琦在 2003 年《世界经济》发表的"跨国公司海外投资与产业集聚"一文中通过案例分析和中国的经验实证分析得出结论:外商对华投资的决定因素中,地区开放度的影响大于产业关联,地区产业关联的影响又大于优惠政策的影响。

④　王选汇:"调整税收优惠政策完善税收优惠方式",《涉外税务》2004 年第 2 期。

大的福利改进呢？包括 Ana Balcao Reis(2001)[1]和崔校宁、李智(2003)[2]在内的很多国内外学者做过这方面的论证,而本书认为这要视我国国内其他方面的福利变化情况而定。而几个重要的衡量指标包括国家的国民福利改善情况,FDI 的区域选择效应[52][3],以及国内资源的配置利用情况是否在帕雷托最优的情况下进行。下面我们将从两个角度进行分析:一是受左大培(2003)"外商投资企业税收优惠的非效率性"的启发[4],从税种(即企业流转税和所得税)的角度,对税收激励引起本国福利的变化进行分析;二是从外企来中国的投资的动机出发[5],把外资分为市场需求型和出口加工型两类,分析税收激励对这两类外资的不同效应;最后将根据外资的正负效应进行总结性分析。

## 4.2 税收激励政策的效应分析:基于流转税和所得税的视角

### 4.2.1 税收激励政策的收入效应分析

如果要衡量国家财政税收引起的外商投资对国民福利的影响,应当确立的衡量指标为国民实际生活水平的提高。但是,由于国民的实际生活水平考察指标难以量化,因此我们这里选用国民收入 Y 来代表整个国家的国民福利水平,同时我们假设生产中只存在资本和劳动力两种生产要素,存在规模经济。税收激励会引起的 FDI 的增加,我们假设外商的税后利润全部转回母国,在存在税收的情况下本国的国民收入方程可以表示为:

$$Y = Q - \pi \cdot (1 - t_y) = Q_d + Q_f - \pi(1 - t_y)$$
$$= Q_d + Q_f t_f + t_y \cdot (1 - t_f) \cdot Q_f + (1 - t_y) \cdot C \qquad (4.1)[6]$$

① Ana Balcao Reis: "On the welfare effects of foreign investment", Journal of International Economics, 2001.

② 崔校宁、李智:"外商对华直接投资经济效应实证分析",《世界经济研究》2003 年第 6 期。

③ 孙俊:"中国 FDI 地点选择的因素分析",《经济学(季刊)》2002 年第 3 期。

④ 左大培:"外商投资企业税收优惠的非效率性",《经济研究》2003 年第 5 期。

⑤ UNCTAD: Incentives and Foreign Direct Investment, 1996.

⑥ 左大培 2003 年发表的"外商投资企业税收优惠的非效率性"一文中也有有关该方程的描述,本书认为这种情况是在外商存在利润转回的情况下,税收变化对我国国民收入的影响。

在(4.1)式中 Y 为本国的国民收入,Q 为总产出,$\pi = Q_f - Q_f \cdot t_f - C$ 为外商投资企业缴纳企业所得税前以实物量表示的利润。其中的 $t_y$ 为外商投资企业所得税占其利润总量的比例。在上式中,总产出又分为 $Q_d$ 和外商投资企业的产出 $Q_f$,外商投资企业缴纳流转税是其产出量乘以流转税率:$t_f \cdot Q_f$,这里的 $t_f$ 为外商投资企业的流转税税率。

当税收优惠导致外资流入时,我们设涌入量为 $K_f$,这时我们对其求偏导,则国民收入的变化可以表示为:

$$\frac{\partial Y}{\partial K_f} = \frac{\partial Q_d}{\partial K_f} + \frac{dQ_f}{dK_f} \cdot \left[ t_f + t_y \cdot (1 - t_f) \right] + (1 - t_y) \cdot \left[ \frac{\partial C}{\partial K_f} + \frac{\partial C}{\partial Q_f} \cdot \frac{dQ_f}{dK_f} \right]$$

$$(4.2)$$

在(4.2)式中,$\frac{\partial C}{\partial Q_f} \cdot \frac{dQ_f}{dK_f} > 0$ 表示"外资对本国生产要素的边际需求"(以要素的实际报酬表示),反映了在本国生产要素的给定价格下,外资流入增加外商投资企业使用本国生产要素的作用。它大于 0,原因是由于资本的增加,外企的资本边际产量 $\frac{dQ_f}{dK_f} > 0$[①],同时由于资本的流入对本国的劳动力需求增加,因此对于外企而言相对于本国的生产要素,外企的边际成本肯定是增加的,我们有 $\frac{\partial C}{\partial Q_f} > 0$,这两个原因综合起来导致了 $\frac{\partial C}{\partial Q_f} \cdot \frac{dQ_f}{dK_f} > 0$。

另外,$\frac{\partial Q_d}{\partial K_f} < 0$ 的原因有两个,首先在充分就业的情况下,由于外商投资企业吸走了本来可以由内资企业使用的生产要素从而降低了其产量。在这里,前边提到的以要素的实际报酬表示的外资对本国生产要素的边际需求可以很好地度量外资流入所减少的内资企业产量:在完全竞争性的市场经济中,外商投资企业付给本国要素的实际报酬将等于这些要素对内资企业的边际产量,因此外商投资企业增雇本国要素所增加的实际成本应当等于内资企业所减少的产量。另外,如果本国处于非充分就业的状态,外商投资企业增雇本国要素就不见得会相应地减少内资企业使用的本国要素,可能使要素流失所造成的内资企业产量损失小于外商投资企业成本的增加。但是在这种情况下,一定会存在着严重的产品总需求不足,外商投资企业产量的增加会夺走内资

---

① 由于本书在前面假设中假设了规模经济。

企业的市场,从而相应地减少内资企业产量。这是外资流入减少内资产量的第二个原因。由于外商投资企业产量的增加必定大于其国内要素成本的增加(否则,外商将不会继续投资进行扩大规模再生产),夺走市场所造成的内资企业产量减少必定会大于外商投资企业国内要素成本的上升。

因此,我们有:

$$\frac{\partial Q_d}{\partial K_f} < 0 \ , \ \left| \frac{\partial Q_d}{\partial K_f} \right| \geqslant \frac{\partial C}{\partial Q_f} \cdot \frac{dQ_f}{dK_f}$$

最终:

$$\frac{\partial Y}{\partial K_f} \leqslant g + (1 - t_y) \cdot \frac{\partial C}{\partial K_f} \tag{4.3}$$

其中:

$$g = \frac{dQ_f}{dK_f} \cdot t_f \cdot (1 - t_y) + t_y \cdot \left[ \frac{dQ_f}{dK_f} - \frac{\partial C}{\partial Q_f} \cdot \frac{dQ_f}{dK_f} \right] \tag{4.4}$$

我们可以从(4.3)式中看出外资流入的真正好处,主要包括两部分,第一部分为 $g$,是国家财政税收的增加,第二项是由于外资进入引起的要素价格上升从而引起的国民收入的增加。不等号的方向表示,国民收入的改善程度最终还要取决于税率的优惠程度和外资占有国内企业市场的多少,如果外商投资企业侵占了比较多的国内市场,那么,由于税收引起的外资流入增加的国民福利的增加将不是很明显。

现在我们放宽假设条件,在实际情况中,外企厂商不可能完全的把利润转回国内,假设外企的再投资率为 $i_y$,则国民收入函数变为:

$$Y = Q - \pi \cdot (1 - t_y - i_y) = Q_d + Q_f - \pi(1 - t_y - i_y)$$

$$= Q_d + Q_f t_f + (t_y + i_y)(1 - t_f) \cdot Q_f + (1 - t_y - i_y) \cdot C \tag{4.5}$$

在这里我们把 t 设为 $t = t_y + i_y$,其他变量的含义与假设没放宽时的含义一致。通过计算我们有(4.6)式:

$$\frac{\partial Y}{\partial K_f} \leqslant g + (1 - t) \cdot \frac{\partial C}{\partial K_f} \tag{4.6}$$

其中:

$$(t = t_y + i_y), \ g = \frac{dQ_f}{dK_f} \cdot t_f \cdot (1 - t) + t \cdot \left[ \frac{dQ_f}{dK_f} - \frac{\partial C}{\partial Q_f} \cdot \frac{dQ_f}{dK_f} \right] \tag{4.7}$$

在放宽假设的情况下我们得出了与外企利润全部转回的情况下相同的结论如(4.6)式:国民收入的改善程度最终还要取决于税率的优惠程度和外资占有国内企业市场的多少,如果外商投资企业侵占了比较多的国内市场,那么,由于税收引起的外资流入增加的国民福利的增加将不是很明显。但是这里国民收入的改善情况还取决于外企的再投资率,如果外企存在很高的再投资率,那么,即使不存在税收优惠政策,国民收入也将得到很大的改善①。

## 4.2.2 税收激励政策的资源配置效应分析

税收激励引起外资的流入本国,假设本国是劳动力丰裕的国家,那么本国将可能有一部分劳动力流向外资部门,但是这又取决于劳动力的偏好,也就是说劳动力本身会对自己是否将禀赋(时间)投入到外企有一个判断。

资源配置达到帕累托最优的条件之一是,任何一种生产要素生产任何一种产品的边际产量都等于消费者在这二者之间以绝对值计的边际替代率。如果税收造成的资源配置不合乎这一标准,消费者投入生产中的生产要素数量就会偏离帕累托最优。

(1)要素需求效应——流转税

以流转税为例:如果追求利润最大化的企业在产品市场和要素市场上都处于完全竞争之下,则企业的目标是:

$$\max R = \left\{ (1 - t_i) \cdot p \cdot y - \sum_{j=1}^{n} W_j \cdot X_j \right\} \tag{4.8}$$

其中的 $p$ 为外企商品的销售价格,$y$ 为外企商品数量,$t_i$ 为外企的流转税率,$W_j$ 为第 $j$ 种要素的价格,$X_j$ 为第 $j$ 种要素的数量,$R$ 为企业的利润量。

我们对(4.8)式求导,并令其等于0,可以求得满足最大化的一阶条件为:

$$(1 - t_i) \cdot \frac{\partial y}{\partial X_j} = \frac{W_j}{p} \tag{4.9}$$

从(4.9)式我们看出,只要流转税率不等于0,要素的边际产量就必定大于要素对产品的边际替代率。这会导致消费者向生产领域投入的要素数量偏离帕累托最优,一般地是提供给生产领域的生产要素过少,而留给自己消费的要素则过多。

如果政府降低上式中外企的税率可能会减少这种扭曲,但是国家为了保证自己对经济的调节能力,需要保证自己的税额。如果政府降低对外企的税额,那么相应的就会增加本国企业的税负,那将造成更大的资源扭曲和福利流

---

① 有关这一部分的考察超出了论题的范围,本书不多做考虑。

失。因为国内企业税负的上升不但会产生与外企税负上升一样的资源扭曲，从长远看这种税负的上升还会影响企业的创新积极性，不利于企业乃至产业的结构升级，并最终影响国家的长期经济发展。

要素配置的合理要求是一定数量的资源能够生产出最大数量的产品来，也就是要在 $\sum_{i=1} X_{ij} = X_j$ ( $X_i$ 表示第 i 个企业所使用的 j 种要素的数量)的约束条件下求 $\max \sum_{i=1} y_i$ 假设资源只在 j 企业和 h 企业间进行配置，并且 i 和 j 企业的生产率相同，也就是存在相同的生产技术。帕雷托最优条件的要素配置为：要素在两个企业之间进行分配的边际替代率相当，即：

$$\frac{\partial y_h}{\partial X_{hj}} = \frac{\partial y_k}{\partial X_{kj}} \text{①} \tag{4.10}$$

下面我们把每个企业的税率加进去，假设对 h 企业所征税率设为 $t_k$ ，对 k 企业所征税率设为 $t_k$ ，根据(4.10)式此时满足帕累托最优条件的要素配置为：

$$(1 - t_h)\frac{\partial y_h}{\partial X_{hj}} = \frac{\partial y_k}{\partial X_{kj}}(1 - t_k) \tag{4.11}$$

结合(4.9)式我们可以看出只有当每个企业所面对的税率相同时才会达到帕累托最优状态。如果两个企业所面临的税率不同，假设对由于存在规模报酬递减规律，那么资源的配置将偏离帕累托最优状态。

对外资的税收优惠虽然会使外企的产量增加，但是由于要素会更多的流向外企，根据假设由于存在边际报酬递减规律，会造成总的产量的损失，也就是说，虽然 $Q_f$ 会增加，但是 $Q_d$ 会减少，同时， $\left|\frac{\partial Q_d}{\partial Q_f}\right| > 1$ 总的产量是减少的。这就造成与产量最大化的资源配置相比，外商投资企业需求过多的生产要素，内资企业则需求过少的生产要素，生产要素从效率高而税负重的内资企业流向效率低而税负轻的外商投资企业。多年来我国大量的本国人才流进了外商投资企业，甚至本国常住单位的大量自有资金也通过银行贷款、合资等途径流进了外商投资企业。这种流动的很大一部分是降低经济效率的，其原因之一就是外商投资企业享有税收优惠。

---

① 刘辉煌《西方经济学》微观部分：当要素的边际替代率在企业间配置相等时，这种要素的配置是最优的。

（2）要素供给效应——所得税

上面有关税收优惠作用的分析只适用于流转税的情况，包括增值税的影响，但不适用于所得税的影响。为了分析所得税的影响，我们把外企的所得税税率设为 t，此时企业的最终利润可以表示为：

$$\max R = (1 - t) \cdot \left[ p \cdot y - \sum_{j=1}^{n} W_j \cdot X_j \right] \tag{4.12}$$

注：在（4.12）式中，t 表示企业的所得税率，其他变量的意义与（4.8）式相同。

按照这种理论方式，如果企业中要素的边际产量递减，企业追求的又是税后利润最大化的话，所得税的高低应当对资源配置、特别是企业的要素需求和产量没有影响，不同企业所得税税率的不统一也应当不会扭曲资源的配置。理论上的这一结论当然不合乎实际的经验，而在我们的分析中问题的核心就在于流转税的配置效应最明显地体现在它对要素需求的影响上，而企业所得税的配置效应则主要体现在生产要素的供给上。

利润是企业的一种剩余，但是在市场竞争的环境中，利润实际上是享有剩余索取权的生产要素经营企业所得到的报酬。这些生产要素通常包括开办和经营企业的企业家、企业的自有资本，在许多大企业中甚至包括企业的一大部分员工。在参与分享利润的限度内，这些生产要素实际上是企业的所有者，它们之所以进入一个企业，不是由于企业对它们的需求，而仅仅简单地是由于它们自己向企业提供供给，并有从企业的剩余中获得报酬的欲望。但是它们在决定进入一个企业时，也必定要考虑这样做的代价。只有当这一类生产要素进入一个企业所分享的利润大于它为此所付出的机会成本时，它们才会将自己提供给一个企业。直观地看，如果不同的企业有同样的效率（即有同样的需求函数和成本函数）并有同样的分享利润的生产要素，但是它们有不同的所得税税率 t，则它们的分享利润的生产要素所得到的报酬（分享的税后利润）会不同，例如股东分得的税后利润的利润率会不同。这会使要素所有者们过多地向税率低的企业供给这种要素，过少地向税率高的企业供给这种要素，就像投资人会将资本从税率高的企业中抽出来投入税率低的企业。由于资本的流失，最终的结果是导致这些税后利润高的企业的破产和灭亡。

从这一分析我们可以看出，资源的分配需求就不取决于企业自身的需求而是取决于要素所有者对要素的供给。如果要素是从高效率但是所得税比较高的部门流向低效率但是所得税比较低的部门，那么将造成严重的资源扭曲。

通过上面的分析我们可以看出,外企税收优惠的需求效应和供给效应都会产生明显的资源配置扭曲效应,从而引起 $\left|\dfrac{\partial Q_d}{\partial Q_f}\right| > 1$ ,降低了国民收入。因此,总的看来,外企的税收优惠措施会有损于国民收入的增加。

## 4.3　针对两类外资税收激励的效应分析

### 4.3.1　基于市场导向型 FDI 的分析

国际资本流动有多种原因,其中资本要素价格和利润差异是最基本的。若放弃自由贸易的条件,市场寻求型资本流动的方向很大程度上取决于关税保护程度,当资本流入国设置关税壁垒对进口替代部门进行保护时,投资国的资本会被吸引到该部门,从而产生关税引致投资。当然资本的流动也有很多其他的动因,如伴随着成熟生产技术转移的资本流动,利用东道国廉价资源的投资等,在此,我们首先对关税引致投资进行分析。在关税引致投资的情况下资本流入的福利影响不仅取决于贸易量和贸易条件的变化,而且还取决于东道国的税收政策,以及资本流入带来的就业效应及伴随着资本的报酬的转移支付问题等因素。

当资本流入时,什么是最优的政策干预?是否应该用税收手段去激励外国投资?为了解决这个问题,我们对资本流入后的福利进行分析。

在此,我们放弃无扭曲情形,认为东道国存在扭曲,即 *PMP*(私人资本的边际价值)与 *SMP*(社会边际产品)之间的等量性不存在。这导致了经济因资本流入而蒙受损失的可能。

(1)存在扭曲关税的小国情形

①哈利·G. 约翰逊模型[①]

此前驱工作是由哈利·G. 约翰逊(1976)完成的,他论证了关税保护条件下,进口替代部门的扩张或收入下降而导致贫困化增长的可能性。由于约翰逊认为生产的扩张是由于进口替代部门的内部资本积累而造成的,所以其模型中没有涉及关税向消费者的转移支付以及利润回流对投资国的转移支

---

① 哈利·G. 约翰逊:"存在关税条件下由效率提高和要素积累而产生收入损失的可能性",《经济学杂志》1967 年:151 ~ 154。

付。其模型虽简单但为以后的关税引致投资的福利分析奠定了基础。

②布莱歇尔—卡罗斯、F. 戴茨—亚力山大德鲁模型①

在约翰逊的分析基础上布莱歇尔—卡罗斯、F 戴茨—亚力山大德鲁对关税引致投资做了进一步研究,模型中分析了资本的利润回流对投资国的转移支付及本国税收政策对福利的影响。他们提出了一个极端的假设,如果流入资本的全部边际产品都作为资本利润而支付给投资国的所有者,那么即使资本流入增加,国民的实际产出和实际收入也不可避免的遭受福利损失并导致贫困化增长。

他们认为,关税引致投资对净福利的影响取决于三个因素:一是最初资源情形下,关税保护而导致的生产及消费的扭曲造成的福利损失;二是资本流入可能带来的损失或收益;三是外国资本提取利润而造成的国民收入损失。见图 4.1。

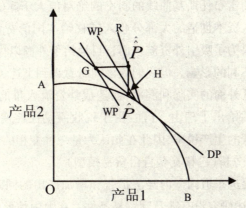

**图 4.1  关税引致投资对净福利的影响图**

在图 4.1 中,在既定的世界价格 WP 下,含关税的产品价格比率 DP 的生产点由 $\hat{p}$ 点表示,当外国资本流入时,在不变的要素价格及产品价格水平及既定的劳动力资源禀赋下,生产点会沿着资本的雷部任斯基曲线 $\hat{p}$R 移动,产品 2 的生产增加,并且产品的生产将落在不变的 DP 上,令 $\hat{\hat{p}}$ 为新的生产点,在外国资本按其边际产品支付时,如果外国资本只消费产品 1,则东道国净生产点将由 $\hat{p}$ 点移到 G 点,如果外国资本只消费产品 2,则国家的净生产点则移动到

① 布莱歇尔—卡罗斯、F. 戴茨—亚力山大德鲁:"关税、外资、贫困化增长",《国际经济学杂志》1997 年第 9 期:291～303。

H 点。如果其消费两种产品的组合,则东道国的净生产点在 GH 上移动,总之,社会福利一定会在一系列 WP 的某条与 DP 价值线相交的某点,因为其必定在经过 P̂ 点的资本流入前的社会预算线左边,因此东道国的贫困化增长不可避免。(模型中考虑了进出口贸易量变化对关税收入的影响,并且关税收入按照不变的价格一次转移支付给消费者)。如果东道国在某一程度上对资本的要素收入征税,则本国国民的实际的预算线会向右上方移动,进而降低了贫困化增张的可能或防止了贫困化增长的发生。

在布莱歇尔模型中,强调了政府关于资本利润转移的税收政策对经济的影响,优化的税收政策使 $PMP \leqslant SMP$ ,而造成社会福利的提高。流入资本的边际产品中政府税收所获得的比率越大,外国资本的利润收入越少,即本国对外国的转移支付越少,在不考虑贸易条件的变化时,仍有助于社会福利的改进。只有当资本的雷布任斯基曲线的斜率的绝对值大于 $p$ (国际价格)时,并且政府税收将流入资本创造的大部分收入转移给本国消费者,才会增加社会的福利水平。如果为了吸引外资流入而盲目地给予外商以优惠的税收政策可能会给经济带来不利的影响。但我们应该同时意识到上述关于资本利润转移的税收政策会降低外商的实际利润率,而造成外资流入量的减少,因此,为我们提出生产性补贴给出了理由。(注:由于税收激励往往使外资投入部门享有比其他部门更低的生产税率,因此在此认为是一种变相的生产补贴)

(2)大国情形分析(巴格瓦蒂自由贸易模型)

资本流入在促进东道国国内经济扩张和增加产出的同时,还会对贸易条件产生影响,但上述研究没有涉及到贸易条件。在大国情形下,资本的大量流入往往会使贸易条件变化,从而给其他经济变量带来影响。

巴格瓦蒂是最早就这一问题做出分析的经济学家,早在 50 年代他就指出,当经济扩张使贸易条件恶化时,经济的增长可能会带来整个社会的福利损失。70 年代他用贫困化增长模型分析了关税保护条件下外国资本流入时的福利影响,他发现贸易条件恶化而产生的贫困化增长会因外国资本的流入而得到加强。他也曾警告说,自由贸易的问题必须与不受限制的资本流动的动因分开,过度的资本流动将破坏贸易得益[1]。

巴格瓦蒂在模型中假设生产的中型扩张,当资本流入时生产点不会按照

---

① 亚蒂什·N. 巴格瓦蒂(Jagdish N. Bhagwati):《高级国际贸易学》。

资本的雷布任斯基曲线移动。由于生产的扩张,会引起贸易条件的变化,以及国内资本与劳动要素价格,进口替代部门与出口部门的产量的调整,进出口贸易量的变化,进而对社会福利产生变化。引入巴格瓦蒂在自由贸易假设下的贫困化增长的正式代数形式:

可进口品的超额需求由贸易条件结清,得到

$$\frac{dp}{dD_e} = \frac{c - \gamma}{M(\varepsilon + \varepsilon^* - 1)}$$

而增长对社会福利的影响为:

$$\frac{dU}{dD_e} = \frac{\partial U}{\partial C_1}(\frac{dC_1}{dD_e} + p \cdot \frac{dC_2}{dD_e})$$

$$= \frac{\partial U}{\partial C_1}(\frac{d(Q_1 - M^*)}{dD_e} + p \cdot \frac{d(Q_2 + M)}{dD_e})$$

$$= \frac{\partial U}{\partial C_1}(\frac{\partial Q_1}{\partial D_e} + \frac{\partial Q_1}{\partial p} \cdot \frac{dp}{dD_e} - \frac{dM^*}{dD_e} + p \cdot \frac{\partial Q_2}{\partial D_e} + p \cdot \frac{\partial Q_2}{\partial p}\frac{dp}{dD_e} + p \cdot \frac{dM}{dD_e})$$

$$= \frac{\partial U}{\partial C_1}\Big[ (\frac{\partial Q_1}{\partial D_e} + p \cdot \frac{\partial Q_2}{\partial D_e}) + (\frac{\partial Q_1}{\partial p} + p \cdot \frac{\partial Q_1}{\partial p}) \frac{dp}{dD_e} + p \cdot \frac{dM}{dD_e} - \frac{dM^*}{dD_e}\Big]$$

但是

$$(\frac{\partial Q_1}{\partial p} + p \cdot \frac{\partial Q_2}{\partial p}) = 0$$

依据利润最大化及如下条件得到:

$$(\frac{\partial Q_1}{\partial D_e} + p \cdot \frac{\partial Q_2}{\partial D_e}) = 1$$

由于两种生产效应加总为本国收入变化,因而也是支出的变化,故

$$\frac{dU}{dD_e} = \frac{\partial U}{\partial C_1}(1 + \frac{pdM}{dD_e} - \frac{dM^*}{dD_e})$$

然而 $pM = M^*$ 对其求微分并进行替代,我们得到

$$\frac{dU}{dD_e} = \frac{\partial U}{\partial C_1}(1 - M \cdot \frac{dP}{dD_e})$$

$$\frac{dU}{dD_e} = \frac{\partial U}{\partial C_1}(1 - \frac{c - \gamma}{\varepsilon + \varepsilon^* - 1})$$

$$= \frac{\partial U}{\partial C_1}(\frac{\varepsilon' + (\varepsilon^* - 1) + \gamma}{\varepsilon + \varepsilon^* - 1})$$

贫困化增长意味着 $\frac{dU}{dD_e} < 0$ 而市场稳定化条件为 $(\varepsilon + \varepsilon^* > 1)$ 并且 $\varepsilon' > 0$

因为这是补偿性弹性,贫困化增长要求为

$$\varepsilon^* - 1 = \eta^* < 0 \ 或 \ \gamma < 0$$

在上面的表达式中,$\eta^* < 0$ 意味着外国出口供给关于贸易条件的弹性为负的。

下面给出几何图形并进行分析,如图4.2。

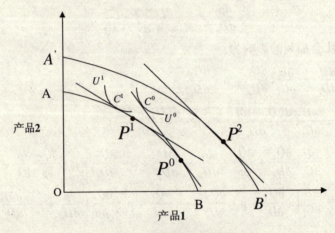

**图4.2 大国情形分析图**

有以下假设,即一个外生规定的外国投资量流入大国并且具有可变的贸易条件,布莱歇尔(1982)证明东道国是否会贫困化完全取决于该国对贸易条件的影响。其中,外国资本按照国内边际产品获得收益,如图4.2,令 AB 为资本流入前的生产可能性曲线,生产和消费及福利分别在 $P^0$,$C^0$,$U^0$ 处。在不利的贸易条件下,外国资本的流入把生产点移动到 $P^2$,东道国的国民收入,在减去了充分补偿外国资本的流入的生产增量后处在 $P^1$ 和 $C^1$。因此资本流入后,均衡的生产,消费与国民福利分别在 $P^1$,$C^1$,$U^1$ 上,并且资本流入后导致的贸易条件恶化会恶化东道国的福利,即 $U^0 > U^1$。如对资本进行征税进而对本国消费者进行转移支付,则一方面增加了本国的国民实际收入,另一方面减少了利润流失而带来的对外国的转移支付,有利于本国的福利改善,所以,在大国自由贸易情形下,对资本征税是最优的干预政策。

在此,若考虑东道国的非充分就业假设①,以上的情形的福利损失会相对缓和。因为资本流动如果使东道国的就业增加,进而有利于福利的增加。然

① 李荣林:"非充分就业情况下关税引致投资的福利分析",《世界经济》1999年第8期。

而,巴格瓦蒂的分析是在自由贸易的假定下,推出贫困化增长的可能性,考虑的只是国际间不同的资本税率而导致的资本流动,因此忽略了与关税有关的一系列问题,如关税对资本的引致作用和在关税一次性向消费者转移支付所造成的福利影响以及由关税导致贸易条件的变化等。

引入税收激励和非充分就业条件下的情形。现在引进产业指导政策,大多数发展中国家出于产业结构升级和进口替代部门保护的目的,往往会对要素的产业间流动进行指导。现在重点以对进口替代部门的生产补贴为研究对象。一般的生产补贴的效应是,对于任何产出,由生产者所接受的价格大于消费者愿意支付的价格,其中二者的差额为补贴数量,如果进行普通的成本收益分析,并不存在消费者剩余的下降,唯一的成本是政府补贴的支出,我们假设政府的补贴支出来自于对出口部门的行政性收入转移。这样,在既定的要素价格和产品价格下,进口替代部门会愿意生产更多的进口替代品。如图 4.3。

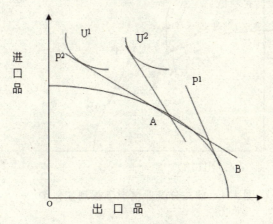

**图 4.3　政府激励对进口替代部门影响**

我们假设这是一个长期的过程,均衡的实现与政策的出台有一定的时间滞后。因此在这个过程中,进口替代部门往往会伴随着超额利润或资本报酬的相对增加,但这与不完全竞争是有差异的,因为这个引导过程中,一定时间后会恢复完全竞争,政府的政策只是在引导要素的产业间流动。在引导过程中,进口品的市价格会由 $P^1$ 变为 $P^2$,但是由于生产补贴,其实际要素报酬还维持在 B 点要素报酬水平。

对本国的基本假设:大国情形,完全竞争市场,进口部门为资本密集型,出口部门为劳动密集型,关税条件下的外国资本流入情形(不存在技术扩散和规模经济),当关税引致资本流入时,资本会完全流入进口替代部门,并且由于政策导向,本国进口替代部门的资本不会由于挤出效应而流向劳动密集型出口部门,因而资本流入后会完全来生产进口替代品,并由于非充分就业而导致进口替代部门的就业增加。所以生产的扩张会按照一条垂直于横轴的直线进行。

以下进行福利分析。伴随着本国进口替代部门的扩张,本国对国际市场的需求减少,而在出口规模不变的情况下,本国的提供曲线会更加陡峭,而贸易条件会对东道国有利,如图4.4。

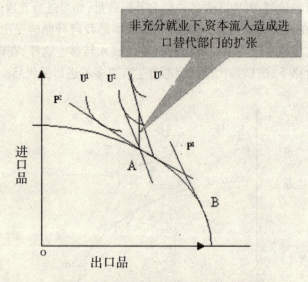

**图4.4 非充分就业情况下福利变化图**

即使在外国资本的利润完全流出也会使本国的净福利增加。如果政策使贸易处于在均衡时,即两部门的要素报酬为均等的时候,资本的流入带有不确定性,一方面资本流入会使本国的资本报酬处于递减趋势,另一方面本国资本会由于挤出效应而流向出口部门的趋势,因此,贸易条件的变化带有不确定性,进而带来贫困化增长的可能。(在不考虑关税变动的情况下)

在贸易条件没有恶化到一定程度的情况下,资本的流入仍会带来东道国的福利增加。下面着重分析贸易条件恶化的情况。如图4.5。

图4.5描述的是,在贸易条件恶化的条件下,在一定程度对资本征税情况下,由于外资流入而造成福利的零变化的特殊情形。$p^1$ 代表自由贸易条件下

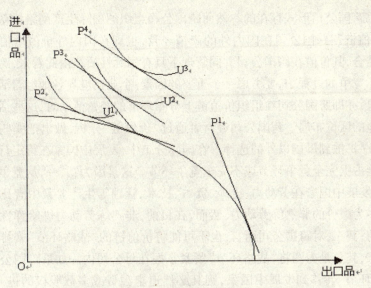

**图 4.5　贸易条件恶化情况下福利变化图**

的价格水平, $p^2$ 代表关税条件下东道国价格水平, $p^3$ 代表关税条件下并且存在生产补贴或税收激励情况下的价格水平, $p^4$ 代表在 $p^3$ 基础上由于资本存量和资本在两部门间的分配调整后的国内价格水平。$U^1$ 代表无税收激励和资本流入的社会福利水平, $U^2$ 代表资本存量不变的情况税收激励后达到社会福利水平, $U^3$ 代表资本流入后导致贸易条件改变而达到的社会福利水平。

　　因此,在贸易条件恶化的情况下,有必要对资本的利润收入进行征税,限制利润的流出。利润的流出带有两方面的效应,一是减少了本国的消费预算,二是利润的转移支付会使贸易条件有恶化的可能。因此在这种情况下,税收激励不能盲目的放宽。但在生产性方面的优惠政策带来的效用大于利润的转移支付而带来的效用时,如对外国企业再投资的激励,在一定时间内会有利于本国的经济增长和福利的提升。因此得出的政策建议是东道国在产业导向使贸易和生产及要素价格均衡时,对外国的资本流入应采取宽进严出的税收激励。

## 4.3.2　基于出口加工型 FDI 的分析

　　然而,我们国家的 FDI 的类型大部分属于出口加工型。大部分的投资主体是以跨国公司形式存在的。然而跨国公司组织的国际生产网络体系就是一个"价值链":跨国公司在国内外的产销经营,也即在国内外价值增值活动的紧密结合,其价值在跨国公司共同管理下具有国际性质。由此看来,跨国公司在国际竞争的过程中,要考虑一个重要的因素:企业在世界各地经营活动的整合态势,亦即跨国公司在组织价值链上分布环节的经营活动时,这些活动在世界各地的区位布局。跨国公司经营者通过"价值链"分析,做出把哪些生产环节、工序扩散到母国以外的选择。在国际分工中,发展中国家在特定行业中一般只能占据完全竞争环节或不完全竞争环节。这是因为:其一,从竞争比较优势看,发展中国家在劳动力、土地、资本、技术、管理等生产要素中有比较优势的大多为廉价的非熟练劳动力,然而,在目前,非熟练劳动力供给弹性几乎是无限的;其二,对跨国公司而言,也不可能将价值链的"战略环节"安排到发展中国家,其总是力图将"战略环节"紧紧掌握在母公司内。如果跨国公司要将"战略环节"转移到发展中国家,则其必然追求独资或多数股权的进入方式。这是由其追求利润最大化的目标决定的,由此也决定了发达国家 FDI 投资主体往往会将产品价值链中劳动力使用相对密集的生产环节转移到发展中国家,而发展中国家为了嵌入国际分工体系中,往往以优惠政策(如税收激励)来吸引外国 FDI 的流入。

以下我们借助价值链理论以及内生经济理论,来分析东道国的税收激励政策对我国在价值链的攀升及比较优势的动态演进。

参照 Dixit 和 Grossman[1] 的理论并加以修改,采用成本法来定义价值链,即产品价值增值表现为参加各阶段生产要素的所得而构成了产品的增值。制造业的生产工序(包括研发、实验以及进入生产阶段的众多工序而不包括销售及售后服务等环节,因为在国际销售中这些环节与我们要分析的税收激励相关性不大)被定义为指数 $i$,$i$ 在区间 0~1 内连续变量,在这里我们定义 $i$ 为类似与李嘉图模型中一系列连续统的概念。假设只有两种生产要素(由于这种 FDI 一般伴随着利润转移,通常情况下不会生产扩张,因而忽略了资本的积累效应,即资本对宏观经济的影响),熟练工(与知识资本相结合的劳动力)和非熟练工,对应的要素报酬分别是 $q_j$ 和 $w_j$。假设包括研发等在内的生产工序中,每个生产工序都会有一个对应的中间产品用 $g(i)$ 表示,而直到 $i = 1$ 时生产完成,最终产品完成。其中在研发流程中非熟练工与熟练工之间的边际替

① Grossman and Helpman:Quality ladders in the theory of growth,1991.

代率很小。按照熟练工与非熟练工的密集使用度的比 $A(i) = g_x(i)/g_y(i)$ 的不同由高到低对全部生产流程进行排序,由于两国的要素价格差异:$\frac{q_s}{w_s}$ > $\frac{q_n}{w_n}$,进而造成成本面的不同,如图4.6。

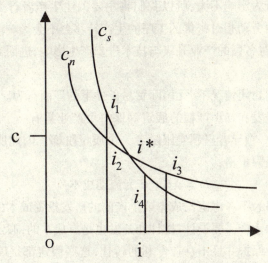

**图 4.6 要素价格差异对成本面影响图**

$$\partial\left(\frac{f_q(i)}{f_w(i)}\right)/\partial i < 0$$

现在考虑具有足够不同的要素价格的两个国家,
则它们在成本上会有一个临界点 $i*$

$$f(q_n, w_n, i*) = f(q_s, w_s, i*)$$

根据比较优势原理以及将会出现工序的分工,这也就是现代产品内分工以及外商 FDI 对华劳动密集型出口加工贸易的主要动因。

由于分工,世界成本价格 $p$ 将会变化为

$$p = \int_0^{i*} f(q_n, w_n, i) di + \int_{i*}^1 f(q_s, w_s, i) di \quad (\text{Grossman. 1981})$$

会重新定义产品的世界价格,在这里考虑运输成本及交易成本带来的附加成本。那么南北两国不会在 $i*$ 点进行产品内分工,由于运输成本及交易成本等因素众多且无法量化,我们暂且用 $c_e$ 来表示工序转移而带来的单位产品的附加成本,并且 $c_e$ 为定值。

那么工序分工的临界点将变为 $i_3$

$$f(q_n, w_n, i_3) = f(q_s, w_s, i_3) + c_e$$

在以上分析和假设基础上,我们再把以上的价值链分析嵌入到 Grossman[①] 的开放性内生经济增长的产品生命周期理论中去,由于我们研究的税收激励对消费者行为影响不大,所以我们将主要关注生产者行为。考虑在发达国家生产工序中劳动相对密集的工序的生产转移会不会影响南北两国的创新与模仿的激励,对各国的产业升级与技术进步产生影响,进而对两国的长期经济增长的影响。

我们先介绍封闭情况下,无国际贸易条件下的厂商行为。

关于产品研发和知识产权的假定确保每个产业只有一个质量领导者,而且在每个产业中,领导者只领先跟随者一个质量阶梯。因此所有的技术产品都只有同样的极限价格:

$$P = \lambda C \,(\, C \text{ 为流动成本})$$

这里的价格为不考虑沉没成本或生产前的研发投资成本的价格。

任何产品的生产需要设计,设计和开发也是有成本的,假定创新者的知识产权得到永久性保护并且不存在专利的转让,这些假定都是确保所有生产都是有成功开发更高质量的新产品的厂商来进行的。厂商努力研究的目的在于获取一系列新技术产品,如果他在 $dt$ 时间内 $l$ 的密度从事研发,他就会以 $ldt$ 的概率使其目标产品的质量阶梯成功提高一个台阶,这意味着研发的成功概率服从泊松分布,且它的成功概率只取决于现期的研发水平。

这里我们要注意的是这种研发投资,在整个成本面来说是 $C_f = \int_0^{i_1} f(q_j, w_j, i)di$ 的面积,相当于单位产品的沉没成本或固定成本(即使这种研发投资的成本是一个期望值),即初期投资要在以后的现期内要以利润的形式返还。

现考虑厂商研发投资的努力程度或成功的概率,用 $v$ 表示产业领导者获得的不确定利润的现值,它与利润规模,产业领导者地位的预期寿命,以及无风险收益率相关,单个厂商在区间 $dt$ 投入 $a_l l$ 资源于研发,可以用 $w_n a_l ldt$ 的成本在 $ldt$ 的概率下实现 $v$ 。这种事业是充满风险的,因为研发努力可能会失

① Grossman and Helpman. : Quality ladders in the theory of growth, 1991.

败,在一个正的研发投资均衡中必须有

$$v = w_n a_l \qquad (\text{Grossman}, 1981)$$

假设我们考虑 $v$ 为沉没成本的增函数,即 $\partial v(C_f)/\partial C_f > 0$

$$\partial v(C_f)/\partial C_f > 0$$

考虑厂商的股票市场的现值,如果没有企业成功取代现有领导者的领导地位,则产业领导者在 $dt$ 区间内就会获得 $\pi$ 的红利(假设两国的工资不变,则不考虑 $v$ 的升值)。然而,如果领导者的产品在此区间内被改进,则股东会有 $v$ 的总资本损失,这种情况发生的概率是 $\tau$。

根据无风险套利条件可得: $\pi/v = R + \tau$ ( $R$ 为无风险盈利率)

并且由于消费者的最优消费选择行为得出:

$$\dot{E}/E = R - \rho$$

$$\dot{E}/E = \pi/v(C_f) - \rho - \tau$$

假设北方发达国家的劳动力市场出清条件并且熟练工与非熟练工可以互相转化(考虑到人力资本的积累或人们在闲暇和学习有选择的机会),假设熟练工与非熟练工在各个部门内均匀分布,则劳动力会在各个工序分配。而达到一个均衡状态,对应一个固定的熟练工和非熟练工的数量(具体数量须由每个工序的两要素的边际产出而确定,在这里不进行量化)。

假设存在两种情况:

(1)假设质量领先国把非熟练工相对密集的工序转移到南方跟随国,而南北两国的技术差距足够大,以至于南方跟随国在相当时期内无法模仿最高质量的产品,则工序的转移会造成北方领导国的非熟练工的大量节省,而造成北方国家的熟练工增加,进而增加了北方国家的研发密度,即 $\tau_n$。因此在稳定状态将会对应一个更高的研发率和增长率,而南方国家由于非充分就业的假设,且南北的技术差距足够大,而对南方国家的研发投入规模,即 $\tau_s$ 不变,进而增加了南北双方的技术差距,在长期内不利于南方国家的技术赶超和价值链的攀升。

(2)假设南北双方国家的技术差距只有一个质量阶梯,并且只存在"非效率跟随者"的情况(即只有当北方领导者被南方模仿后才会去创新,而南方厂商只从事模仿而不进行创新)。此时,南北双方会按照成本最小化分配生产工序,即

$$f(q_n, w_n, i_3) = f(q_s, w_s, i_3) + c_e$$

所决定的 $i_3$ 来对生产工序进行分工,此时两国的可变成本(按 Grossman 的思路,不考虑研发成本)分别

$$C_n = \int_{i_1}^{i_3} f(q_n, w_n, i) \, di + \int_{i_3}^{1} [f(q_s, w_s, i) + C_e] \, di \ (\ C_n \ \text{代表北方可变成本})$$

$$C_s = \int_{i_1}^{1} f(q_s, w_s, i) \, di \ (\ C_s \ \text{代表南方的可变成本})$$

此时考虑两国在开放经济中创新和模仿所获得的利润,$\pi_s$ 代表的是南方厂商模仿成功取代北方生产者地位后获得的即期利润。南方模仿者在成功取代北方领导者后会索取一个与北方的成本相同的价格进行销售,则会获得利润为

$$\pi_s = [C_n - C_s] E / C_n$$

而北方厂商为获得利润为

$$\pi_{ns} = [\lambda C_s - C_n] E / \lambda C_s$$

由分析可得:

$$\partial \pi_s / \partial i_3 > 0$$

$$\partial \pi_{ns} / \partial i_3 < 0$$

无套利条件:由于"非效率跟随者的假定",$\tau_n = 0$

进而

$$\frac{\pi_{ns}}{v_{ns}} - m = R_n$$

$$\frac{\pi_s}{v_s} - \tau_s = R_s$$

随着税收激励的不断强化,相当于南方在价值链条上的分工临界点将会不断攀升,然而 $\pi_s$ 不断减少,造成在均衡状态南方国家模仿率 $m$ 减少,进而陷入低发展陷阱。所以发展中国家在参与国际分工时不能一味追求价值链攀升,税收激励虽然在即期内促进就业,提升本国的产业结构水平。然而在长期内,容易陷入低发展水平陷阱。

## 4.4 外商投资税收激励的正负效应分析

尽管前述已经对外商投资税收激励的效应进行了细致地分析,但是这些分析并不能帮助我们从整体上对外商投资的税收激励效应进行把握,为

了使分析更加系统具体,该部分将更直接明了的陈述外商投资税收激励的正负效应①。

## 4.4.1　外商投资税收激励的正效应分析

(1)技术外溢效应

技术溢出效应是经济存在外部性的一种表现。所谓外溢效应是指由于 FDI 内含的人力资本、研发、管理经验等因素通过各种渠道导致上述无形资本的非自愿性扩散,促进了东道国经济增长,而外国投资者又无法收回全部收益的经济现象。国外关于 FDI 外溢效应的研究始于 20 世纪 60 年代,至 90 年代逐渐成熟。麦克多加(Mac Dougall,1960)在分析 FDI 的一般福利效应时,第一次把技术的溢出效应视为 FDI 的一个重要现象。Kokko(1994)将 FDI 外溢效应归纳为四种:①外资经济的出现,促进东道国厂商技术效率和产品质量的提高;②外商投资企业将相关技术提供给东道国上游和下游的企业;③外商投资企业培训的技术工人和管理人员在将来可能进入当地企业;④外商投资企业带来的市场竞争压力,促使东道国厂商和其他外商投资企业使用新技术以提高生产效率。跨国公司通过上述途径在东道国的技术扩散,对东道国来说是一种典型的外在经济。东道国企业通过模仿和改进,不仅可以实现"干中学"(learningby doing)式的技术进步,同时跨国公司在东道国技术创新领域的投资活动,也将激发东道国企业的技术创新意愿,进而增强企业自身的技术创新能力,这对东道国技术进步与经济增长具有重要的促进作用。有关技术溢出效应的直接证据还是相当充分的,蒂尔顿(1971)和莱克(1979)在研究欧洲半导体工业时,都强调了美国跨国公司(MNC,下同)的技术示范效应;斯旺(1973)认为,MNC 促进了示范的国际化;雷德尔(1975)在研究中发现,MNC 子公司的示范效应是推动 20 世纪 60 年代香港制成品出口迅速增长的一大原因。

(2)东道国产业竞争力提升效应

幼稚工业保护学说很好地诠释了外国投资提升东道国幼稚产业竞争力的原理。除此之外,许多研究者认为,跨国公司通过全面的技术支持、售后服务和技术性培训,在相互竞争和配套协作中推动了东道国相关产业的技术进步,

---

① 江心英:"东道国外资激励政策的经济学分析",《国际贸易问题》2005 年第 10 期。

加快了东道国产业结构和产品结构的调整步伐,能够促进某些领域在短期内形成一批高新技术产业,大大缩小东道国与发达国家在产品、技术上的差距。资料显示,外商在汽车业的投资使我国汽车产品的技术水平与国外的差距至少缩短了10年。而且相当比例的跨国公司提供的技术填补了我国的空白。据一项对33家著名跨国公司在华投资项目的研究表明,有17家企业提供了填补空白的技术。另一项对北京48家主要来自世界500强的外商投资高技术企业的调研中,全部或部分使用国内空白技术的企业占76.3%,其余为使用先进技术的企业,占23.7%(张建东,2001)。研究表明,即使同处于高新技术产业领域,跨国公司投资企业的技术水平也明显高于国内企业的水平。

(3)经济增长效应

钱纳理提出的"三缺口模型"成为许多发展中国家积极引进外资的理论依据。投资、消费、出口被誉为促进一国经济增长的三驾马车。凯恩斯乘数理论说明了扩大投资能够倍数地增加国民生产总值的原理;奥肯定律又充分论述了国民生产总值增长率与失业率变化之间的关系。因此,许多国家积极引进外资的根本目的,在于借助外资实现促进本国经济增长,扩大出口和就业的宏观经济目标。1994年,世界银行认为,国际贸易与外国直接投资是东亚地区经济高速增长的基础(World Bank,1994)。1997年又指出,外国直接投资是中国经济快速增长的关键因素之一(World Bank,1997)。

此外,FDI有助于东道国的资本形成和人力资源开发,有助于通过国际贸易形式促进发展中国家融入国际经济体系,加速东道国经济发展进程等。

## 4.4.2　外商投资税收激励的负效应分析

前述内容分析了东道国外资激励政策的收益。然而,拉美现象、亚洲金融危机以及见诸报端的跨国公司偷税漏税的客观事实,反映出了投资激励措施效应的另一面。正如世界银行指出的:一个政策极度扭曲的经济体接受的外国直接投资给其带来的很可能不是福利的改善而是净损失。近年来,有关东道国激励政策成本的研究不断深入。

(1)外商投资税收激励对东道国的挤出效应

由于外资进入的行业主要是那些竞争性行业或市场化程度较高的产业,在这些产业中,外商投资企业因享受税收优惠政策在国内市场获得竞争优势,挤出了相对具有更高效率的国内企业。目前,进入中国的FDI中大约有60%

分布在产品过剩、生产能力闲置突出的消费品工业,投向重工业的外资只占40%(郭克莎,2000)。而且,内外资的投资方向大体相同,在产业构成上具有很大的相似性,其相关系数高达0.94(刘金钵、任荣明,2003)。因此两者之间不形成互补,甚至出现争夺同一投资领域的现象,加剧了外资的挤出效应。外资对内资的挤出效应促使一部分内资外逃,以"外资"的身份重新回流到国内,得以享受到税收优惠待遇,形成了许多假外商投资企业。王国林、杨海珍(2001)等人证实了我国资本外逃与外国直接投资之间的正相关关系,说明我国的资本外逃主要是由于内资和外资之间差别的政策待遇引起的。根据中国商务部的统计,维尔京、开曼、萨摩亚已分别成长为中国FDI第二、第七和第九大来源地。在这当中,假外资的比重应该是比较高的。至于全部的FDI中假外资的比重到底有多高,世界银行早在1992年就估计该比重已经达到25%;而许多专家学者则估计,到目前为止假外资的比重应该已超过33%(柴青山,2006)。有学者曾作过统计,我国对外资的"超国民待遇"每年造成大约143.22亿美元的资本外逃(谢清河,2004)。这种由于内外商投资企业差别性的税收优惠政策所引起的"过渡性资本外逃"一方面造成了国内企业与假外商投资企业的不公平竞争、大量的税收流失,给国家财政造成了巨大损失;另一方面,由于资金的跨国转移,需要付出额外的人力与财力,从而造成了无意义的产出损失与效率损失,造成国民财富的减少。

(2)外商投资税收激励对东道国产业结构升级的阻碍效应

普惠型、身份型是我国的外商投资税收优惠政策的主要特征,即对所有生产型外商投资企业不加区别地实行优惠税率、"二免三减半"等税收优惠政策。这种对外商投资企业不加区别的税收优惠政策,使外商投资企业不必采用先进技术就获得了对内资企业的竞争优势,削弱了外商投资企业采用先进技术的动力,诱使大量的外资积淀于一般的生产、加工、消费性等行业,造成了这些行业的过度发展,相对地阻止了外资向高精尖产业的流动,形成了外商直接投资结构不合理的现象。根据商务部统计,截至2004年,外商对华直接投资的累计协议金额10966.09亿美元中,投入到第二产业的有7486.31亿美元,占68.27%,其中投入到工业的FDI占64.76%,主要集中于劳动密集型的一般制造业和加工工业。第一产业,即农、林、牧、渔等行业的FDI额为213.07亿美元,占三次产业总额的1.94%,比重明显偏低;投向第三产业的FDI额占三次产业总额的比重为29.79%,但其中房地产业占比17.73%,属于基础产业的交通运输、仓储及邮电通讯业吸收的FDI额仅占2.39%,政府重点鼓励的科研、技术服务业吸收的 FDI 更少,只占 0.47%。由此可见,税收优惠政策虽然引来了大量外资,带动了经济的增长,但是这种增长还停留在粗放型增长阶段,并没有通过吸引外资获得大量的先进技术或者实现产业结构的升级,所获得的先进技术也远未达到预期,间接获得的"技术溢出"也相当有限。因此出现了外资对中国技术进步作用"有产业而无技术"的现象。一些引资项目实际是向中国转移资源压力和环境污染压力。这样的引资和出口增长并没有带来社会福利的增长,反而增加了本已紧张的能源、原材料的消耗和环境负担,实际是可持续发展能力的流失。这就是为什么我们"繁荣而不富裕"的一个原因。

(3)外商投资税收激励对东道国财政收入减少效应

税收优惠政策造成税收收入的大量流失,减少了政府的财政收入,降低了政府公共服务的水平。2001 年突尼斯借助税收激励成功地吸引了大规模的 FDI,但该国同期由此而减少的财政收入几乎达到其所有私人投资的 20%。越南因税收激励而减少的财政收入相当于其同期 GDP 的 0.7%。据资料显示,我国 1983~1992 年仅"免二减三"一项税收优惠政策,就使税基流失 1500 亿元,税款损失达 500 亿元之多。如果加上其他方面对外商投资企业和外国企业及个人的税收优惠,税基流失可能高达 3000 亿元左右,税款流失可能达 1000 亿元,相当于国家一年全部财政收入的 1/6(张秋华,1999)。另外,优惠政策还导致东道国财政收入的变相流失。最新资料显示,在华跨国公司利用非法手段避税,每年给我国造成的税收收入损失达 300 亿元以上,相当于 2003 年中央财政收入的 1/30(陈丽霞,2004)。目前,我国 60% 以上的外商投资企业账面亏损,但却不断追加在我国的投资,这违背经济学基本原理。调查显示,这些"常亏不倒户"主要是利用从获利年度起"免二减三"的优惠条款,人为推迟获利年度,逃避纳税义务。

(4)外商投资税收激励对东道国腐败滋生效应

与投资激励有关的另一个问题是东道国较少实现激励政策所隐含的既定目标,相反,却增加了高效管理这些政策的成本和困难。复杂的税制相当程度上加重了行政管理负担,有较高弹性的激励政策客观上催生政府腐败,刺激企业寻租。而腐败对外国企业和东道国来说都是一种非常高昂的成本。据资料显示,20 世纪 90 年代中期,在阿尔巴尼亚和拉脱维亚,贿赂约占企业收益的 7%;在乔治亚,该数值高达 15%。复杂的税制往往抑制外资进入。如逐项审批制对管理者而言特别困难,同时会拖延投资者的投资期,增加投资的不确定性,从而增加投资成本。与之相反,有研究表明(田贵明,2003),东道国透明而稳定的税制有助于实现跨国并购,有助于为跨国公司提供东道国软环境优良的信息,有助于促进跨国公司之间,以及跨国公司与东道国企业之间的公平竞争等。

(5)税收优惠政策导致外商投资企业从中国赚取更多的利润

根据国际货币基金组织的 IFS 统计数据计算得知,中国 1993 ~ 2003 年期间年均 GNP 要低于 GDP 大约 114 亿美元,这意味着外商投资收益会随着外商投资规模的增加而增加,造成了中国国民财富的流失。据世界银行估计,在 20 世纪 90 年代后期,流入发展中国家的外商直接投资所获得的年平均利润率为 16% ~ 18%。假设外商直接投资在中国所获得的年平均利润率为 17%,那么根据截至 2005 年 12 月底我国实际使用外资金额为 6224.05 亿美元,可以推算出外商 2005 年从中国大约赚走了 1058 亿美元的利润,即使考虑到外商投资的折旧和部分外商投资企业已经不复存在的因素,外商 2005 年也从中国赚走了 500 多亿美元的利润。另外,我们可以利用外商投资企业税收占全国总税收的比重来大致估算 FDI 在中国所获取的利润。2003 年涉外税收总额占全国税收总额的比重为 20.86%,由于 FDI 企业税收占涉外税收的 98% 以上,所以用涉外税收来代表外商投资企业的税收情况,即使不考虑税收优惠等政策性因素,即假设内外商投资企业税负相同,外商投资企业所赚取的利润也占到中国所有企业利润总额的 20% 以上。如果再考虑税收优惠政策,外商投资企业所赚取的利润还要高。

另外,跨国公司的全球化战略和资本的逐利性,决定了某种程度上对东道国关联企业在价值链上的锁定效应。一般来说,处于经济高速发展进程中的国家,其产业结构和市场结构既不成熟也不稳定,大规模外资的进入会强化东道国的二元经济结构特征。一元为国外跨国公司占支配地位的国民经济主要产业群体;另一元为不同程度上依附于前类产业群体的东道国本土产业。英国汽车制造业的发展历史与拉美产业依附化的现象直观地诠释了 FDI 对东道国关联企业的锁定效应。

如在跨国公司全球技术战略中,跨国公司依据各国科技资源及技术创新的不同比较优势,以跨国公司利益最大化为原则,对不同东道国的各种资源进行配置。各东道国的研究与开发通常局限于不同的技术领域。因此,跨国公司研究与开发国际化的不断发展,很可能会进一步加深大多数发展中东道国对发达国家跨国公司的技术依赖,把东道国相关企业锁定在国际生产分工和价值链的低端。而挤出效应和锁定效应必然会阻碍东道国内生型经济增长机制的形成,影响东道国社会、经济的可持续发展。

此外,东道国激励政策还有很多隐性成本。虽然外国投资能够为东道国增加就业岗位,但研究表明,东道国政府为外资创造的每一个工作岗位所支付的激励政策成本日益增加。20 世纪 70 年代末、80 年代初,美国为外资项目直接创造的每个就业岗位付出的成本约 4000 美元,到 20 世纪 90 年代早期,则需要支付 16.8 万美元。

## 4.5　外商投资税收激励效应的客观差异性

### 4.5.1　外商投资税收激励效应差异因跨国公司性质不同而不同

国际投资实践和众多研究表明,东道国的激励政策效应因跨国公司的不同而不同。

(1)东道国税率对贸易型跨国公司的影响大于以寻求市场或区位优势为动机的跨国公司。因为贸易型公司(如服装业)行业竞争激烈,利润微薄。税收是公司成本结构中的重要组成部分,公司为充分利用税收优惠政策能轻易地转移其投资。这类公司往往流动性强,并倾向于比较不同国家的税收政策(Reuber,1973;Guisinger,1985;Wells,1986)。

(2)税收激励政策对新公司和原有公司的影响也不同。Rolfeetal 于 1993 年对美国公司经理的一项调查显示,新投资公司倾向于利用税收优惠以减少公司内部开支(设备和原料开支)。而再投资公司倾向于目标利润(target profit)。他也指出,制造业公司偏好与资产折旧相关的税收优惠,因为这类公司与服务业相比投入了更多的固定资产。

(3)小规模投资者比大规模投资者对东道国税收优惠反应灵敏(Coyne,1994)。税收或许是小公司的重要成本之一,因为他们没有财力和人力资源实施熟练的避税战略。大跨国公司(如汽车业)往往会通过谈判预先和东道国达成秘密税收条款(Oman,2000)。

(4)FDI 保留利润和外部资金(财产价值加上债务)筹措达到预算平衡,受到东道国税率的强烈影响(Hartman 1984;Boskin、Gale,1987)。

(5)低税率是跨国公司投资复杂市场(如因特网、保险业、银行)而非特定市场的关键因素。因为位于低税率国家的子公司能够方便地为其母公司实施避税战略提供机会。一个典型案例是,当高税率国家进行征税时,跨国公司就会通过位于不同税制国家的子公司之间的"交易安排",把利润转移到低税率国家的子公司,通过转移价格方式尽可能影响利润。上述跨国公司对东道国税收政策作出的行为反应可以解释税收天堂(tax heavens)国家成功吸引全球跨国公司子公司的奥秘。

### 4.5.2　外商投资税收激励效应差异因激励工具不同而不同

根据经济合作和发展组织(OECD)和联合国贸易和发展大会(UNCTAD)的研究,投资激励措施一般可以分为财政措施、金融措施和其他措施三大类型。研究表明,不同的激励工具产生不同的激励效应。

(1)广泛降低公司税率。香港、黎巴嫩和毛里求斯是典型代表。低公司税率本身就是一种激励,表明该国没有过多的政府干预,允许市场决定最优投资,并让投资者拥有大部分利润,同时东道国政府也能获得相应的税收。因此,外国投资者偏好于低税率的国家,尤其是低于世界标准税率35% ~ 40%的国家。但是,广泛的低公司税率也有其局限,首先,国际间的联系会影响一国税收体制的相对中立性;其次,在减税过渡期,即使简明的税收体制能进一步吸引外资,并从长远来看能够增加税基,从而使最初的减税得到补偿。但是,广泛降低公司税率的初期会减少东道国的税收。

(2)差别性的税收激励。与广泛减税相比,差别性的税收激励不仅有助于最大限度地弱化减税初期对东道国财政收入的影响,而且理论上有助于确定能够为东道国带来更多利益的目标行业。与整体税改相比,差别性的税收激励工具操作相对容易。免税期在执行谨慎政策的新兴市场比较盛行。免税期的主要好处在于,一旦公司开始盈利就能获得巨大利益。实践证明,这种政策工具会有效地刺激短期投资,刺激与东道国产业关联性较弱、规模较小的新公司的发展,不利于依靠资本贬值的长期投资项目。此外,上述税收激励还可能随着纳税人逃税技术的不断成熟而严重侵蚀税基。许多发达国家允许对外资项目实行税收津贴(tax allowances)或税额减免(tax credits)。税收补贴鼓励公司进行长远投资规划。由于能准确地鼓励目标投资项目,所以,税收补贴与免税期相比,不仅能够降低东道国的税收损失,而且能够促进再投资,还使东道国政府与外商共担投资成本与风险。同样,税收补贴也有其局限性。如果税收补贴是不可偿还的,原有公司将获得全部收益,而新公司必须先获得足够收入才能享受税收补贴。另外,长期项目比之那些迅速获得收入的项目所获优惠相对较少。如果通货膨胀率高,补贴会加剧税收体系对公司投资行为的不均衡影响。在通货膨胀率高的国家,外国公司如果借资投资会获益更多。免税期或是低公司税率则与此相反。

(3)对特定的或所有投资者减税或取消税收。加勒比海地区和太平洋地区的一些国家常采取上述极端做法,被称为税收天堂(Tax Heaven)。税收天堂国家通常取消所有直接所得税而依赖于间接的消费和就业税。其他一些国家把这些优惠政策限制在特定地区以及出口导向型地区——即所谓的出口加工区(EPZS)。税收天堂国家对 FDI 具有很强的吸引力,是汽车、银行、保险和因特网等行业的聚集地。但正如 Magati(1999)所言,EPZS 是一个混合物,尚不清楚东道国福利(就业、出口)是否超过优惠税收政策的成本。东道国 EPZS 海关与税收管理机构的行政能力和行政质量也是影响东道国福利的重要因素。

### 4.5.3　外商投资税收激励效应因母国税制的不同而不同

母国税制影响 FDI(UNCTAD,1995),在避免国家之间双重所得税的双边协议中早就涉及到这种影响。目前的文献强调另外两种影响:一是母国税收体制对东道国税收激励效果的影响;二是母国税收体制对跨国公司海外经营方式的影响。研究表明,母国税制直接影响东道国激励政策的实施效果,同一激励政策对母国不同的跨国公司的激励效应不同。税收管辖权有居民税收管辖权和收入来源管辖权,由于各国都有权决定采用何种税收管辖权,当两种不同的税收管辖权分别为母国、东道国同时使用时,就必然发生对同一笔跨国收入交叉征税而形成双重征税。显然这种双重征税,加重了跨国纳税人的纳税负担,抵消了东道国激励政策刺激外国投资的作用。为鼓励国际投资,国际上普遍采取外国税收抵免制和税收饶让制两种措施来避免双重征税,但实施效果却要取决于母国是否采用上述制度,可见,东道国外资激励效应必然要受到母国税收制度的影响。即东道国的涉外激励政策只有取得跨国公司母国税法的配合才能起到激励作用。显然,母国若实施税收抵免制(如美国、英国、加拿大、意大利等),东道国外资税收优惠的激励效应将会打折扣。如果母国实施税收饶让制(如日本、德国),则东道国外资激励效应将非常显著。另外,近期有研究表明,母国税收体制可能影响跨国公司的海外经营方式和海外公司的组织结构。

此外,不同国家通常选择不同的投资激励措施,发展中东道国常用财政激励政策,发达东道国大多采用金融激励措施。财政激励的总体目标是减轻外国投资者的税收负担。根据减征依据不同,又可以进一步分为针对利润、销售额和增加值的措施、针对资本投资的措施以及针对进出口的措施等。可以看出,东道国决定向跨国公司提供鼓励措施时可以有多种选择。"避税天堂"、低税率国家、差别激励机制国家都采取了不同的激励措施。

## 4.6　税收竞争的效应分析

### 4.6.1　外商投资税收竞争的动因——一个简单的博弈分析

同世界上大多数国家一样,我国的税收竞争也是各级地方政府的自利行为。随着经济市场化的深入展开,中央逐渐下放部分事权和财权,使地方政府成为了具有独立经济利益的组织。然而,不彻底的分税制使得地方政府的财权与事权并不一致。尤其是近年来的实践中收入明显向中央倾斜,最终导致许多地方政府税收收入难以保证支出所需。而税收竞争的理论和实践表明,合理适度的税收激励措施有利于吸引资本、人才和技术,促进当地的经济增长,从而可以增加地方政府的收入。这样,在本地资源利用达到饱和程度时,通过税收竞争吸引其他地区税源流入就成为地方政府的一种选择。但是,过度依赖针对 FDI 的税收优惠政策发展本地的经济是一种理性行为吗?

从上面的分析中我们可以看出,我国税收激励在吸引 FDI 的过程中所表现出的作用越来越小,并且在存在税收激励的情况下随着 FDI 的流入,我国的福利变化的方向也不十分明确。在这种情况下,政府应该更多地去寻求完善的市场竞争环境和良好的外资配套措施来吸引更多的 FDI 还是应当在当前市场竞争环境和外资配套措施都不是很完善的情况下应该继续实行这种优惠政策以期在当前的竞争环境中吸收更多的 FDI。我们将从一个囚徒困境的博弈模型中得到正确的答案①。

(1)一个简单的博弈分析

---

①　陈丽霞、王长义:"浅析利用税收优惠政策吸引 FDI 的激励机制——基于博弈模型的分析",《商业现代化》2005 年第 1 期。

①假设世界上存在三个国家中国、印度和美国,其中中国和印度为资本稀缺性国家而美国是资本丰裕的国家,美国有 4000 的剩余资本要到外国寻求出路。

②假设中国和印度两个国家的国内市场环境和产业配套措施都相同,都处于非充分就业的状态,同时他们都面临着是否通过税收优惠来获得 FDI 的决策,两个国家都只有实施优惠政策和不实施优惠政策两种选择。

③同时我们假设,中国和印度实行相同的优惠政策对美国没有影响。但是如果一国实行税收优惠政策,而另一国不实行优惠政策,那么实行优惠政策的国家将得到更多的国外投资。比如,如果印度实行税收优惠政策,那么将会有 3000 的 FDI 流向印度,而只有 1000 的 FDI 流向中国。如果中国和印度实行相同的优惠政策,4000 的 FDI 将会在两个国家之间平均进行分配。

④从上面的分析中我们看出,在充分就业的情况下,外资的大量涌入给东道国带来的福利变化不是很明显,主要取决于外资侵占了多少的国内市场。但是在非充分就业的情况下,外资的涌入吸收了更多的劳动力,可能导致的结果是国内福利的增加。因此,在这里我们假设,在不实行优惠政策时外资的涌入对东道国的福利改进情况为,每流入 1000 的外资将改进 40,当实施优惠政策时如果还是流入 1000 的资本,东道国的福利状况肯定是下降的。假设为 20,但是当我们利用非充分就业的假设和我们的第二个假设,当东道国采取优惠政策吸引了 3000 的 FDI 时,国内的福利状况将增加为 80。而如果两个国家实行相同的优惠政策,每个国家将得到 2000 的 FDI,各国的福利将得到 50 的提高。

下面(表 4.1)我们采用囚徒困境的博弈模型来分析两国在采取税收激励政策中所做出的最后决策:

**表 4.1　中、印两国利用税收激励政策吸引外资的博弈模型**

| | | 印度的税收优惠决策 | |
| --- | --- | --- | --- |
| | | 实行优惠措施 | 不实行优惠措施 |
| 中国的税收优惠决策 | 实行优惠措施 | ( $\boxed{50}$ , $\boxed{50}$ ) | ( $\boxed{80}$ ,40) |
| | 不实行优惠措施 | (40, $\boxed{80}$ ) | (60,60) |

注:表中的第一个数字表示中国的福利改善情况,第二个数字表示印度的福利改善情况。

通过表 4.1 我们看出,根据我们上面的假设,由于两个国家的国内环境相同,当中国实行税收优惠措施时,印度在决定是否实行税收优惠措施时面临着 50 和 40 两种福利的改善结果,根据理性人假设,印度肯定会选择实行优惠措施以吸引更多的 FDI,当中国不实行税收优惠措施时,印度将面临 80 和 60 两种福利的改善,根据理性人假设,印度也会采取税收优惠措施。同样的分析,当中国和印度博弈的时候也会做出实行优惠政策的决策。

(2)小结

从上面分析中我们可以得出结论,两个国家在博弈的时候存在唯一的纳什均衡结果,因为不管另一个国家采取什么样的税收措施,本国的最优税收决策都是实行优惠措施来吸引更多的 FDI,虽然他们知道这样做会付出一定的代价。

特别是在当前我国市场环境和各种产业配套措施还不完善的情况下,通过税收优惠措施来吸引更多的 FDI 虽然会产生各种不同的负效应,但是在当前确实是一条有效的路径。

另外需要说明的是,在复杂的政治经济环境中,当一个国家采取税收优惠政策吸引 FDI 时,考虑的可能不仅仅是本国国内的福利改进情况,而同时它会考虑竞争对手在通过税收优惠措施吸引了大量的 FDI,并利用这些 FDI 发展了自身的经济的时候,会给自己的国家带来什么样的后果。为了防止对手经济发展之后对本国造成威胁,那么该国可能更倾向于采取税收优惠措施来吸引 FDI。

### 4.6.2　东道国实施税收竞争的作用分析[①]

(1)从区域发展看

由于文化、历史、地理等诸多原因,我国东部地区的区位条件、基础设施状况和经济技术基础较好,对外开放率先从此开始,吸引了 FDI 的大规模进入,这是其发展迅速的重要原因。而自东向西的梯度税收优惠政策是我国针对 FDI 税收政策的重要内容和一大特色,国家给予经济特区、沿海开放城市、经济开放区、经济技术开发区、上海浦东新区的税收优惠政策要远多于边远地区和中西部地区。这就进一步影响了外国投资者的投资决策和经营地点的选择,使资源配置进一步向东部倾斜。有资料显示,2001 年末,沿海省市比较集

---

① 江心英:"东道国外资激励政策的经济学分析",《国际贸易问题》2005 年第 10 期。

中的华东、中南地区外商投资企业注册登记户数占全国的72.59%,外方资本占73.24%,而地域辽阔的西南、西北地区两个比例分别为6.31%,和2.23%。大量外资涌入沿海地区,而西部地区引入很少,这在我国以粗放型经济增长方式为主的条件下,形成了严重的"马太效应",加剧了地区经济发展的不平衡。

(2)从体制角度看

我国1994年实行的分税制改革使得中央和地方之间的财政关系向规范化方向迈出了重要一步,但各级政府间事权、财权关系并未真正理顺,大都保留着"包干制"的痕迹。在这种情况下,地方政府的权力边界过于模糊,名义上没有税收立法权和解释权,但在税法和税收政策的实际执行中,在税率、税基、减免税等征收管理方面,却拥有较大的自由裁量权,能够对各种事项按照自身利益驱动进行弹性较大的处理。这样,同国外在同一制度框架内进行税收竞争相比,我国的税收竞争更多地表现为一种制度外的创新,导致了政策的稳定性和规范性较差。同时,不规范的地方政府行为使得预算外收入、体制外收入泛滥,这样减免乱收费也就成为我国税收竞争的一种特殊形式。所以,我国目前的这种税收竞争状况实际上反映了我国的财政体制需要进一步规范的问题。

(3)从公平角度看

改革开放以来,为吸引外资,我国确立了以税收优惠为主体的针对FDI的超国民待遇。《外商投资企业和外国企业所得税法》规定了很多内资企业所不能享有的税率优惠和减免税优惠。这种依纳税主体身份不同而不同的税收立法,造成不同主体间税负上的差别待遇,违背了WTO所要求的非歧视原则引申而来的国民待遇原则和公平原则。同时,由于外商投资企业比国内其他企业处于更为有利的地位,他们利用资本输出、合资建厂、控股控厂等手段,在我国计算机产业、小轿车市场和电子通讯等领域居于控制地位甚至形成垄断的局面。所以税收立法上的这种差别也有悖于我国一再强调的WTO的发展中国家特别保护原则。此外,这种仅仅针对外国投资者的"围栏"政策从总体上说是缺乏效率的。它易于使外国投资者所应承受的税收负担转移到国内投资者身上,不利于培养国内企业的竞争优势。国际社会对这种政策大多持反对态度。国际经合组织在1998年有关有害税收竞争的报告中就把"围栏"政策定为其中的一种。内资企业税负的偏重还影响到资本的外流。据有关资料估计,自20世纪90年代以来,我国资本大量外逃,目前的资本流出占资本流入的83.7%。这一现象不得不引起我们的深思。

（4）从政策角度看

我国现行的税收制度大多停留在暂行条例、暂行规定的行政法规层次上，法律效力低，缺乏应有的权威性、规范性和稳定性。与立法层次低相伴的是税收立法体系繁杂，既有全国人大及其常委会通过的法律、国务院颁布的行政法规，也有财政部、国家税务总局、地方政府甚至地方税务机关的规章、规定；既有完整的某个税种的税收法律法规，更有大量的补充规定和修订条款，且存在上下、前后不一致的地方。这显然与我 WTO 所要求的法制规范化、透明化原则相悖。由于实际执行中往往受到各方面的冲击和干扰，执行结果的不确定性增加，相应提高了征管的成本。同时也给纳税人查找税收法规、分析税收负担、预期投资成本带来了不便。其实投资者都希望有一个相对稳定、政策透明的投资环境。对投资者产生较大影响的是一般性的税收优惠政策，特殊的优惠政策只能针对特定的项目和时间，机会有限、效果有限。特殊的优惠政策可能导致对政策的曲解，并由于对政策的使用不当而难以使应有的优惠落到实处，进一步影响了政策的有效性。

从现状看，我国目前已经增加了对中西部的税收优惠政策。但根据《西部地区外商投资软环境调查分析》，外商中认为政策法规环境不好的占 4.85%，而认为政策不配套、不完善的占 17.04%，可操作性差的占 13.70%，政策不稳定的占 6.83%，地方法规政策不统一的占 5.67%。

（5）从产业结构角度看

我国针对 FDI 的税收政策，在产业优惠方面经历了一个从合资企业无导向性，到 1991 年起对生产性 FDI 企业、农林牧业、港口码头投资给予所得税优惠，再到 1999 年对能源交通建设项目投资适用 15% 的优惠税率的演变过程。但从我国目前的 FDI 企业的产业布局来看仍不尽如人意。2001 年末，我国的 FDI 企业主要分布于制造业、房地产业和社会服务业。三大部门集中了户数的 83.91%，外商注册资本的 81.64%。其中仅制造业就占户数的 70.03%，外商注册资本的 59.67%。而大量外资涌入一般加工业，对我国经济发展质量和效益水平的提高以及产业结构的改善并无重要意义。就此值得反思的是，我国不仅对外资用于能源交通建设项目的优惠政策出台较晚，而且对生产性外商投资企业"二免三减半"的所得税普惠政策也到了应该调整的时候了。

因此，针对以上多种效应，我们既要认识到较发达地区经济的持续发展和落后地区经济的起飞需要包括软硬两个环境的根本改善，也要承认 FDI 作为经济增长的重要动力之一，必然会在我国未来的经济建设中继续发挥积极的作用。鉴于上述我国针对 FDI 的税收优惠政策的不足之处，我们应该端正认识，逐步规范目前非理性的税收竞争行为。为弥补其制度性缺陷，要真正按照市场竞争体制要求，推进财政分权。同时，要按照 WTO 的原则，完善法制，消除内外企业身份差别立法，适当给予地方一定的立法权，使我国的税制更加透明、公平、规范。当然还要考虑到政策潜在的国际影响以及国际经济环境的制约因素。在具体的针对 FDI 的税收优惠政策中，要逐步进行战略转移和税负的结构性调整：从鼓励一般规模扩张向鼓励质量提高转移；从鼓励一般生产性投资向鼓励急需发展的产业，技术、知识、资本密集型项目转移；同时，加大对中西部地区的基础设施建设投资和转移支付力度，改善外商投资的区域布局。

# 第 5 章　外商投资税收激励政策的国际比较

税收激励政策是国家税制的重要组成部分,通过税收激励政策各国政府可以达到一定的社会、经济目标。由于各国的实际国情和经济发展状况不同,所以各国的税收激励政策的优惠范围、对象以及激励的重点和方法会有所不同。本章将以韩国、中国香港、新加坡、印度四国(地区)为例,分别介绍四国(地区)在鼓励外商投资方面制定的主要优惠措施并对其进行比较。

## 5.1　四国(地区)鼓励外商投资税收激励政策的共性分析

虽然各国的优惠政策各具特色,但在某种程度上也存在着同一性。通过分析韩国、中国香港、新加坡、印度四国(地区)的外商投资税收激励政策发现,四国(地区)的优惠政策主要体现为以下两个方面的特征:

### 5.1.1　低税率优惠

低公司所得税率对于外商投资者来说是一种激励,因为在这种激励政策下投资者很少有必要进行税收筹划,它允许投资者保留大部分的利润。低税率优惠首先表现为全国(地区)性的低税率。

与周边国家(地区)相比,香港特别行政区在自由经济的体制下,实行着一种以直接税为主体的税收制度,其税制简单、税种少、税率低、税收覆盖面窄、税负轻,成为世界著名的"避税港"之一。例如香港企业所得税税率仅为 17.5%。跨国投资者为达到减轻税负或免缴税收等目的往往优先选择香港作为投资场所。香港长期实行低税政策不仅没有减少财政收入,却因其有利于吸引国际资本、保护投资者的积极性、增加社会财富而最终促进了社会的稳定和经济的繁荣,在此基础上保持了财政收入不断增长和财政储备不断增加的势头。

另外,新加坡也因税种少、税负轻(公司所得税率仅为20%),成为避税港型国家。只要符合新加坡"特许公司管理中心"(指在新加坡境内设立的为其在境外的关联企业提供管理及相关劳务的公司,包括外国公司在新加坡登记的分公司)标准的公司,都可以享受如下税收优惠:①管理费收入从原来31%的公司所得税率降低到10%;②通过金融机构筹资的利息所得,采取10%的低税率;③用于新加坡研究开发的特许权收入,税率减按10%;④外汇结算的贸易及离岸投资所得,税率为10%;⑤境外关联企业支付给"特许公司管理中心"(Operational Head Quarters,简称OHQ)的股息免予课税,而OHQ支付给境外母公司的股息课征为10%的预提税①。

相比香港和新加坡的低税率政策,韩国和印度的税负较重。其中韩国的企业所得税是27%,韩国政府对于企业所得税的优惠一般采取直接或间接减免;印度公司经营所得或其他所得的税率为46%(基本税率40%,加上税收附加6%)。外国公司的分支机构在印度取得的所得,税率为55%(扣除费用后),对分支机构转移给总机构的利润不征税。然而对于国家鼓励投资的领域或者行业,政府也会实行较低的税率政策。如印度对从事陆地和海洋石油、天然气勘探和开发的外国石油公司适用的所得税率为50%,比一般外国公司的65%低15个百分点。因此印度公司所得税的实际负担远低于46%。

### 5.1.2 税收减免

税收减免即为鼓励纳税人从事生产而对其从中获得的利益实行一定期间的减免税,一般适用于所得税优惠,包括企业所得税,也包括个人所得税。税收减免的好处在于从已经计算出的应税数额中直接扣除全部或部分,使纳税人非常直观地感受到国家对自己所从事的事业的支持,并从中获得实惠,因而能够使其产生更大的积极性,以此达到国家宏观经济调控的目的。采取这种直接受益、见效快、透明度高的减免税形式,可以更有效地刺激投资,加快经济发展的步伐。税收减免主要包括两方面内容:直接减免和间接减免。

(1)直接减免

税收直接减免即对应征收的税款进行直接的部分减少征收或者全部免

---

① 叶笑中:"香港与新加坡税收优惠政策比较"[DB/OL],http://www.intertax.cn/gb/detail.jsp? ARTICLE_ID = 1348,2005-10-10。

征。直接减免包括很多税种,其中所得税和关税在税收收入中比重很大。本书也就这两种税种来比较直接减免的优惠措施。

①所得税的减免

2005 年以前,韩国政府对于外商投资企业的收入最初 7 年完全免税,以后 3 年减税 50%。经政府批准的外商投资项目在财政部登记后,最初 10 年里可选择任一连续 5 年享受免交公司所得税的优惠。经政府批准的外商投资项目可在免缴公司所得税和对固定资产每年计提额外折旧备抵额的两种优惠条件中任选其一。优惠条件一旦选定,即不得变更。根据《税收特例限制法》,自 2005 年开始,对外商投资企业,从最初赢利的年度起 5 年内 100% 免征,之后 2 年内减按 50% 征收(2005 年前为 7 免 3 减)。外国人投资区、自由贸易区、经济自由区域(包括济州国际自由城市)内的外商投资企业的法人税、所得税税收优惠为:从最初赢利的年度起 3 年内完全免征,以后的 2 年内减税 50%。同时,自 2005 年开始,对外国投资者的股利,从最初赢利的年度起 5 年内 100% 免征,之后 2 年内减按 50% 征收。

目前,印度政府对外国分支机构在印度经营所得征收的所得税税率为 55%(扣除费用后),对分支机构转移给总公司的利润不征税。然而,印度政府征收的实际所得税税率远低于此,因为印度税法采取了一系列税收优惠。主要体现在:在自由贸易区成立的新工业企业,软件技术园或电子硬件技术园,或 100% 出口导向的企业,从生产年度前 8 年中任意选择连续 5 年全部免征所得税;在印度任何地方建立的,1993 年 4 月 1 日以后开始投产的电力企业,或 1993 年 4 月 1 日起开始生产制造的任何其他新工业企业,凡符合规定的,享有 5 年的税收免税期。接下来 5 年可享有按其利润 30% 计算的免税额;从外国政府或外国企业收到可兑换外汇的特许权使用费和技术服务费,或者是为国外提供技术或专业服务的收费,按规定,所取得的收入的 50% 作为免税额。

香港的税种十分简单,目前,企业的所得税税率为 17.5%;个人所得税的标准税率为 16%。由于香港只对少数几种所得征税,而且税率很低,在计算应税所得时准予扣除的项目多,因而香港的税法在税收直接减免政策方面没有规定特别的优惠条款。对外商投资的企业的税收优惠措施少,减免税控制严。

目前新加坡的公司税率已调低至 20%,而最高个人所得税税率为 21%。同时,新加坡政府对国内特定行业的外商投资,还制定了一系列的优惠措施:例如对于新兴企业,可以免除 5 ~ 10 年的公司所得税。凡经新加坡政府主管部门部长认可,认为该企业产品的生产或增长符合新加坡经济发展的需要,该企业及其产品可列为"认可企业"与"认可产品"。为生产和增产"认可产品"所投资的新资本投资额在 1000 万新元以上者可列为"扩展企业"。"扩展企业"由追加投资额所取得的收入增加部分,可以取得最长为 10 年期的公司所得税免税期,并可延长两次,每次 5 年,即最长可免税 20 年;"认可企业"在 1996 年 1 月 1 日以后从高增加值产品生产活动所取得的收入增加部分可仅按 13% 税率征课公司所得税(减免期限为 10 年,可延长);为购买生产设备借入外国资金免征利息所得税;凡经新加坡政府认定是在新加坡设立区域性营业总部的企业,其由区域性营业总部业务所产生的利润和来自海外子公司及海外关系公司的专利权收入,减轻所得税,按 10% 税率缴纳(减税期为 5~10 年,可以延长)。

相比四国(地区),香港关于税收直接减免的优惠政策最少,主要是因为香港作为全球的"避税天堂"之一,其税率很低,不需要额外制订直接减免的税收优惠政策。其他三国根据各自的国情对其鼓励投资的行业制定有关的税收直接减免优惠政策,韩国对于新兴工业实施 5~10 年的免税期,税收优惠政策更加倾向于外商直接投资。印度注重发展新高科技,涉及计算机软硬件生产的企业都得到税收减免,新加坡为了将本国建成具有全球竞争力的知识导向型经济和区域枢纽,也对相关企业采取了税收减免政策。

②流转税的减免,主要是减免进口税

韩国政府对于外商投资企业用于进口投资必需的资本品从 FDI 公告日起 3 年内完全免税;韩国政府对外国投资者用于投资的进口资本品也有相关的优惠政策。符合下列情况的外商投资项目减免 30% 的税率缴纳关税、增值税和特别消费税:外商的实物投资进口;用外商投入的外汇资本进口设备;外商将分得的股利作为再投资并进口设备。凡是依据《外资引进法》批准进口的生产资料、设备零部件、附件等均给予免除关税。《税收特例限制法》规定,直接用于法人税和所得税减免对象项目中的机械、器具、器材、零配件等产业设施以及其他原料、备用品,仅限于以新股发行方式进行投资时,其进口关税、特别消费税及增值税免征。此种情况下,其依据关税法的进口申告应在自外国人投资申告之日起 3 年之内完了;特殊情况经由财政经济部长官同意可再延长 3 年①。

在香港,只是对在本地生产而出口的或为本地消费而进口的酒类、烟草、

--------

① 欧阳雪梅:"韩国外国直接投资税收激励的效益分析",《涉外税务》2002 年第 10 期。

碳氢油类和化妆品等六类商品征收具有关税性质的消费税,其他的进出口和转口货物均不征收关税。

新加坡规定:对面向出口的企业,从出口年度起,新兴工业免征出口商品税 8 年,非新兴工业免征出口商品税 5 年;所有原材料、生产设备均不征课进口税;但进口的原材料如属于征税商品项目,当产品出口时可以退税。而且新加坡和很多国家签订了协议,约定零关税,其中与中国签订的协议中关税降到了 0 ~ 5% 。

印度政府也一直致力于降低关税。例如,降低工程项目进口和资本品的基本关税率,即从 35% 削减到 25% 。关于零部件的进口税,无论进口原装设备的零件,还是备用品,其税率都从过去的 25% ~ 85% 一律降到 25% 。电子和通讯产品的进口税也将进行削减。计算机软件的进口税将从 80% 降低到 50% ,应用软件的进口税从 85% 减少到 20% 。为了鼓励通讯部门的发展,制造非电子元件设备的进口税从 50% 削减到 40% ,光学纤维产品的进口税从 85% 削减到 40% ,以鼓励印度的光缆制造业。其他如原材料与医药品的进口税也将大幅度削减。最近,项目进口实行的税率为 25% ,电力项目则实行 20% 的税率,对化肥项目不征任何关税。假如进口项目再出口或用于出口货物的生产,关税则可以退回。

(2)间接减免

间接减免,即政府对于纳税人给予所得税税前扣除的优惠政策。间接优惠措施包括加速折旧、投资抵免、税收饶让、亏损提留等。

①加速折旧

加速折旧是指按税法规定对缴纳所得税的纳税人,准予采取缩短折旧年限、提高折旧率的办法,加快折旧速度,减少应纳税所得额的一种税收优惠措施。由于折旧率越高,折旧年限越短,企业当年提取的折旧金就越多,因此应税所得就越少,向国家缴纳的税款相对于平均折旧来说就越少。加速折旧是目前各国普遍采用的一种税收优惠政策,也是所得税制不可缺少的重要组成部分,只是在操作过程中各国对项目、折旧年限的规定有所不同。

韩国对外商投资企业投资于厂房、设备、研究和开发产业所需设施,可以按投资额的 50% 进行一次性特别折旧。而且企业所属研究开发机构的研究实验用设备投资享受税金扣除和加速折旧,按投资金额的 5%（国产器材为 10%）享受税金扣除;或按 50%（国产器材为 70%）实行快速折旧。其规定每天使用超过 12 小时的设备,按标准折旧加提 20% 的折旧。并且对出口创汇企业的机器允许按标准折旧增提30%的加速折旧。

香港为了推进技术更新,固定资产除正常提取折旧外,允许其按成本额的60%,工业楼宇按成本的20%折旧。

新加坡规定新机器设备加速折旧的比例为10%。为了提高工业制品质量和促进技术开发研究活动,规定凡技术开发研究所需要的机械设备可以在3年内提完折旧。为了促进产业结构的提高,引进自动化机械设备和电脑等设备时,可以在第一个季度100%提完折旧(第一个年度未能全部提完100%折旧者,其余额可以留在第二个年度以后提存)。此外,企业所使用的建筑物,第一年可以提存25%的折旧,其余额可以在其后的25年内或更长的时间内提存。

印度实行固定资产加速折旧,允许高科技企业对其购进的固定资产实行加速折旧,并列入企业费用予以税前扣除。印度政府为鼓励跨国公司与外国公司来印度投资建厂,采取了比对本国公司更优惠的税收政策,制定了对国外资本投资的某些刺激性条款。如允许跨国公司和外国公司的分支机构采取加速折旧的方法计提折旧(机器设备的通用折旧率是25%,而账面折旧率是13.91%,某些特定项目的机器设备甚至按100%折旧)①。

②亏损结转

亏损结转是指缴纳所得税的纳税人在某一纳税年度发生经营亏损,准予在其他纳税年度盈利中抵补的一种税收优惠。目前大部分国家都规定了亏损结转制度,外商投资企业在经营中发生的亏损,可以用以后年度的利润弥补。特别是针对高新技术研究或生产企业,允许其将当年发生的亏损,向前或向后结转,以减少以前或以后年度的应纳所得税。

新加坡规定外商投资于新兴工业的,对免税期内发生且未能在此期间弥补完的亏损,可以继续从以后5年内的公司盈利中扣除。

韩国则规定外商投资企业,对免税期内发生且未能在此期间弥补完的亏损,可以继续从以后3年内的公司盈利中扣除。

印度允许从事高新技术研究的企业将当年的亏损,在以后年度实现的利润中进行弥补的年限从5年延长到10年②。

香港政府规定纳税人发生经营亏损,可用以后年度的盈利进行无限期抵

---

① "税收优惠与吸引外资——发展中国家的经验和问题"[DB/OL],http://www.lun-wen555.com/paper/caizheng/122318345.html。

② 许在渭、石永新:"借鉴印度经验完善我国科技投资税收政策",《福建税务》2003年第4期。

补,直到抵补完为止。

③税收饶让制度

税收饶让制度是指居住国政府应收入来源国的要求,将其居民在境外所得因享受来源国给予的税收优惠而未实际缴纳的税款,视同已纳税款而在居住国应纳税款中给予抵免。而税收饶让则是居住国对其本国居民纳税人从事跨国投资所采取的一种税收优惠,是为鼓励其对外投资,也是为促进来源地吸引外资、实现经济发展目标。没有居住国政府提供税收饶让抵免,来源地国对跨国投资者的税收减免优惠,就会被居住国政府在计算抵免限额时所抵消,来源地国的税收优惠措施就无从发挥其真正作用。

同韩国订有防止双重征税协定的国家,如对韩国投资者给以减免所得税优惠,被减免的税额被视为已纳税额,在韩国给予饶让抵免。为促进海外资源开发,如果拥有特定资源的国家对韩国资源开发投资免除所得税,则被免除的税额在韩国给予饶让抵免。在 2003 年 12 月前,香港没有与任何国家和地区达成全面的避免双重征税协定。2003 年 12 月 10 日,香港与比利时政府签订了一项全面的避免双重征税协定,协定对股息、特许权使用费及利息给予优惠的预扣税率。此外,香港与美国就航运收入达成有限度的避免双重征税协定,并与加拿大、德国、以色列、韩国、毛里求斯、荷兰、新西兰及英国等地就空运收入签订同类协定。根据有关协定,香港船主和航空公司的国际运输收入,在缔约国可豁免征税。

④海外投资损失准备金制度

海外投资损失准备金制度是指政府对外投资者可以将海外投资金额的一定百分比作为海外投资损失金额积存,该项金额被承认为损失费而享受免税优惠。海外损失金积存以后,若未损失,则从固定年限起分摊在以后若干年里作为利润加以计算。韩国政府对外投资者可以将海外投资金额的 15%(资源开发投资的 20%)作为海外投资损失金额积存,该项金额被承认为损失费而享受免税优惠。海外损失金积存以后,若未损失,则从第 3 年起分 4 年作为利润加以计算。

⑤投资抵免

投资抵免是指政府对纳税人在境内的鼓励性投资项目允许按投资额的多少抵免部分或全部应纳所得税额的一种税收优惠措施。实行投资抵免是政府鼓励企业投资,促进经济结构和产业结构调整,加快企业技术改造步伐,推动产品升级换代,提高企业经济效益和市场竞争力的一种政策措施,是世界各国普遍采取的一种税收优惠政策。投资抵免可以是平均的或是递增的。平均的投资抵免表示为每年发生的合格（目标）资产的投资支出的一定百分比。对比之下，递增的投资抵免表示为超过以移动平均基础水平为典型的基础水平的合格投资水平的一定百分比。如新加坡规定：投资于厂房、机器、设备等，可按固定投资额的 50% 抵免，并可无限期后转；对引进先进技术、技术诀窍或知识的"先锋企业"资金投资于经批准的有利于创新科技及提高生产力的先进科研项目（本国境内尚无从事相同行业的公司），可减免 20% 的公司所得税。在印度，对于外商投资于印度优先发展的产业和部门的外国公司（如建筑安装、石油勘探开发、矿山建设、产品出口企业），在其向印度进行投资和输入技术时，可享受投资抵免的税收优惠。韩国规定在 2006 年 12 月 31 日前，居民或本国企业投资提高生产能力的设备，其投资额的 3%（中小企业为 7%）可从应纳所得税额中扣除；在 2006 年 12 月 31 日前，居民或本国企业投资环境保护设备、安全设备等，其投资额的 3% 可从应纳所得税额中扣除。从这些规定可以看出，韩国的任何居民或企业只要是投资于法定的设备，均可享受投资抵免的税收优惠。

### 表 5.1　四国（地区）外资税收优惠政策一览表

| | | 中国香港 | 新加坡 | 韩国 | 印度 |
|---|---|---|---|---|---|
| 平均税率（以所得税为主） | | 17.5% | 20% | 27% | 55% |
| 直接减免措施（以指定企业的所得税为主） | | | 可免征税收 5～10 年 | 5 免 2 减 | 任选连续 5 年内免征税收 |
| 间接减免 | 加速折旧 | 按成本额的 60% 折旧 | 折旧比例为 10% | 按投资额的 50% 一次性折旧 | 通常折旧率为 25%，特定的设备为 100% |
| | 亏损结转 | 亏损可以在以后的无限期里弥补 | 未弥补完的亏损可在免税期后 5 年内的盈利中扣除 | 未弥补完的亏损可在免税期后 3 年内的盈利中扣除 | 未弥补完的亏损可在免税期后 5 至 10 年内的盈利中扣除 |
| | 税收饶让 | 与东道国签订防止双重征税协议的国家，其国在东道国投资的企业可以享受税收饶让优惠。 | | | |
| | 投资抵免 | | 按固定资产的 50% 抵免 | 投资额的 3% 可从应纳税中扣除 | 外商投资企业均可享受投资抵免的优惠 |

## 5.2　四国(地区)鼓励外商投资税收激励政策的差异分析

中国香港和新加坡为吸引外资,虽然未像绝大多数国家那样专门制定相关的法律法规作为优惠政策,但其税收制度本身税率低、税负轻等特点,就已经成为了吸引外资的最大动力。

相对而言,韩国和印度的税种较为丰富,税务征收面积较宽,但是对于税收优惠政策特别是间接减免专门制定了具体完善的法律法规,为外商投资提供了良好的软性环境。不仅有力地吸引了外资和外国先进技术,而且对于国家的财政收入也未造成较大的负面影响。

### 5.2.1　香港与新加坡税收激励政策的比较

香港和新加坡的税率水平明显低于韩国和印度,低税率的税收制度对投资者具有很大的吸引力。在吸引外商投资的领域,新加坡是香港强劲的对手,两者均以低税率政策闻名于世,现对它们的优惠政策作进一步比较。

首先要提到的是有关税收管辖权的问题。

香港实行单一的收入来源地税收管辖权。即不论公司企业的营业利润,还是个人的工薪所得,一律只就来源或发生于香港境内的收入课税,而且实行低税率。这主要有四个方面:①不分居民或非居民一律只就境内所得课征;②股息和利息免征预提税;③特许权使用费只限于在香港使用的知识产权收入课征预提税;④实行低所得税率,公司利得税率为 17.5%,个人薪俸税为 16%①。

新加坡实行的是不彻底的单一收入来源地税收管辖权。①来源于境外的营业利润,只要汇入新加坡就得课征公司所得税;②新加坡对利息、股息课征预提税,只不过公司支付的股息税允许在个人所得税中归集抵免;③特许权使用费课征 33% 的较高税率的预提税;④新加坡公司和个人所得税率平均比香港约高出一倍。

因此,从税收管辖权的角度来看,香港实行的"一元"税制,即仅就"香港来源"的所得征税,比新加坡更为优惠。

---

① 钟惠坡:"香港的税收管理",《中国税务》2000 年第 11 期。

　　其次,对于某些具体政策,新加坡也有其优越之处。在这里,我们仅以新加坡对"特许公司管理中心"的税收优惠为例来说明情况。新加坡政府对"特许公司管理中心"取得其境外关联企业支付的管理费、特许权使用费、股息以及其他所得,将课征比香港还低的税率为10%的公司所得税,而且该税收优惠措施适用5～10年①。

　　但是,从税种的角度考虑,香港从1990年开始已停征利息税,比新加坡的税率更优越。而关于股息,香港一贯不征税,亦优于新加坡。

## 5.2.2　韩国与印度税收激励政策的比较

　　韩国和印度的经济发展状况不同,印度的经济发展远落后于韩国,两国对外商投资的税收激励政策也各有千秋。虽然两国的税收激励政策都是倾向于税收的减免优惠政策——在直接减免和间接减免方面,特别是间接减免优惠政策已经较为完善,对吸引外资和外国先进技术均起到了重要作用,但是两国的税收优惠范围和对象略有不同。

　　金融危机后韩国政府开始意识到吸引外资的重要性,采取了积极吸引外商直接投资的政策,制定了相关鼓励外商投资的法律。以所得税为例来说明韩国对外商直接投资的优惠政策。根据《税收特例限制法》,自2005年开始,对外商投资企业,从最初赢利的年度起5年内100%免征,之后2年内减按50%征收(2005年前为7免3减)。外国人投资区、自由贸易区、经济自由区域(包括济州国际自由城市)内的外商投资企业的法人税、所得税税收优惠为:从最初赢利的年度起3年内完全免征,以后的2年内减税50%。根据《税收特例限制法》,自2005年开始,对外商投资企业,从最初赢利的年度起5年内100%免征,之后2年内减按50%征收(2005年前为7免3减)。印度政府对自由贸易区内的外商投资企业的法人税、所得税税收优惠为:从最初赢利的年度起3年内完全免征,以后的2年内减税50%。从两国政府对外商直接投资的优惠政策的比较来看,不管是优惠范围还是优惠力度韩国都优于印度,韩国对外商直接投资更具有吸引力。

　　韩国属于成功运用税收优惠的国家之一,其政策的制定在横向上力求与

---

① 肖永明、游爱斌:"关于科技税收优惠政策的国际借鉴与思考"[DB/OL], http://www.lntax. cn/StatuteLib_statuteDetail. asp? StatuteId=95570, 2005年11月。

本国的国情相适应,纵向上则与该国不同时期的经济发展历程相联系,以期达到税收优惠政策与该国经济形势、经济政策的有效配合。例如:税收优惠政策与产业政策相配合,以促进产业结构的优化和布局的合理;与科技政策相配合,以鼓励科技进步;与区域经济政策相配合,以促进地区经济协调发展;与外资政策相配合,以吸引资金和先进技术;与贸易收支政策相配合,以促进产品出口,增加外汇收入。另外,韩国在税收优惠政策的实施过程中,采用了灵活多样的税收优惠形式和手段。既有税率型税收优惠,如按优惠税率征税或实行零税率;又有税额型税收优惠,如税收豁免、优惠退税、全部免税、减半征收、税收抵免等;还有税基型税收优惠,如纳税扣除、盈亏互抵,规定起征点和免征额等。多元化政策手段的相互配合,可以更好地实现税收优惠的政策意图。更重要的是,税收优惠政策具有法制性,首先,政策制定具有明确的法律依据。韩国政府为确保有效吸引和利用外资,制定了《外国投资促进法案》等法律,并以此为依据,制定种种税收优惠政策,使各个税收优惠具有明确的法律依据。其次,税收优惠本身也具有法制性。韩国制定税收优惠政策一般都通过一定的法律程序,以法的形式出现,在实施中具有较强的法制性。如其在 20世纪 70 年代曾颁布《免税及降低管制法》,后又在 1982 年实施了新的《税收减免控制法》,于 1999 年颁布《特殊税收处理控制法》等,为有效地实施、控制税收优惠奠定了法律基础。

印度政府在 20 世纪 80 年代开始加大对科技工作的投入,大力支持企业从事高科技的研究和开发工作,对于一些不合时宜的税收政策及时进行调整和改变。目前已经开创出一条以高智能软件业为突出特点的经济发展道路,并迅速发展成为新兴的信息技术大国。经济发展具有鲜明的特点,印度政府在税收激励政策上也是倾向于高新科技产业。在鼓励科技投资的企业的税收激励中,印度进一步提高研究开发费用税前扣除标准,凡企业在内部建立科研所或实验室,以及与科研所或院校联合开发而发生开发费用支出,不论其是否盈利,在初始年度发生的研究开发费用均可按实际支出的 150% 税前扣除。印度在鼓励高科技产业方面的税收政策主要内容有:①大幅度削减部分电子产品进口关税,免除信息技术产品流转税,支持网络建设。对进口的光纤、计算机及零配件、因特网准入设备及用于因特网教育计划的电视机等产品,中央政府大幅度削减关税,免征计算机软件进口税;同时,各地方政府从 2000 年开始,3~5 年内免除信息技术产品的流转税。②对特定区域内的企业实行所得税优惠,支持计算机软硬件生产企业的发展。设在"自由贸易区"(堪达拉自由贸易区、桑塔克鲁茨电子出口加工区以及政府确定的其他地区）内的生产电子出口产品的企业，以及从事计算机软硬件生产且位于"电子软硬件技术区"内的企业，其利润和利得在连续 5 个征税年度内可获免税。③鼓励民间和外国资本从事电子产品生产及出口。凡从事电子产品生产的企业，不论其外资控股是否已经达到 75%，只要其出口额占销售额 75% 以上的，取得的利润和利得连续 5 年免税；产品 100% 出口的，对软件商免征法人所得税。④对从事风险投资的资本利得给予免征税收。凡在印度证交所注册的风险投资企业，除对企业组织如有限公司、信托公司或在印度国内没有设立分支机构的外国公司，且取得的收益是短期收入或利息方式的，不予免税外，其他投资于软件、信息技术、基本药物的生产、生物技术、农业和政府认可的研究中心研制出来的专利产品的生产等相关的行业，都可以享受长期资本利得和红利收入免税。⑤对企业增加研究与开发投入和商业化生产给予税收优惠。扶持的对象主要有：对 R&D 单位的税收鼓励，包括：对取得印度科技部科学与工业研究局认证资格的 R&D 机构，其用于 R&D 所需的仪器设备、零部件、附件等可免除进口关税；对专门从事 R&D 活动的商业化公司，自被确认之日起 5 年内可减征所得税；对信息技术企业在 R&D 方面的投资可按当年发生的研发费用给予 125% 的超额抵免；对 R&D 机构取得的收入，凡用于 R&D 活动支出的，不但免征所得税，而且对承担国家专项研究计划的 R&D 开支还可以加量免收 125%；对从事 R&D 活动人员的税收优惠。凡承担国家专项研究计划项目的国家实验室、高等院校或印度理工学院的负责人可以自行申请获得个人所得税加量免税；对利用 R&D 成果生产的企业实行税收优惠。企业支付给科研机构的研发费用可享受 100% 税前扣除；企业采用本国开发的技术或在欧盟、美、日任何一个国家取得专利的技术，所设计制造的产品，商业化生产后 3 年内免征商品税。其中对利用国产技术建立的企业，该设备可按高达 40% 的比率进行加速折旧①。

1993 年，韩国实行"新经济政策"，制定了"科技立国"、"技术主导"的发展方针，科技税收优惠逐步完善。韩国的科技税收优惠政策对推动其科技进步起到了不可忽视的作用。再如对高科技企业和中小企业，各国都制定了稳定的税收优惠政策，但又针对企业发展的不同阶段，调整优惠力度：在企业创

---

① 李尧、徐磊、毛燕："印度对外国风险投资公司的税收管理及启示"，《涉外税务》2004 年第 7 期。

业初期注重于扶持、鼓励,在企业的成长期侧重于对企业收益的优惠。韩国政府为了鼓励科技投资而制定相关税收优惠政策,科技税收政策主要体现在《技术开发促进法》和《鼓励外资法》中。首先,鼓励科技开发。①实行"技术开发准备金"制度。有关行业的企业可按收入总额的3%～5%提取技术开发准备金,并允许在3年内用于技术开发、技术培训、技术革新及引进研究设施等,对于投资进口设备和自产设备分别允许抵扣5%和10%的税款。②研究试验用设备投资享受税前扣除或快速折旧。③技术及人才开发费扣除。④进口学术研究用品减免关税。⑤企业附属研究所及企业的专职研究开发机构和产业技术研究合作组开发新产品或新技术所需试验、研究用样品和非营利法人研究机构直接用于研究所需的物品,因国内难以生产而从国外进口的,免征特别消费税。⑥为国内服务的外国技术人员,从其提供劳动之日起5年内的劳动所得,免征个人所得税。其次,利用税收优惠促进科技成果转化。①对新技术企业化的资产投资实行税前扣除或加速折旧。②对技术转让收入减免税收。③对技术开发先导物品在进入市场的初级阶段,给予一定期间的减免特别消费税;对符合条件的工程技术项目和信息行业,自开工后有收入年度起,6年内对该项目所获收入减半征收法人税。韩国有关法规还规定了对外国直接投资的先进技术企业或特殊服务企业采取税收减免税收优惠政策。其中先进技术企业是指那些拥有在韩国处于开发初始阶段(或还没有开始开发)的先进技术的企业。特殊服务企业是指支持制造产业发展和促进其他产业进步的高附加值的企业①。

在韩国,除了针对不同的政策目标制定相应的税收优惠政策,还在最后做出了一个关于最低税制的规定,其实质是对纳税人享受税收优惠的幅度、大小进行限制。纳税人即使处于可享受若干相关税收优惠范围内,其最终可享受到的具体优惠份额也是有一个最低限度的,纳税人必须按照最低税制的要求缴纳一个最低税。显然,这种做法既可以使纳税人享受到国家对其的激励、照顾政策,实现国家对其经济行为的引导功能;同时也使得国家的税收收入不会由于税收优惠的实施而大量减少。

印度在税收优惠方面则没有最低税制的限制要求,只要相关纳税主体的经济行为符合享受税收优惠的限定条件,该纳税主体就可享受相应的税收优惠政策,然而可能在企业进步、经济发展之后,国家的财政收入(尤其是税收

---

① 杨志安:"韩国技术创新的税收政策及启示",《税务研究》2004年第1期。

收入)却没有增加,最终经济发展的好处绝大部分被私人部门轻易获得,而政府财力缺乏最终将弱化政府的宏观调控职能①。

## 5.3 四国(地区)的税收激励政策对国民经济产生的影响

税收激励政策是政府为了实现一定的经济、社会目标,向纳税人实施的一系列优惠政策。而外商投资税收激励政策是政府根据国情确立明确的目标,对外国投资机构和外商直接投资实行的税收优惠政策。不同的国家制定的税收鼓励目标各有侧重,但是归结起来,税收激励政策目标一般均包括:大力吸引外资、优化产业结构、发展新高科技产业和促进社会经济增长。以上是过渡性的政策目标,最终的政策目标是促进经济持续稳定增长、改善参与国际竞争的条件与加强自力更生的实力。然而最终的政策目标是长期性的,在目前还无法检验目标的实现,因此在本书中只是对税收激励过渡性政策目标的实效性进行四国(地区)的比较。实施优惠政策是否有利于政策目标的实现就需要对激励政策的实效性进行评估。以外商直接投资为例,除了税收激励之外,优良的经济投资环境、金融投资环境、健全的法律保障和稳定的政局也是吸引外资的有利条件,因此很难用经济总量或者"效益—成本"的方法对税收激励政策的实效性进行评估。故本书对于实效性的评估仅采取投资总量和投资结构调整两种方法。

### 5.3.1 四国(地区)吸引 FDI 政策的效果比较

**表 5.2 四国(地区)FDI 流入情况** （百万美元）

|  | 1985～1995(年平均) | 2001 | 2002 | 2003 | 2004 |
|---|---|---|---|---|---|
| 新加坡 | 4529 | 14122 | 5882 | 9331 | 16060 |
| 中国香港 | 4093 | 23777 | 9682 | 13624 | 34035 |
| 韩国 | 697 | 3692 | 2975 | 3785 | 7687 |
| 印度 | 452 | 3403 | 3449 | 4269 | 5335 |

① 李尧、徐磊、毛燕:"印度对外国风险投资公司的税收管理及启示",《涉外税务》2004 年第 7 期。

由表 5.2 可知从 1985 年至 2004 年,流入韩国、印度、中国香港和新加坡的 FDI 大致上是逐年递增的,尤其是 1997 年亚洲金融危机之后,以上四国(地区)的 FDI 流入量剧增。2004 年,中国香港、新加坡、韩国和印度的 FDI 流入量分别达 34035、16060、7687 和 5335 百万美元。尽管优良的投资环境、健全的法律保障和稳定的政治局面等在引入外资方面起到积极的作用,但是不可否认,外商投资税收激励政策也是吸引外资强有力的手段。

**表 5.3　FDI 占总固定资产的百分比情况**　　(%)

|  | 1985～1995(年平均) | 2001 | 2002 | 2003 | 2004 |
|---|---|---|---|---|---|
| 新加坡 | 32.9 | 55.5 | 25.6 | 41.7 | 62.7 |
| 中国香港 | 18.4 | 55.7 | 26.4 | 39.4 | 92.1 |
| 韩国 | 1.0 | 2.6 | 1.9 | 2.1 | 3.8 |
| 印度 | 1.9 | 3.2 | 3.0 | 3.2 | 3.4 |

由表 5.3 可知,在新加坡、中国香港、印度、韩国,FDI 占总固定资产的百分比也是逐年递增的,特别是新加坡和中国香港的 FDI 在总固定资产中的比重是相当大的,分别为 91.2% 和 62.7%,在经济发展中起到重大的作用。

**表 5.4　FDI 流入业绩指数①排行榜中四个国家(地区)排名**

|  | 1990 | 2000 | 2003 | 2004 |
|---|---|---|---|---|
| 新加坡 | 1 | 6 | 6 | 8 |
| 中国香港 | 3 | 2 | 8 | 7 |
| 韩国 | 81 | 93 | 116 | 109 |
| 印度 | 98 | 120 | 118 | 112 |

从表 5.4 可看到,在联合国贸发会(UNCTAD)统计的外国直接投资流入业绩指数排名中,中国香港与新加坡居世界前列,2004 年分别列第 7 名和第 8 名。由此,也进一步反映出香港与新加坡低税率政策的巨大优势。同时韩国

---

①　World Investment Report,2005[DB/OL],http://www.unctad.org/wir.

与印度的业绩排名近年来也在不断上升。

### 5.3.2 FDI 流入对四国(地区)产业发展的影响

为发展新高科技产业、引入先进技术和先进技术设备,很多国家在这方面都制定了相关的优惠政策。比如韩国规定,投资引进国内不易发展的高科技项目,可享受 5 年的免税;对根据政府批准的新技术引进项目所支付的特许权使用费,免征预提税。新加坡也规定,对从国外引进先进的专有技术而支付的特许权使用费可免征预提税;对生产和研究开发领域的设备投资采取了减税政策,规定在 1999 年底前申请投资的企业可减免 30% ~50% 的纳税负担;"新兴企业"可以享受 5 ~10 年的免税期。印度给予从事电子产品生产的外商投资企业 5 年的免税期。目前中国香港在大力发展高新科技产业,几乎所有的新高科技产业都享受减免税优惠。

表 5.5  四国(地区)高新技术出口占制造业出口的比重(%)

|  | 1997 | 1998 | 1999 | 2000 | 2001 |
|---|---|---|---|---|---|
| 新加坡 | 55.1 | 57.6 | 57.4 | 61.5 | 59.7 |
| 中国香港 | 20.8 | 20.7 | 20.5 | 22.8 | 19.5 |
| 韩国 | 26 | 26.2 | 31.3 | 34.2 | 29.1 |
| 印度 | \ | \ | \ | \ | \ |

表 5.5 反映出,从 1997 年到 2001 年上述三国的高新技术产业发展稳中有进。2001 年高新技术出口比重有所下降,主要原因在于美国等外商直接投资来源地的经济发展变缓,导致对三国高新技术的直接投资有所下降,但总的趋势是不断上升的。虽然说高新技术的发展还受到其他因素的影响,但是,金融危机发生后,新加坡等国调整了吸引外商直接投资的政策,同时积极鼓励新兴产业的发展,从而使国内高新技术的出口比重大大增加。

各国具有导向性的税收激励政策,很好地调节了 FDI 在国家内部产业间特别是新兴产业中的分布。税收政策的执行,对上述四国(地区)以高科技产品为代表的新兴产业的发展起到了巨大的推动作用。

## 5.4  四国(地区)鼓励外商投资税收激励政策的成功经验

首先,四国(地区)鼓励外商直接投资的税收政策是与本国的宏观经济政策保持协调一致的。韩国现行税收优惠的特征是:税收优惠政策目标比较少;各个优惠的适用对象广泛;一个目标有多方面优惠内容;税收优惠手段多。总体上说,韩国现行税收优惠具有间接性特征,适用对象较广,可用手段多,适用范围内的纳税人都可以用,而且纳税人可以选择多个优惠项目当中的一个或者几个对其最适当的优惠项目使用。比如,韩国规定在 2006 年 12 月 31 日前,居民或本国企业投资提高生产能力的设备,投资额的 3%(中小企业为 7%)可从应纳所得税额中扣除;在 2006 年 12 月 31 日前,居民或本国企业投资环境保护设备、安全设备等、投资额的 3% 可从应纳所得税额中扣除。从这些规定可以看出,韩国的任何居民或企业只要是投资于法定的设备,均可享受投资抵免的税收优惠。

韩国在税收优惠方面,对优惠的范围不是盲目地扩大,而是针对本国迫切需要发展的产业部门才会采取税收优惠政策,而且对企业的优惠也是有数量上和年限上的限制。制定一个纳税人享受税收优惠的最高限制,也确定了纳税人在享受税收优惠的幅度、大小、方向上的限制。印度为了鼓励外商投资企业投资高科技产业,制定了相关的税收优惠政策。为充分发挥税收优惠政策的作用,通过税收减让来分担科技投资的风险成本,扶持企业从事 R&D 活动,引导外国资本投资于高新技术产业。高新科技企业购进的固定资产允许实行加速折旧,研究开发费用税前扣除标准比较高,为了减轻科技投资亏损压力,允许从事高新技术研究的企业延长投资亏损逐年弥补期限。通过一系列鼓励科技投资的税收优惠政策可以看出印度政府鼓励外商投资新高科技的意图很明显,税收优惠政策方式丰富多样,在给予营利企业优惠措施的同时也通过税收优惠手段防范科技投资风险损失,加强了对科技投资企业的投资者和科研人员的税收激励。在韩国,除了针对不同的政策目标制定相应的税收优惠政策,还在最后做出了一个关于最低税制的规定,其实质是对纳税人享受税收优惠的幅度、大小进行限制。纳税人即使处于可享受若干相关税收优惠的范围内,其最终可享受到的具体优惠份额也是有一个最低限度的,纳税人必须按照最低税制的要求缴纳一个最低税。显然,这种做法既可以使纳税人享受到国家对其的激励、照顾政策,实现国家对其经济行为的引导功能;同时也使得国家的税收收入不会由于税收优惠的实施而大量减少。同时,这些国家的税收政策在与本国的产业政策相互配合的过程中还做到了有重点的吸引外资,如韩国侧重于发展产品出口企业,印度强调先进技术企业。另外,大多数国家的鼓励政策也体现了一定的地域特色,对设立在特定"投资鼓励区"的企业给予更大程度的税收优惠①。比如韩国政府对建立在特定区域里的外商投资企业给予特别的优惠政策,对于建立在全国范围内其他地方的外商投资企业就需要是国家规定的特别产业部门才会享受优惠政策。在这样的税收体制下,不仅外商投资企业可以得到充分的优惠,国家可以吸引更多的外资和外国先进技术,而且从长期来看国家的税收收入也不会受到损害。在管理上,韩国现行税收优惠集中体现在特殊税收处理控制法中。在管理上,韩国注重事前和事后管理的结合,尤其注重税收优惠的法制性。税收优惠都以在法律法规中以明文规定的形式出现,法制性强。税收优惠是政府政策目标的风向标,通过法律法规制定优惠政策,表明一个国家政府实行相应政策的严肃性,也体现了税法的刚性,有利于实现政策目标。以韩国的科技税收优惠政策为例,在《技术开发促进法》中确立技术开发准备金制度,并颁布《外资引进法》、《税收减免控制法》,全面系统地对韩国的税收优惠条款加以规定和介绍。

当然,就纵向而言,这些国家的引资政策并非一成不变,税收政策的调整也是与各国经济的发展历程相联系的。例如,新加坡的引资政策经历了从劳动密集型——资本密集型——技术密集型的转变②。

第二,在税收优惠政策的制定、实施过程中法制性强。在吸引外商投资的过程中,主要周边国家(地区)都体现出明显的政府干预、引导倾向,它们参照不同的战略目标,采取了独立立法的引资策略,制定了不同的"引资法"。新加坡在《经济发展鼓励(所得税减免)法》中规定了税收减免的办法;韩国先后颁布了《外国人投资促进法》、《税收特例限制法》,全面、系统地介绍了国家的税收优惠条款③。

以韩国为例,韩国现行税收优惠的政策目标是:减少由于兼并造成的经济

① 刘建民、印慧:"外商直接投资税收优惠政策国际比较与借鉴",《财经理论与实践》2004年第6期。

② 窦清红:"工业化国家不同发展阶段的外商直接投资税收政策",《税务研究》2006年第5期。

③ 夏杰长、李朱:"税收激励与 FDI 理论分析与中国经验的检验",《涉外税务》2004年第9期。

财富的集中,并增强经济基础(这一政策目标体现在中小企业税收优惠上);促进技术进步,提高企业的竞争力(这一政策目标体现在研究及人力开发税收优惠上);刺激投资(这一政策目标体现在鼓励投资的有关税收优惠上);促进地区协调发展(这一政策目标体现在调节地区经济结构的税收优惠上)。由此可知,韩国现行税收优惠的政策目标集中于经济发展这个总目标上,社会和其他领域发展的政策目标涉及的税收优惠较少。在经济发展的总目标内,具体的政策目标又集中体现在调节企业结构和地区经济结构两个经济结构性税收优惠及鼓励投资、促进技术进步两个经济总量性税收优惠上,出口和调节产业结构方面涉及的税收优惠相对较少。韩国现行税收优惠的政策目标较少而且明确,具有较强的政策导向功能。

第三,税收激励的形式灵活多样,政策手段多元化。在实施税收优惠政策的过程中,大多数国家采用了灵活多样的税收优惠形式。其中,既有以降低税率为表现形式的税率式税收优惠,如按优惠税率征税和实行零税率,又有以直接减免应纳税额为表现形式的税额式税收优惠,如税收豁免、优惠退税、全部减免、减半征收、税收抵免等等,还有以直接缩小税基为表现形式的税基式税收优惠,如纳税扣除、盈亏互抵、起征点、免征额等。韩国甚至允许纳税人任意选择优惠办法,印度允许纳税人在一定范围内自由选择优惠期限。多元化政策手段的相互配合,避免了政策目标的模糊性和调节对象的单一化,可以更好地实现税收优惠的政策意图①。

第四,注重国内整体税收环境对吸引外资的影响。香港作为"避税天堂",以税制简单,税种少,税务征收面积窄,税负轻而闻名于世。香港的这种税收体制为外商投资创造了良好的软性投资环境。在香港的外商投资企业可以享受较低的税率水平,较轻松的投资环境。在市场经济高度发达的情形下,香港继续保持税率比例的低税制,并坚持实行征税来源以"本地来源"作为征税唯一基础的做法。香港坚持不懈地维持低税率,构成了香港税制的重要政策特征,并成为香港能长期保持对外资的强吸引力的重要手段,从而能带来财政收入的更快增长。再如,新加坡和香港同是以低税率吸引外商投资,香港的总体税率略低于新加坡,但是新加坡在特定产业上的税率甚至可以低至10%,并且结合一些间接减免的优惠政策。在经济发展水平不断提高的情况下,新加坡增加了间接减免的税收优惠,运用多种税种去调节供求,集中收入。

---

①　叶军:"外资税收优惠政策存废理由检讨",《涉外税务》2005 年第 11 期。

在低税率和间接减免相结合的税收优惠政策下,新加坡从一个地域狭小的国家,发展成为全球信息、技术和资本的集中营,已经聚集了6000多家来自世界各地的跨国公司①。

第五,对内资与外资实行同等优惠但要保护本国产业。许多国家对允许私人资本投入的地区和行业项目,不论是内资还是外资都实行同等的税收优惠政策。同时大多数国家都很注重对本国产业采取保护措施。比如对有碍于本国生产的项目和已经饱和的行业,控制审批或原则上不予审批;对允许审批的行业项目外资比例一般不超过40%,但对专门生产出口产品的保税工厂和设在自由工业区内的企业,可以允许外资比例达到100%。从四国(地区)的税收优惠实践中,我们可以总结出以下几点供借鉴:其一,区域性优惠的实施要保持区域内政策的统一,以利于内、外商投资企业间的公平竞争;区域优惠要根据客观经济发展变化适时调整,以保持优惠政策的调控力度和实施效率。其二,产业优惠要充分体现产业导向,重点促进高科技产业、知识经济发展;产业优惠的设计要体现全方位,以增强调控力度。其三,税收优惠形式应从主要侧重直接优惠转向侧重间接优惠。

---

① 李华:"主要周边国家和地区鼓励外商投资的税收优惠政策评析",《涉外税务》2000 年第 4 期。

# 第6章　中国外商投资税收
# 激励的实证分析

## 6.1　引　　言

我国1979年以来先后制定了一系列税收优惠措施,初步形成了以"经济特区——沿海经济开发区——沿海经济开放城市和开放地区——内地"多层次、多环节、有重点的税收优惠体系,目的是为了在特定的时间将外资引向特定的地区和特定的行业,随着我国吸引外商投资数量飞速增加,这些税收优惠政策对实现上述目标效应是否明显呢?

有关FDI与税收优惠问题一直是学术界探讨的热点。在20世纪70年代以前,国外的学者(Barlow & Wender,1955①;Robinson,1961;Root & Ahmed②)主要以问卷调查和计量的方式,分析了东道国税收优惠对FDI的影响,主要认为:税收优惠对外商投资地点的确定作用甚微。而70年代后,学者们更详细更具体地进行了研究,结论有所分化:Mooreetal(1987)、Ernst & Young International(1994)等进一步验证了70年代以前的观点,而世界银行(1985)、Grubert & Mutti(1991)③、联合国(1996)及OECD的Steven Clark(2000)④的研究却表明东道国税收优惠在吸引外商投资中发挥重要作用。还有一些学者从税收优惠的成本——收益角度分析了税收优惠政策,Estache &Gaspar在1995年的研

---

① Barlow, Ira T. Wender:Foreign Investment and Taxation, *Yale Law Journal*, Vol. 65, No. 8, 1956.

② Root, F. and Ahmed, A. :The Influence of Policy Instruments on Manufacturing Direct Foreign Investment in Developing Countries, in Journal of International Business Studies, 1978.

③ Grubert, H. &Mutti, J. : "Taxes, tariffs and transfer pricing in multinational corporate decision making", Review of Economic and Statistics, 1991.

④ W Steven Clark:Corporate Tax Incentives for FDI, Financing for Development UN/ECE Regional Conference In cooperation with the EBRD and UNCTAD 6 – 7 Dec, 2000.

究中发现：巴西因税收优惠带来的税收收入损失超过了所吸引的投资①。

国内不少学者对外商投资与税收优惠进行了研究，其中大多数从不同角度对外资税收优惠的作用和我国外资税收优惠存在的弊端进行了阐述，局限为定性描述和理论分析，缺乏经验性数据和分析来说明外资税收优惠的影响到底如何。另有一些学者(鲁明泓②,1997;孙俊,2002;魏后凯③,2002)将税收优惠作为一个虚拟变量，以省份为单位进行了实证分析，得出：我国税收优惠政策对外商投资的影响是显著的。然而，我国的税收优惠政策都是以城市(镇)、地区为对象发布的，以省份为单位的实证难以准确分析税收优惠政策对 FDI 地区分布的影响，乐为(2002)④、李宗卉⑤、鲁明泓(2004)弥补了这一缺陷，他们以城市为单元，选取了实施优惠政策的和未实施优惠政策的 2 组城市为样本，时间跨度为政策实施前后 1988～1993 年间，采用横向、纵向的方法研究了我国税收优惠政策的有效性，进一步验证了税收优惠在吸引 FDI 方面的作用是显著的。然而他们选取实施优惠政策的城市都为沿海开放或发达的省会城市，这些城市在经济发展、开放程度和地理位置都具有一定优势，即使不实施优惠政策对外商投资都具有较大的吸引力，故以他们为样本不能准确地体现税收优惠政策的效用。本书选取 1992 年开放的十一个内陆省会城市和未实施优惠政策的经济较发达的城市(镇)2 组样本，横向比较税收优惠对欠发达城市引资的有效性，以准确体现税收优惠对引资规模的影响。由于投资效应和税收效应是外商投资企业税收优惠影响的重要方面，本书还从税收优惠对引资结构和外资税收收入这两个角度着手，全方面分析税收优惠对外资的影响。

## 6.2 实证分析

本书将从外资税收优惠政策与引资规模、引资结构和外资税收收入三个

---

① 王逸、赵晶晶："国内外 FDI 税收优惠述评及借鉴"，《扬州大学税务学院学报》2005 年第12 期。

② 鲁明泓："外国直接投资区域分布与中国投资环境评估"，《经济研究》1997 年第 12 期。

③ 魏后凯："外商直接投资对中国区域经济增长的影响"，《经济研究》2002 年第 4 期。

④ 乐为、孙培源："我国税收区域优惠政策有效性的实证分析"，《上海经济研究》2002 年第6 期。

⑤ 李宗卉、鲁明泓："中国外商投资企业税收优惠政策的有效性分析"，《世界经济》2004 年第10 期。

角度进行实证检验。

### 6.2.1 中国外商投资税收激励与引资规模间的实证分析

（1）样本数据与计量方法

在外商投资税收激励与引进外资规模间的相关性分析中，采用横向和纵向两种回归分析方法，横向回归分析是指：1992 年实施优惠政策后的 11 个内陆省会城市（太原、合肥、南昌、郑州等）和未实施优惠政策的经济较发达的 11 个城市（镇）（无锡、绍兴、佛山、南平等）比较 1993～1995 年三年实际利用外商投资的加权平均数据，税收优惠政策为虚拟变量，实施优惠政策的 11 个省会城市取 1，未实施优惠政策的取 0。纵向回归分析是指实施优惠政策的十一个内陆省会城市前后三年实际利用外商投资数据的比较，税收优惠政策为虚拟变量，政策实施前三年取 0，实施后取 1。数据来源于《中国对外经济年鉴（2000～2002）》、《中国城市年鉴（1990～1996）》、《中国统计年鉴（1988～2002）》。

（2）描述性统计

从表 6.1 可以发现，1993～1995 年间，尽管 11 个内陆省会城市已经实施税收优惠政策，但实际利用外商投资的数值远远小于未实施优惠政策的经济较发达的城市，这从直观上说明税收优惠在外商投资地点的确定方面作用甚微。

表 6.1  11 个内陆城市和未实施优惠政策的经济较
发达的城市 FDI 值比较（1993～1995）

|  | 均值 | 最大 | 最小 |
|---|---|---|---|
| 实施税收优惠的 11 个内陆省会城市 | 11271 | 28185 | 133 |
| 未实施优惠政策的经济较发达的城市 | 26849 | 85497 | 6065 |

比较 11 个实施税收优惠政策城市前后三年实际利用 FDI 的情况，表 6.2 中可发现：实施后实际利用 FDI 比实施前明显增加。由于同期全国引资的增长，为了更准确体现税收优惠政策的有效性，将 11 个城市引资的增长指数与同期全国 FDI 增长指数进行对比：见图 6.1，可发现实施税收优惠政策的 11 个内陆省会城市吸引 FDI 的增长指数远远大于全国 FDI 增长指数。直观上可

判断:税收优惠政策对同一地区吸引外资是有效的。

**表6.2 11个内陆省会城市实施税收优惠前后3年FDI值对比**

（单位:万美元）

| | 均值 | 最大 | 最小 |
|---|---|---|---|
| 实施税收优惠11个内陆省会城市前3年FDI | 1664 | 7326 | 0 |
| 实施优惠政策11个内陆省会城市后3年FDI | 10341 | 29470 | 0 |

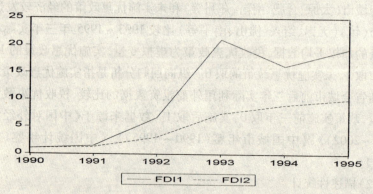

**图6.1 11个内陆省会城市FDI增长指数与同期全国FDI增长指数对比**

（3）实证分析结果

横向比较实施税收优惠的11个内陆省会城市与其他未实施税收优惠经济较发达的城市实际利用FDI,将采用以下方程进行回归分析:

$$\ln FDI = A + Bpre + C\ln GDP$$

pre代表税收优惠变量,由于外商投资在地区的分布总是受该地经济发展水平的影响,本书加入了人均GDP变量,文中的GDP为所选城市1993～1995年3年加权人均GDP。结果见表6.3:

**表6.3 11个内陆省会城市与其他未实施税收优惠的经济较发达城市比较**

| A | B | C | F值 | D－W | R2 |
|---|---|---|---|---|---|
| 9.804<br>(24.698)＊＊ | －0.82<br>(－1.96)＊ | | 2.23 | 1.70 | 0.1 |
| 5.951<br>(1.891)＊ | －0.496<br>(－2.24)＊＊ | 0.872<br>(1.34) | 2.85 | 1.76 | 0.16 |

括号内数字为t统计值,＊＊,＊分别表示在0.05和0.10的显著性下回归系数是显著的。

采用面板数据对 11 个内陆省会城市实施优惠政策的前后 3 年实际利用 FDI 进行纵向比较,方程式为:

$$lnFDI = A + Bpre + ClnFDI - 1$$

由于外商投资受前期引资数量的影响,故在模型中增加了置前一期的引资数量,用 FDI - 1 表示。除虚拟变量外,以上数据均取自然对数。本书使用固定效应模型,分析结果见表 6.4。

**表 6.4　11 个内陆省会城市实施优惠政策的前后 3 年实际利用 FDI 比较**

| Pre | FDI - 1 | F 值 | D - W | R2 |
|---|---|---|---|---|
| 2.289<br>(11.505)** | | 289.12 | 2.22 | 0.954 |
| 1.78<br>(4.55)** | 0.158<br>(1.95)* | 5.95 | 2.543 | 0.88 |

括号内数字为 t 统计值,** , * 分别表示在 0.05 和 0.10 的显著性下回归系数是显著的。

从表 6.3 可以发现:税收优惠与 FDI 间的系数为 - 0.82,这表明未实施税收优惠政策的经济较发达的城市比实施了税收优惠政策的 11 个内陆省份城市在吸引外资方面更有优势,即税收优惠与外商投资在地点的确定方面是负相关的,外商更看重整体投资环境。然而,从表 6.4 可发现:税收优惠与 FDI 间的系数为 2.23,这表明同一个地区实施税收优惠政策后与吸引外商投资规模上存在高度正相关。

## 6.2.2　中国外商投资税收激励与引资结构间的实证分析

外商投资税收激励主要体现为地区导向型和产业导向型。国外许多国家外资税收激励体现在产业导向上,如 20 世纪七八十年代的美国为重振钢铁产业,对此产业实施了优惠的税收;20 世纪 90 年代的泰国,其外商投资税收优惠政策具有强烈的产业导向,除其鼓励的产业,一般不实行税收优惠政策[87]。我国外商投资税收激励产业优惠经历了四个阶段:1991 年《中华人民共和国外商投资企业和外国企业所得税法》实施前,我国外商投资税收优惠政策的产业导向仅表现:在经济特区、沿海十四个港口城市老市区从事技术密集、知识密集、资本密集型或属于能源、交通、港口建设项目的生产性企业可获得更优惠的税率。随着1991年《税法》的颁布,产业导向在外商投资税收优惠政策中有所加强,从事的农业、林业、牧业的外商投资企业可获得一定年限的所得税免征及优惠的税率,尤其对国家鼓励的行业在地方所得税上可获得免征或减征。1999年国家扩大外商投资企业从事能源、交通等基础项目税收优惠的适用范围。2002年我国颁布并执行了外商投资产业政策法律文件《指导外商投资方向规定》,该规定把投资的产业粗略地分为:鼓励类、允许类、限制类、禁止类。我国外商投资企业税收优惠政策从无到有,逐步强化。目前我国外商投资主要集中于制造业、房地产业、社会服务、批发和零售餐饮业,四大部门占投资总额的80%以上[1],尤其大量外资流入一般性加工业,而农林牧渔业、采掘业、交通运输业等行业外资介入较少,其引资份额不足6%,这是否与我国外商投资税收优惠的产业导向有着不可分割的联系?

(1)产业结构研究样本与描述性统计

由于我国外资税收优惠政策是对某一产业实行普遍优惠,并没针对特定的领域与行业实施税收优惠,故使用三个产业引资比重代表引资结构。引资比重由各个产业引用外资数额占引资总额的份额表示,原始数据来源于《中国统计年鉴》(1996~2005)。从图6.2可知:第二产业占我国外资的大多数份额,且从1995年的69.6%上升到2004年的75%,第一产业份额不足2%,第三产业的份额也呈下降趋势,到2004年底仅占份额23.2%,回顾税收优惠政策法规中发现:第二产业一直有较多税收优惠,第三产业次之,第一产业少之又少。直观上判断:外资集中的产业与税收优惠的产业密切相关,下面用实证来检验这一判断。笔者在总结《外商投资企业和外国企业税收优惠一览表》的基础上,把针对产业的外资税收优惠分为:企业所得税(pre1)和企业所得税减免(pre2)两个变量,根据相关的税收优惠政策法规规定,设立在不同地区的外企可根据产业的不同分别适用30%、24%和15%的企业所得税率。税收优惠一览表中共分13种特殊区域,某一区域某一产业实行税率优惠,pre1就用1表示,如二个区域对同一产业税率优惠,pre1用2表示,依此类推。企业所得税减免就是免征、减征企业所得税。变量表示的方法如企业所得税率。

(2)中国外商投资税收激励与引资产业结构间实证分析结果

由于在1995~2004年间,企业所得税和企业所得税减免两个变量没有变

---

① 孙俊:"中国FDI地点选择的因素分析",《经济学(季刊)》2002年第3期。

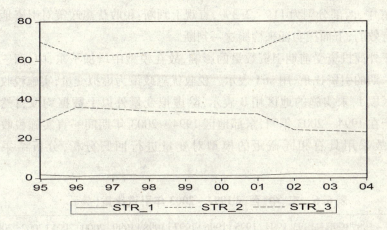

**图 6.2 1995 ~ 2004 年三大产业引资比重图**

化,故采用具有相同截距的模型对变量进行回归分析,结果见表 6.5:

**表 6.5 外资税收激励与引资产业结构间的回归分析(1995 ~ 2004)**

| C | pre1 | pre2 | F | R2 |
|---|---|---|---|---|
| 0.89<br>(4.84)** | 0.56<br>(15.9)** | | 849.19 | 0.97 |
| 1.07<br>(3.21)** | | 0.26<br>(9.31)** | 5594.5 | 0.995 |

括号内数字为 t 统计值,** , * 分别表示在 0.05 和 0.10 的显著性下回归系数是显著的。

从表 6.5 中可知:所得税税率和所得税减免的系数显著为正,表明针对某一产业实施更多优惠税收有利于该产业吸引更多的外资,税收优惠政策是有效的。

(3)地区结构研究样本与描述性统计

我国税收优惠政策具有显著的地区导向性,2000 年以前外资税收优惠全部集中于东部地区,2000 年国家规定对设在中西部地区国家鼓励类外商投资企业实行一定税收优惠。引资地区比重由东、中、西部引用外资数额占引资总额的份额 str 表示,原始数据来源于《中国统计年鉴》(1994 ~ 2005)。从表 6.6 可知:1985 ~ 2003 年东中西三个地区吸引外资的情况,19 年来我国实际利用外资的地区结构没有发生较大的变化,东部占我国外资的大多数份额,平均份额为 86% 以上,而拥有 19 个省份,地域宽广的中西部引资份额严重不足,到

2003 年底中、西部分别为 11%、2.3%,直观上判断:税收优惠政策对引资地区结构是有效的,下面用实证来检验这一判断。

由于外商投资受前期引资数量的影响,故在模型中增加了东、中、西三地区置前一期的引资比重,用 str1 表示。税收优惠政策为虚拟变量,实施税收优惠的地区取 1,未实施的地区用 0 表示;除虚拟变量外以上数据均取自然对数。由于在 1994～2003 年间,东部地区 1994～2003 年期间一直实施税收优惠政策,故采用具有相同截距的模型对变量进行回归分析,分析结果见表 6.7。

**表 6.6 东、中、西部 1994～2003 年引资比重(%)**

|  | 1985～1989 | 1990～1993 | 1994 | 1995 | 1996 | 1997 | 1998 | 1999 | 2000 | 2001 | 2002 | 2003 |
|---|---|---|---|---|---|---|---|---|---|---|---|---|
| 东部 | 88.9 | 88.7 | 87.8 | 87.9 | 88.4 | 86.1 | 87.2 | 87.8 | 87.8 | 88.7 | 87.4 | 86.7 |
| 中部 | 7.4 | 7.5 | 7.8 | 9.3 | 9 | 10.5 | 9.8 | 9.3 | 9.2 | 8.2 | 9.9 | 11 |
| 西部 | 3.7 | 3.8 | 4.4 | 2.8 | 2.6 | 3.4 | 3 | 2.8 | 3 | 3.1 | 2.7 | 2.3 |

(4)中国外商投资税收激励与引资地区结构间实证分析结果

**表 6.7 外资税收激励与引资地区结构间的回归分析(1994～2003)**

| Pre | str1 | F 值 | D－W | R2 |
|---|---|---|---|---|
| 1.008494<br>(2.71)** |  | 16.47 | 2.1 | 0.37 |
| 0.009<br>(2.12)* | 0.998<br>(55.47)** | 314.776 | 2.23 | 0.99 |

括号内数字为 t 统计值,**,*分别表示在 0.05 和 0.10 的显著性下回归系数是显著的。

从表 6.7 中可知:税收优惠政策的实施与东中西部的引资比重显著为正,表明针对某一地区实施更多优惠税收有利于该地区吸引更多的外资,税收优惠政策地区导向是有效的。

## 6.2.3 中国外商投资税收激励与外商投资企业税收收入间的实证分析

税收优惠是东道国通过各种手段减少外国投资者税收负担的政策措施,

它是有成本的,相当于政府损失掉一块税收收入,许多学者就税收激励与东道国税收收入损失进行了研究。Figlio & Blonigen（1999）[①]对南卡罗来纳州的研究表明税收优惠导致外商直接投资对州税收收入产生了负面影响;Oman（2000）[②]估计,汽车工业投资者受到税收激励每一个工作财政成本超过 10 万美元[③];童锦治(1997)计算出我国 1995 年因实施外商投资企业税收优惠政策而损失税收利润 660 亿元。但如果没有税收优惠,外资规模就可能达不到一定的规模,即税收基数变小,在税基变小的情况下,即使没有税收优惠,税收收入未必会超过实施税收优惠后的实际收入[④],也就是,如税收优惠导致外商投资数量上升,税收基数一定程度地变大,税收收入总量也会增加。下面从实证角度定量地分析我国外资税收激励与外资税收收入间的关系。

（1）研究样本

受数据的可获得性与一致性的制约,文中用外商投资企业和外国企业所得税代替外商投资企业税收收入,用 income 表示,时间跨度为 1983 ~ 1998 年,由于税收收入直接受当年 FDI 的影响,故模型中使用了这一变量,pre 为虚拟变量,变量取值如下:1984 年以前只有 4 个城市实施优惠政策取值 1,1984 年增加 14 个城市开放,取值为 2,1985 年又开辟了长江三角洲等多个城市开放,取值为 3,1990 年又批准了 10 个城市开放,取值为 4,1992 年国家又批准 27 个城市开放,取值为 5,回归分析见表 6.8。

（2）中国外商投资税收激励与税收收入间实证分析结果

**表 6.8　外资税收激励与外商投资企业税收收入间的回归分析（1983 ~ 1998）**

| C | pre | log(FDI) | F | D – W | R2 |
|---|---|---|---|---|---|
| – 3. 53<br>( – 9. 85) ** | 0. 499<br>(2. 21) * | 0. 92<br>(4. 51) ** | 148. 83 | 1. 88 | 0. 96 |

括号内数字为 t 统计值, ** , * 分别表示在 0. 05 和 0. 10 的显著性下回归系数是显著的。

---

① Figlio, David N and Bruce A. Blonigen: "The Effects of Foreign Direct Investment on Local Communities", Journal of Urban Economics, 1999.

② Oman , C. : " Policy Competition for Foreign Direct Investment : A Study of Competition among Governments to Attract FDI", OECD Development Centre Studies , January. 2000.

③ 夏杰长、李朱:"税收激励与 FDI 理论分析与中国经验的检验",《涉外税务》2004 年第 9 期。

④ 叶军:"外资税收优惠政策存废理由检讨",《涉外税务》2005 年第 11 期。

从表6.8中可知:税收优惠政策与外资税收收入之间存在正相关性,即实施更多优惠政策,外资税收总收入会相应上升。

# 第 7 章　中国外商投资税收激励政策存在的主要问题

## 7.1　外商投资税收激励成本过高

### 7.1.1　税收激励的类型

政府在税制设计和税收征管过程中,运用多种手段,通过税负的调整,诱导微观经济主体的行为选择,其目的在于把微观经济主体的行为选择有效地置于政府宏观经济调控之下,以实现政府的社会经济协调发展的战略目标。税收激励可以分为两大类:正向激励和反向激励。正向激励是通过减轻税负的方式激励某些经济活动或某些纳税人的行为;反向激励则是通过增加税负的方式来遏制某些经济活动和某些纳税人的行为。目前,我国对外商投资企业的税收激励如最典型的"二免三减半",就属于正向的激励措施,也就是税收优惠。然而,税收激励特别是正向激励是通过减轻税负的方式来实现,必然有其成本和代价。激励不足,税收调控难以到位,还会产生税收收入损失或经济效率损失,而激励过度则会以过高的代价获得较低的收益。

正向激励也即直接优惠方式,通常表现为:

(1)免税期,即企业在一定时期内的利润可以不缴纳所得税,这是吸引外商直接投资税收优惠方式中最普遍的一种。在对 32 个发展中国家的税制调查中,有 32 个国家规定有免税期。免税期的长短受许多因素的影响,如在马来西亚,企业的免税期长短要受投资额、投资地点、雇工人数等因素的影响。免税期短的 2 年,长的一般 5 ~ 10 年,有的甚至规定更长,如科特迪瓦规定免税期为 25 年;突尼斯规定免税期为 20 年,以后企业还可以再享受 10 年的部分免税。另外,一些国家如泰国、韩国等还规定,企业的免税期过后,还可以再享受一定时期的减税待遇,泰国和韩国规定的减税比例为 50%。(2)低税率,即某些国家为了激励外商直接投资,对外商投资企业实行较低的税率。如越南,内资企业利润税按经营项目不同,税率为 30% ~50%。而对外商投资企业,实行三个层次的优惠税率,一般项目税率为 21% ~25%;符合越南经济发展计划的产业、高新技术产业、劳动密集型产业、创汇产业税率为 15% ~20%;对欠发达地区投资、基础设施的投资项目以及对农业等微利行业的投资项目,按 10% ~14% 税率缴纳利润税。

反向激励即间接优惠方式,通常表现为:(1)加速折旧,它是对原始投资实施税收优惠所采取的一种传统做法,具体做法各国有不同的规定。最通常的做法是允许企业对符合优惠规定的固定资产在购置或使用的当年提取一笔初次折旧。也有的国家规定,享受加速折旧的固定资产必须符合一定条件,如韩国规定,投资于高科技项目或厂址设在特定地区的企业可对固定资产提取额外折旧;新加坡规定企业在优先工程项目、技术性劳务和科研开发等领域投入固定资产可一次性提取投资额 50% 的初次折旧。(2)投资抵免,即企业可以用固定资产投资额的一定比例直接冲减当年应纳所得税税额。当国家需要鼓励对某个产业或地区进行投资时,投资抵免是一种优惠对象比较直接、影响面小的好办法。例如美国在 20 世纪 80 年代初实行的《经济复兴税法》中规定,凡购买新的资本设备,若法定使用年限在 10 年以上者,其购入价格的10%,可直接抵扣当年的应付税款;若法定使用年限为 3 年者,抵免额为购入价格的 6%;甚至某些不动产(如谷物仓库、冶金工业高炉、石油储存设备等)以及某些购入的旧设备,也可获得不同程度的税收抵免。(3)亏损结转,其基本做法有两种:一种称"前转",即企业如果当年生产经营有亏损,可以用以前年度的盈利弥补此年的亏损;另一种称"后转",即用以后年度的盈利弥补此年的亏损。具体是否"前转"或"后转",以及"转"的期限各国规定不尽一致。如美国规定,企业亏损可以用前 3 年的盈利和后 7 年的盈利予以弥补,即企业当年的亏损,可以用以前 3 年盈利弥补。具体做法是从过去 3 年的应税所得中扣除当年亏损,并因此可以从税务部门得到相应的税款。假定过去 3 年的盈利不足以弥补,不足部分还可在"结转"后 7 年的盈利中得到弥补,使以后可少缴税。直接优惠方式和间接优惠方式的运行结果是不一样的。直接优惠方式的特点是对税收直接免除,这不但造成税收收入的流失,而且容易造成钻政策空子逃避税收。间接优惠方式的特点是对税收的间接减免,这种形式是允许企业在合乎规定的年限内,分期缴纳或延迟缴纳税款,其税收主权没有放弃,有利于体现公平竞争,维护市场经济的平稳发展,保障国家税收收入。因此,不少学者认为加速折旧、投资抵免等优惠方式要比减免税更为有效。发达国家一般较少或很谨慎地使用直接优惠方式,主要以间接优惠为主。即使是发展中国家和地区,也逐渐由以直接减免税为主转向以间接优惠引导为主。

我国针对外商投资企业的税收激励政策主要有地区优惠、产业优惠、再投资退税等方式,具体包括:

(1)地区优惠。例如税法规定凡是在经济特区开办的外商投资企业,在经济特区设立机构、场所从事生产、经营的外国企业和在沿海港口城市的经济开发区、上海浦东新区开办的生产性外商投资企业,其企业所得税都减按15%的税率征收。对于在沿海经济开放区和经济特区、经济技术开发区所在城市的老市区设立的生产性外商投资企业,除了属于技术密集、知识密集型的项目,或者外商投资在3000万美元以上,回收投资时间长的项目,或者属于能源、交通、港口建设的项目,其企业所得税可以减按15%的税率征收以外,对其他生产性外商投资企业都减按24%的税率征收企业所得税。沿海经济开放区是指经国务院批准为沿海经济开放区的市、县、区,在国务院确定的国家高新技术产业开发区设立的被认定为高新技术企业的中外合资经营企业,经营期在10年以上的,经企业申请,当地税务机关批准,从开始获利的年度起,第一年和第二年免征企业所得税。设在经济特区和经济技术开发区的外商投资企业,依照经济特区和经济技术开发区的税收优惠规定执行。设在北京市新技术产业开发试验区的外商投资企业,依照北京市新技术产业开发试验区的税收优惠规定执行。

(2)行业优惠。例如对生产性外商投资企业,经营期在10年以上的,从开始获利的年度起,第1年和第2年免征企业所得税,第3年至第5年减半征收企业所得税;从事能源、交通基础设施项目的生产性外商投资企业,报经国家税务总局批准后,可减按15%的税率征收企业所得税;对从事农业、林业、牧业的外商投资企业和设在经济不发达的边远地区的外商投资企业经营期在10年以上的,从开始获利的年度起,第1年和第2年免征企业所得税,第3年至第5年减半征收企业所得税,依照规定享受免税、减税待遇期满后,经企业申请,国务院税务主管部门批准,在以后的10年内可以继续按应纳税额减征15%至30%的企业所得税。

(3)再投资退税优惠。例如对外国投资者将从外商投资企业取得的利润用于再投资给予退税,属于鼓励资本投资的一项税收优惠。外商投资企业的外国投资者,将从企业取得的利润直接再投资于该企业,增加注册资本,或者作为资本投资开办其他外商投资企业,经营期不少于5年的,经投资者申请,税务机关批准,退还其再投资部分已缴纳所得税的 40% 税款,国务院另有优惠规定的,依照国务院的规定办理;再投资不满 5 年撤出的,应当缴回已退的税款。

(4)购买国有设备抵免优惠。例如凡在我国境内设立的外商投资企业,在投资总额内购买的国产设备,对符合《国务院关于调整进口设备税收政策的通知》(国发[1997]37 号)中规定的《外商投资产业指导目录》鼓励类、限制乙类的投资项目,除国发[1997]37 号规定的《外商投资项目不予免税的进口商品目录》外,其购买国产设备投资的 40% 可从购置设备当年比前一年新增的企业所得税中抵免。如果当年新增的企业所得税税额不足抵免时,未予抵免的投资额,可用以后年度比设备购置的前一年新增的企业所得税税额延续抵免,但延续抵免的期限最长不得超过 5 年等多种方式①。

在现实的经济实践中我国这种以减免税、低税率为主要直接优惠方式来吸引外资的方式在现实中暴露的最大问题就是成本高、管理难且效率低。OECD 发展研究中心 Charles P. Oman② 就认为,实施基于激励的吸引外资的政策,存在很多负面效应,包括使大量公共财政资源(主要是税收)流失;扭曲市场价格和资源配置;并且由于这些政策过多地被政府所控制,缺乏透明度,缺少游戏规则,增大了政策处置的随意性,易于被泛用权力;鼓励人们通过寻租的方式获得优惠政策,易于产生腐败。根据 Oman 的观点我们从两个方面来分析税收激励的成本。一方面是直接成本,也就是说我国对外商投资企业实行税收优惠而放弃的这部分税收收入,这部分是显性的成本,可以说是我国实行税收优惠政策的固定成本;另一方面是间接成本,包括外商投资企业逃税避税而流失的大量税收以及资源配置扭曲成本和管理成本。下面将按照这样的分类详细分析税收激励成本。

### 7.1.2　税收激励的成本

所谓税收激励的成本是指由于国家鼓励引进外资而让渡的税收收入和其他收入等,由于我国的外资税收优惠层次多、范围广、内容多,有些地方政府擅

---

① 有关我国税收优惠部分资料引用自外商投资企业税收优惠政策及法律法规集锦,http://wsf8191.blog.enorth.com.cn/article/177803.shtml。

② Charles P. Oman, :"Policy Competition and Foreign Direct Investment: A Study of Competition among Governments to Attract FDI", OECD Development Center,1998.

自越权减免税收,加之相关法律尚有漏洞,造成税制的复杂性和不确定性。这不仅影响外国投资者对投资项目税收环境的合理预期,也为一些追求不正当利益的外商投资企业逃避税收提供了可乘之机。例如,因"免二减三"优惠期的起算期是企业开始获利的年度,一些大型的跨国公司往往利用各国形式的税收管辖权的不同和税种、税率的不同进行跨国避税,通过转移价格的方式在购销、资金往来、劳务技术等各方面尽可能地把利润转移到其他国家的关联企业,千方百计地推迟获利年度,使得这些外商投资企业总出现"零利润"或亏损的假象。另外还有些外国投资者在其所投资企业享受"免二减三"税收优惠期刚刚届满,便又注册成立一家新公司,并将主要的业务转移至该新公司。从而新公司又可享受新一轮"免二减三"优惠待遇。税收激励的成本可以分为直接成本和间接成本两种。

(1)税收激励的直接成本

税收激励是一种特殊形式的财政支出,对外商投资企业税收激励最直接的成本就是政府相关财政收入的减少。要对税收优惠的数量规模进行估算和测定,即进行税收优惠成本估计需要先了解我国的税收优惠措施。在我国,对外商投资企业的税收激励政策种类繁多,主要集中在所得税方面的"二免三减半",即外商投资生产性企业从获利年度起,两年免征企业所得税,第3年至第5年减半征收所得税。除此之外,外商还可以享有再投资退税以及外资股利汇出免税。

长期以来,我国对外商投资企业都是贯彻"税负从轻、优惠从宽、手续从简"的原则,普遍地给予外商投资企业税收优惠待遇。尽管1994年税制改革对内外商投资企业的所得税税率实行了统一,但仍给予外商投资企业10多项超国民待遇的优惠政策。由于在减免税和费用扣除上享受不同优惠政策,我国内外商投资企业的税负有很大差别。由于给予外资税收待遇不同于内资企业,外商投资企业隐含的所得税率大大低于内资企业所得税,税款流失是明显和必然的。据国家税务总局的测算,我国外商投资企业的名义税率是15%,实际税率是11%。而内资企业目前的名义税率是33%,实际税率为22%左右①。可以看出无论是名义税率还是实际税率,内资企业的税负都接近外商投资企业的两倍。如果因为我国税收优惠政策的实施,带来了外商投资企业投资的增加从而导致我国税收相应的增加,增加的部分超过让渡的税收收入,

---

① 　陈华亭:"透视内外商投资企业所得税并轨改革",《财政与税务》2005年第3期。

我们就可以说我国的税收激励政策是有经济效率的,否则税收优惠措施这把"双刃剑"就会带来很多的负效应。

虽然要具体测算税收优惠数量很困难,但是进行大致的估计还是可能的。在很多国家,税收优惠被称为税式支出,在政府进行每一年度的财政预算时,其分别列入财政支出的范畴进行预算编制,从而使税收不管从项目上还是数量上都能有计划有步骤地执行。从国际上已实行税式支出预算的国家情况来看,衡量税收优惠数量比较常用的是收入放弃法。该方法的实质是测定由于一项特殊税收优惠条款的存在而减少的税收收入额,这种估测是对某种特定税收优惠成本的事后检验方法。具体而言,该方法把已包含了有关税收优惠条款的新税法与没有包含有关税收优惠条款的原税法两者进行比较,从而测算出由于税收优惠条款的存在而放弃了多少财政收入[1]。以我国对外商实行的税收优惠为例,可以将没有此优惠条款时税收额与实施了此优惠后的税收额求差,则得出该税收优惠的成本。要测算这一成本需要相应的数据资料支持。现阶段,我国没有实施税式支出制度,没有对税收优惠实行预算管理,公众不知道税收优惠的规模与结构,也无法对税收优惠进行有效的监督与控制。而且,在设置税收优惠项目时,对税收优惠的有效性和效应大小,以及税收优惠的成本构成与成本大小缺乏足够的考虑。因此,在对各项税收优惠措施做成本——效率分析时,我们还难以找到全面的数据和指标进行定量分析。但是我们仍然能从一些官方网站或者学者估计的大概数据中看出我国税收激励政策所付出的代价。

据世界银行估计,如果按外商投资企业的平均所得税税率为 15% 计算,那么 1995 年我国对外商投资企业实行税收优惠而损失的财政收入约占 GDP 的 1.2%,约合人民币 660 亿元人民币[2],再考虑到外商投资企业实际税率只有 11% 左右甚至更低,实际财政收入损失将比估计的更高。另外,据推算,由于实行内外企业有别的税收政策,导致我国在外商投资企业方面每年大约少收入 2000 亿元的税收,加上我国每年对出口商品退税,估计至少有 3000 亿的税源让利给了外商投资企业和外部消费者。假设税收优惠能多吸引 10% 的外资,中国将以损失 50 亿美元税收收入的代价来多吸引 30 亿美元的外资[3]。

---

① 樊勇、饶立新:"完善我国税收优惠政策管理的探讨",《价格月刊》2005 年第 12 期。

② 黄桂香:"我国税收优惠政策的最佳选择",《当代财经》1997 年第 9 期。

③ 戚新、洪光:"对统一我国内外商投资企业所得税的探讨",《吉林财税》2002 年第 9 期。

从这些数据中我们就能清晰的看出，我国税收激励政策的成本是巨大的而且伴随着低效率。

(2)税收激励的间接成本

我国的税收优惠措施吸引了大量外资的同时也刺激了很多不合理、不合法行为的产生。包括外商投资企业为了争取税收优惠政策采取各种逃税避税的手段而导致我国大量税收流失的这部分间接成本；还包括我国对外商投资企业实行的这种"超国民"待遇，对内资企业造成的负面影响等等这些资源扭曲成本和管理成本。这些都是税收激励政策的间接成本，虽然不能用确切的数据来量化，但是也确实让我国付出了沉重的代价。

①避税逃税成本

我国现行的税收优惠政策助长了外商投资企业逃税、避税。据调查，目前我国许多外商投资企业为了延长享受"二免三减半"的税收优惠期限，利用关联交易等不合理的手段进行避税的现象非常普遍。例如，外商投资企业可以通过从国外高价买入原材料，低价向国外出售成品的做法把利润转出，在国内的账面上利润很少甚至为负，从而在我国就出现了外商投资企业生存的"怪现状"：一方面是生产经营欣欣向荣，投资不断扩大，而另一方面却是财务数据长期亮红灯。据商务部统计，截至 2004 年底，我国累计批准设立外商投资企业近 50 万家，但其中有一半以上都处于亏损状态，每年亏损金额在 1200 亿元以上。按说企业如果亏损只会减少生产，但实际情况却是越亏损越增加产量，这其中的缘由当然是亏损是假，偷税才是真。外商投资企业实行虚亏实盈手段进行非法避税，其实是为了钻税收优惠政策的空子。

"假外资"也是外企逃税的另一手段。至于全部的 FDI 中"假外资"的比重到底有多高，世界银行早在 1992 年就估计该比重已经达到 25%；而许多专家学者则估计，到目前为止"假外资"的比重应该已逾 33%。若按 2004 年引资 600 亿美元的规模估算，其中约有 200 亿美元是"假外资"。这样大规模的"假外资"的流入，实质是以更大规模的资本外逃为代价的。资本外逃是指未经外汇管理当局批准或违背有关政策法规的国内资本非法外流，包括真正的资本外逃和过渡性资本外逃。陈珍从资本外逃与 FDI、内外资税收差别进行分析，通过回归得到了 FDI 与 CF1，CF2 关系[①]（CF 表示当年的资本外逃、CF1 表示滞后一年的资本外逃、CF2 表示滞后两年的资本外逃），得出结论：我国很

---

① 陈珍："过渡性资本外逃与外国直接投资的关系"，《金融教学与研究》2004 年第 3 期。

大一部分资本外逃是中国国内资本逃出国外后再以 FDI 的形式流回从而获得我国政府提供的各项政策、税收优惠,来争取与外资的平等待遇。这就充分证明迫于内外商投资企业的不公平税负差距,内资企业通过"假外资"的变异身份回流骗取税收优惠待遇是税收流失的一大缺口。这也能很好地解释为什么我国已号称成为全球吸收 FDI 最大的国家,然而涉外税收却增长缓慢甚至零增长。这种畸形资本流动即"假外资"扭曲了税收优惠政策的引导作用,破坏了我国的市场秩序,其偷逃避税行为导致我国财政收入的巨额损失。那么因为这些手段造成的税收收入损失金额到底有多大,我们无法得到确切的数据,但依据我国一些地方税务官员的测算,这个数字可能达 1270 亿元之巨,而据王錬利的计算,如果三资企业、外商投资企业均按 2002 年国企每百元销售收入产生 10.213 元税金标准来纳税,那么三资企业 2002 年需要补缴的税金是882 亿,外商投资企业 2002 年需要补缴的税金是 1190 亿,从这些数据都可以看出逃税漏税对我国的税收收入造成的损失是巨大的。

②资源配置扭曲成本和管理成本

税收激励政策的间接成本的另一方面是影响我国的投资结构和投资规模,扭曲资源配置并且增加了相应的管理费用。目前,我国提供的涉外税收优惠,偏重于低税率与定期减免税这两种形式,主要是针对外商投资企业已实现利润进行实质性的照顾,这就有利于盈利企业而对非盈利企业不利,从而导致外商投资主体和投资结构一定程度的扭曲。突出表现在:我国的外资主要来自于港澳台,来自欧美的大型跨国公司的比例很低。在投资结构方面,外商投资项目多为投资少、工艺简单、劳动密集型的所谓"短平快"项目,而对高科技产业及瓶颈产业的投资却很少①。大量的外资积淀于一般的生产、加工、消费型等行业,造成了这些行业的过度发展,并相应阻止了外资向其他高精尖产业的流动。在地区结构方面,由于现行的涉外税优惠政策向东部沿海地区倾斜,按"经济特区——经济技术开发区——沿海经济开放区——其他特定地区——内地一般地区"的顺序实行递减的优惠政策,鼓励外资优先进入沿海地区②。在这种优惠政策的导向下,我国引进的外资大部分投资到了东部沿海地区,从而进一步拉大了内地与沿海的差距,一定程度上扭曲了地区间的资源配置,不利于我国各地区协调发展。因而,可以说我国的涉外税收优惠政策

---

①　外资税收漏洞调查:"优惠政策让中国付出沉重代价",人民网 2006。

②　陈洁:"WTO 下我国现行 FDI 税收政策缺陷与调整思路",《上海财税》2003 年第 5 期。

在资源配置方面未起到应有的导向作用,不能有效引导外资投向我国急需发展的产业和地区。

而外资企业之所以能钻避税的空子,还因为我国地方政府的纵容使得其逃税成本较低。改革开放后,为了发展本地经济,各地都对外商投资企业实行了多种多样的优惠政策,其中税收优惠就是一项重要的内容。这种优惠政策在对引进外资起到巨大作用的同时,也渐渐"泛滥成灾"。同时,税收工具复杂,管理混乱,加重了税务机关的征管负担,加大了税收征管成本,复杂而具有较高弹性的激励政策客观上催生政府腐败,刺激企业"寻租"。而腐败不管对外国企业或东道国来说都是一种非常高昂的成本。除此之外,税收激励的隐性成本还有很多,虽然这些成本和代价我们无法用具体的数据来量化,但是我们仍然可以明显看出我国的税收激励政策的成本过高而且不符合税收经济效率的原则。

③不公平竞争所引致的成本

由于外商投资企业得到了税收优惠,享受着超国民待遇,就对本土的民族企业构成了竞争。一般而言,外商投资企业在资金、技术、管理、营销等方面都具有竞争优势,本土的民族企业与之竞争就处于劣势,加上外商投资企业享受着比本土企业优惠得多的税收政策,势必形成不公平竞争。直接后果是,本土企业的投资被外资挤出,在外商投资企业的竞争压力下,或者走向衰亡,或者不得不与外商合资,结果民族品牌不断丧失,最终出现外商投资企业卖技术与管理,中国卖劳动与资源,外商投资企业卖品牌,中国本土企业卖产品的格局。这种不公平竞争格局是与当代世界经济发展的潮流不相吻合的,也是与 WTO 的原则不相兼容的。

## 7.2　税收激励政策的边际收益递减

### 7.2.1　正确看待税收激励在引进外资中的作用

税收优惠政策最直接的成本就在于税收优惠直接减少了一国的税收收入。而且在当前税收竞争日益激烈的情况下,各个国家甚至在某个国家范围内的不同地区会出现以争夺 FDI 为目的的税收优惠竞争,从而导致过度"慷慨"的税收优惠。这不仅造成大量财政收入的减少,而且将在很大程度上进一步扭曲市场的资源配置机制。除此之外,针对 FDI 的税收优惠政策还会诱发资本外逃、政策性寻租、转移利润和逃避税等行为,这些非直接的、隐性的成本也是我们不容忽视的,甚至他们会占到优惠政策总成本的很大比重。资本外逃形成假外资,也就是国内资金为了获取外资所拥有的税收优惠政策,通过各种途径在境外绕一圈之后以 FDI 的形式回到国内。从 2000 年我国的国际收支平衡表上看,我国贸易顺差 241 亿美元,FDI 约为 400 亿美元,但外汇储备比 1999 年增加了 93 亿美元,差额高达 550 亿美元,这么大的误差很难完全计入"误差与遗漏"项下。所谓政策性寻租是指,因为很多的优惠政策都是有一定的裁量空间的,甚至于某些部门和地方有较大的政策决定权,这就给寻租行为留下了巨大的空间。从而在引进等量 FDI 的情况下,大量的腐败官员和利益集团又从中分一杯羹,而国家利益则受到侵害。跨国企业大量的转移利润的行为以及关联交易、转让定价等各种其他逃避税行为,造成大量资金的流失。世界银行中国代表处估计,1995 年我国对外资实行税收优惠而让渡的税收利益达到了 660 亿元人民币。有关专家估计,外商投资企业利用关联交易在我国每年避税 300 亿元以上。应该说很多 FDI 之所以进行投资,其看中的往往不单纯是直接的税收优惠,而是与这些优惠政策相关的潜在的利益优惠,所以后三种成本虽然难以精确计算,但我们必须给予高度的重视。

　　税收优惠政策最直接的收益即是吸引来大量的 FDI,而 FDI 进一步对引资国产生各种积极的影响,概括起来这些影响包括以下几个方面:(1)资本形成效应。FDI 的引进,尤其是与之相伴的实物资源的流入,以及由此引致的母国相关企业的追加或辅助投资,有效缓解了我国隐性的投资不足。(2)技术进步效应。FDI 的增长促进了中国工业技术的进步,其"示范"效应及其与前向和后向企业的交易互动关系促进了先进技术、技能和管理经验在国内的扩散。(3)结构调整效应。FDI 促进了产业结构的升级,提升了产品的出口竞争力水平,通过打破引资国产品出口的路径依赖,推动其产业结构的优化升级。(4)外贸拉动效应。FDI 带来了贸易替代效应、贸易创造效应、贸易补充效应和市场扩张效应,有利于引资国接近国际市场,增加出口,优化出口结构。(5)就业拉动效应。FDI 通过在国内大量创办新企业和产业关联效应,直接或间接地创造了大量就业机会,同时,其对国内员工的职业培训和企业员工的"干中学"效应,有效推动了引资国国内劳动力生产技术、经营管理水平、创新研发能力的提升。

　　有关税收优惠政策对外资影响力的研究由来已久。鲁特和艾哈迈德(Root Mintz Thomas Tsiopoulos,1992)在对中欧和东欧的转型经济国家外国直接投资的优惠政策进行研究后发现,税收优惠并不是吸引外国直接投资的有效方法。通过对有关数据的分析,他们发现,大多数情况下税收优惠在跨国公司的投资决策中并不起决定性的作用,只有两种例外情况,那就是极端高的税收水平以及所谓的自由资本。除此以外,不同国家间微小的利润税差异不可能对跨国公司的直接投资决策产生重大影响。国内的学者在这一领域的著述也是很多。高培勇(1997)认为在改革开放初期,我国“以优惠促开放”的政策极大地推动了我国改革开放的进程,但他同时指出差异性的税收优惠政策同时造成了地区发展的不均衡,有害市场公平竞争等问题,而且他认为税收优惠只能说是吸引 FDI 的众多环境因素之一。马栓友(2001)通过实证分析得出结论,税收优惠和税收优惠预期与外商投资是正相关的关系,但我国惊人的经济增长速度和汇率水平的变化也是 FDI 投资的重要诱因。梁琦(2003)对中国外国直接投资的区位选择进行了实证研究,在其得到的实证结果中,开放度、关联度和优惠政策变量都具有正的估计系数,而反映市场有效需求的指标的估计系数为负。而且,地区开放度的影响大于地区产业关联,地区产业关联的影响又大于地区对吸引外商投资而采取的优惠政策的影响。徐思嘉,麦挺(2004)同样认为曾经在中国引进外资中起重要作用的优惠政策已经退居次要地位,外商现在更为看重的是地区开放度和地区产业关联程度。夏杰长、李朱(2004)分析认为资本在国家和区域间的流动性增大,利用税收激励吸引FDI 的诱惑将增大;但在存在巨大政治和制度风险的环境中,跨国公司对税收制度的稳定性和简单性比税收优惠赋予更高的价值。

## 7.2.2　税收激励在投资环境中的权重降低

### (1)我国具有吸引外资的整体投资环境

根据约翰·邓宁于 1977 年提出的“OLI”理论(折衷理论),一国若想吸引跨国企业的投资,取决于劳动力成本、贸易障碍、市场需求和政府政策为特征的区域优势。区位优势是指跨国公司在选择海外公司的国别、地点时必须考虑的东道国或东道国公司所具有的各种优势的反映,不仅包括资源禀赋,还包括经济和社会因素,如市场规模和结构,市场发展的前景和潜力,文化、法律、政治和制度环境,政府法制和政策等。区位优势的大小不仅决定着一国企业是否进行对外直接投资和投资地区的选择,还决定了对外直接投资的类型和部门结构。

我国对于外资来说,具有明显的区位优势,主要体现在:第一,政局、政策稳定,法律逐步健全。若政局不稳,意味着投资有全部丧失的可能。政策多变,将使投资者无所适从。法律不健全,投资者的权益将得不到有效保护。因此,这三者实际上是外国投资者决定是否投资的前提。第二,我国具备办企业所必需的条件,如原材料、市场巨大与劳动力成本优势等。其中市场巨大及劳动力成本低廉是我国吸引外资的主要优势。第三,我国政府部门办事效率不断提高、基础设施不断完善等。因此,我国的整体投资环境是吸引投资的主要方面,特别是我国的市场机会、资源条件、劳动力成本等可能是较税收优惠更重要的竞争因素。

(2)税收激励的效果逐步减弱

从税率的角度来看,发达国家的所得税率大都在 50% ~60% 之间,发展中国家的所得税率一般在 25% ~40% 之间。而在 20 世纪 60 年代,流入发达国家的国际资本是流入发展中国家的国际资本的 2 倍。70 年代,这个比例上升为 3∶1,80 年代的比例为 4∶1,到了 90 年代,大约 80% 的国际资本流入发达国家,而发展中国家则仅仅吸收了约 20% 的外资①。从中我们可以看出,外资流入量与税率的高低并没有直接的联系。

根据经合组织于 2001 年初以调查问卷的形式对在华外商投资企业进行调查,当问及"在中国投资的主要优势"时,结果如下:①回答"低生产成本"的,占答卷企业总数的 50.00%。其中劳动力成本低占 36.25%,能源和原材料成本低占 10.00%。②回答"中国的市场大及潜在市场"的,占 38.75%。其中认为中国加入 WTO 扩大了市场的占 1.25%,高新技术占 1.25%。③回答"良好的中外合作关系,同样的文化背景"的,占 17.50%。④回答"鼓励外商投资的税收优惠政策"的,占 16.25%。⑤回答"中国有优秀的管理和技术力量"的,占 11.25%。⑥回答"当地政府的支持"的,占 10.00%。⑦回答"稳定的经济环境"的,占 2.50%②。可见,外商选择我国投资最看中的是我国成本低、市场大的优势,税收优惠仅是诸多影响因素中的一个,并不是最主要的因素。

魏后凯(2001)对欧、美、日、韩在中国制造业投资区位选择的研究表明,

---

① 岳彩申:"试评中国的外商投资企业税收优惠法律制度",《西南民族学院学报(哲学社会科学版)》2001 年第 10 期。

② 赵书博、胡江云:"有效利用外资的税收对策",《税务研究》2002 年第 2 期。

对中国不同区域的投资主要受生产成本、市场规模、集聚经济状况、企业税负水平以及经济文化联系等几方面因素的综合影响,税收并非决定因素。只有投资区位已经大致确定,在作具体选择的时候才起作用①。

综上所述我们可知,在改革开放初期,由于我国的各项法律法规尚不健全,市场经济体制改革刚刚起步,外商投资的所有权优势、区位优势等都不是很明显,一些税收优惠、减让等税收激励政策对我国利用外资,弥补我国资金短缺确实起到了较为明显的作用。二十多年以来,随着我国法律制度的逐步健全,社会主义市场经济体制的逐步确立,交通、运输、银行、通信、保险等基础设施的逐步完善,我国的投资环境得到了很大的改善,税收激励不再是我国吸引外资的最主要的方式,税收激励对吸引外资的影响逐步减弱。

### 7.2.3　税收竞争影响了我国税收激励政策效果

(1)来自周边国家和地区的税收竞争

20 世纪 90 年代以来,世界进入新一轮的税制改革,国际性的减税潮流与国际税收竞争有着密切的关系。经济全球化使得国际经济资源的自由流动越来越频繁,各国要发展经济必须拥有优势经济资源,而世界总的资本是不变的,因此,为了吸引有限的国际资本,各国都普遍采取了一系列的税收激励政策。

我国周边国家和地区的涉外税收优惠大致有以下几个特点:

首先,从税率水平来看,优惠力度大,税负水平低。在我国周边国家和地区中,香港的所得税税率为 16.5% ,新加坡的公司所得税税率为 24% 。越南对在自然条件和经济条件较差的地区从事基建投资的外商投资企业实行15% 的优惠税率。由于存在大量的税收优惠,使得周边国家和地区的实际税负也比较低,如泰国企业所得税的名义税率为 35% ,但实际税率只有18.3% ②。

其次,在优惠方式上,直接优惠和间接优惠相结合,并以间接优惠为主。在折旧方面,韩国规定投资于高科技项目或设在特定地区的企业可对固定资产提取额外折旧;中国台湾对需要鼓励的产业实施加速折旧的优惠措施,一般

---

① 魏后凯:"外商在华直接投资动机和区位因素分析",《经济研究》2001 年第 2 期。
② 刘建民、张家军:"税收政策调控困境的思考",《求索》2004 年第 3 期。

10年使用年限可缩短为5年,不足10年的按50%折旧。在投资抵免方面,新加坡规定对厂房机器设备的投资,可按固定投资额的50%抵免,并可无限期向后结转;马来西亚规定企业可按固定资产投资额的25%来冲抵当年应纳税所得额。

再次,加强和投资国的联系,注重税收政策的实际效果。涉外税收优惠涉及两个国家或地区之间的税收管辖权、税收利益分配等问题,如果未同外国投资者的居住国签订税收饶让的协议,那么这种税收优惠就不会使外国投资者真正受益,反而会导致税收收入转移到外国投资者的居住国或地区。因此,各周边国家和地区在引资过程中都注重税收饶让这一问题。如泰国先后和巴基斯坦、菲律宾、马来西亚、新加坡、日本、加拿大等国家签订了税收协定,获取不同范围的饶让待遇;马来西亚与中国、泰国、加拿大、荷兰等国家的协定也有类似条款;其他如韩国、新加坡、印度尼西亚等国家也先后与投资国签订税收协定,形成对税收饶让抵免的多种处理方式。

最后,涉外税收优惠政策的重点比较明确。周边国家和地区不仅仅是为了吸引一般的外商直接投资,而且还趋于达到某些特定目标,各国政府常常会推出一些产业和地区导向明确的税收政策。

上述周边国家在道德观念、历史进程、人文思想、社会背景等诸方面与我国存在许多共同之处,并且这些国家在劳动力、原材料等方面具有同等甚至更大的优势,因而我国面临巨大的竞争。随着周边国家和地区的税收优惠政策的加强,我国在引进外资方面的区位优势相对下降。如果不创造良好的投资环境,调整税收优惠,势必使国外投资向这些国家转移,未来造成的结果是:周边国家低成本的产品通过我国的低关税大量进入我国,对我国的国内生产和外贸都会产生冲击。

(2)来自国内的税收竞争

首先,中央与地方的纵向竞争。由于我国财政体制没有为地方设立独立的立法权,税收制度主要内容均由中央统一决定,因此,地方政府就通过各种途径谋求中央政府制定向本地区倾斜的税收优惠政策和一些特殊待遇。而中央政府在确定地区税收优惠政策时,也不可能完全排除中央政府自身利益的考虑。不彻底的分税制使得地方政府的财权与事权并不一致,尤其是近年来的税收收入明显向中央倾斜,最终导致许多地方政府税收收入难以保证支出所需。这样,在外资的税收激励方面,中央与地方不可避免地存在着博弈行为。这对国家总体税收激励政策效果会有很大影响。

其次,地方政府之间的横向竞争,随着经济市场化的深入展开,中央逐渐下放部分事权和财权,使地方政府成为了具有独立经济利益的组织。而税收竞争的理论和实践表明,合理适度的税收激励政策有利于吸引资本、人才和技术,促进当地的经济增长,从而可以增加地方政府的收入。由于我国外资税收激励政策一定程度上加大了区域经济结构的不平衡,因此,落后地区为了吸引外资,发展本地经济,通过税收竞争吸引外商投资的流入就成为地方政府的一种选择。地方政府为了地方经济的发展而采用各种手段的税收竞争也影响了我国的税收激励政策效果。

### 7.2.4　税收激励的国际协调滞后

(1)避免重复课税的主要国际协调方式

税收优惠政策的有效性还与外商投资来源国实行的涉外税收有密切关系。对跨国投资者而言,国际重复课税是一个普遍存在的问题。目前国际主要有这样一些消除重复课税的方式:免税制、税收抵免制等。

免税制指投资国承认东道国对本国领土上的投资者的征税权,放弃本国征税权,税收的豁免是通过双边或多边税收协定确立起来的。税收抵免是指投资国对本国的对外投资者在东道国已纳的税款在本国应纳税额中扣除,确立税收抵免制度的途径有两种:①采取单方面国内立法形式;②采取与东道国签订双边税收协定确立税收抵免制度。税收饶让是指一国政府对本国纳税人在国外投资所得到投资所在国(收入来源国)减免的那部分税收,视同已经缴纳,同样给予抵免待遇。通常是发达国家不仅对于跨国公司已向发展中国家缴纳的所得税款给予抵免,同时也是对发展中国家为鼓励投资而制定的税收优惠或鼓励措施所减免的税款给予抵免。延期纳税是指资本输出国对海外企业的投资收入在汇回本国前不予征税,实际上使企业从政府那里得到一笔无息贷款,鼓励了对外投资。

在现行的税收优惠中,所得税减免是最重要的措施。由于税收抵免仍然是避免双重征税的普遍做法,因此如果资本输入国的税率低于输出国的税率,投资者在资本输入国纳税后还必须向资本输出国补缴差额部分,反之,则无须补税。按照这种制度,即使外商投资企业在资本输入国获得了税收优惠,但最终未必获得税收优惠,而是将应得的收入拱手让给了资本输出国,因此,税收优惠的作用被税收抵免制度大大削弱。在税收饶让制下,一国政府对于居民的境外所得因享受来源国给予的税收减免而实际缴纳的税款视同已纳税款而在居住国应纳税款中给予抵免,这样投资者才可以真正地享受到税收的优惠。但这一制度的适用必须以资本输出国接受该制度为前提。如果资本输出国不接受该制度,税收饶让制度仍然无法解决税收抵免制度所产生的问题。因此,单纯地实行单一方面的税收优惠往往并不能达到吸引外资的目的,外商投资者并不一定会真正享受到税收的实惠,从而有可能放弃对我国的投资而改在本国或其他订有双重税收饶让制度的国家间进行投资。

(2)我国在税收政策国际协调上存在的问题

进入 20 世纪 80 年代,随着国际经济交往的增多,我国开始与外国政府签订国际税收协定,相互在税收优惠等领域进行合作与协调。然而,我国在税收优惠政策国际协调方面还远远滞后于对外经济和国际交流的发展,主要表现在下述两个方面:

首先,税收优惠过多且不透明,增加了国际协调的难度。根据 1994 年新税制的规定,内资和外商投资企业享有不同的税收优惠,特别是外商投资企业的税收优惠,不仅有中央政策,而且有地方政策。改革之初,小规模外资公司可以从国内政策不完备中得到一系列好处,可大型跨国公司就不可能在其诱人的税收优惠政策不经国际协调条件下贸然进入国内。虽然法律文件中的税收优惠条款不多,但各级政府税务部门颁布的税收补充规定繁多,这种情况不仅对公平市场竞争制造了障碍,而且因与国际通行税务方法的差别,导致在税收优惠政策方面很难协调一致,影响了税收激励的政策效应①。

其次,税收优惠政策国际协调的形式单调,范围狭窄。在税收优惠国际协调领域,我国只是在国际协定方面有所介入。目前在与我国签订税收协定的 79 个国家或地区中,仅有 15 个在与我国签订避免双重征税的协定中包含有税收饶让条款,81% 的国家并未实行税收饶让制度。而在我国外资来源的构成中,对我国投资前 10 名的外资来源基本上集中在中国香港、维尔京群岛、美国、日本等 10 多个国家和地区,合计占到了我国 FDI 总额的 85% 以上,来自实行税收饶让制度国家的 FDI 占 FDI 总额不到 25%。据此我们可以看出,我国外资税收激励的国际协调远远不够,这使得我国外资税收激励政策的效果大打折扣。

---

① 郭培莉、王海勇:"'两税合一'并不会影响外资流入",《中央财经大学学报》2006 年第 2 期。

## 7.3　税收激励的结构性效应不强

### 7.3.1　税收激励的产业结构导向性不强

中国在对外商投资企业的税收政策上,在产业优惠方面经历了如下的变化:改革开放初期的对合资企业无区分、无导向性的优惠。1991 年,全国人大七届四次会议公布了《中华人民共和国外商投资企业和外国企业所得税法》,统一规定经营期在 10 年以上的生产性外商投资企业自获利年度起给予"两免三减半"的所得税优惠,农林牧业、知识密集及技术密集型、港口码头投资给予更大优惠。1997 年和 1998 年,对内外商投资企业进口的符合产业政策、国家鼓励进口的自用设备免征进口环节税收。1999 年,国家规定,在各地从事能源、交通基础设施项目的生产性外商投资企业均减按 15% 缴纳所得税。产业优惠政策从无到有,逐步加强。但从中国目前外商投资企业布局来看,税收激励的结构性效应仍然不强。

中国目前外商投资企业主要分布在制造业、批发零售、计算机软件服务、房地产及租赁和商业服务业,这些部门占据了外商投资企业数目的 87.3%。其中制造业占据了外商投资企业总数目的 69.6%、投资金额的 71%,是外商投资最主要的行业。而对中国急需发展的一些基础性及"瓶颈"性行业如农、林、牧、渔、采矿、建筑及交通运输业则较少有外资涉及。四个部门累计外商投资企业数目仅占总的外商投资企业数目的 5.6%,累计实际投资金额仅占总的外商投资金额的 6.1%,如表 7.1。

**表 7.1　中国外商投资企业行业分布情况(2004 年底)**

| 行业 | 企业数 | | 合同金额 | | 实际使用金额 | |
|---|---|---|---|---|---|---|
| | 数量<br>(个) | 占总比<br>(%) | 数量<br>(万美元) | 占总比<br>(%) | 数量<br>(万美元) | 占总比<br>(%) |
| 总计 | 43664 | – | 15347895 | – | 6062998 | – |
| 农、林、牧、渔业 | 1130 | 2.6 | 327096 | 2.1 | 111434 | 1.8 |
| 采矿业 | 279 | 0.6 | 115581 | 0.8 | 53800 | 0.9 |
| 制造业 | 30386 | 69.6 | 10973576 | 71.5 | 4301724 | 71.0 |

续表

| 电力、燃气及水的生产和供应业 | 455 | 1.0 | 396049 | 2.6 | 113624 | 1.9 |
|---|---|---|---|---|---|---|
| 建筑业 | 411 | 0.9 | 176889 | 1.2 | 77158 | 1.3 |
| 交通运输、仓储和邮政业 | 638 | 1.5 | 237290 | 1.5 | 127285 | 2.1 |
| 信息传输、计算机服务和软件业 | 1622 | 3.7 | 202137 | 1.3 | 91609 | 1.5 |
| 批发和零售业 | 1700 | 3.9 | 250053 | 1.6 | 73959 | 1.2 |
| 住宿和餐饮业 | 1174 | 2.7 | 216887 | 1.4 | 84094 | 1.4 |
| 金融业 | 43 | 0.1 | 57541 | 0.4 | 25248 | 0.4 |
| 房地产业 | 1767 | 4.0 | 1348802 | 8.8 | 595015 | 9.8 |
| 租赁和商务服务业 | 2661 | 6.1 | 674248 | 4.4 | 282423 | 4.7 |
| 科学研究、技术服务和地质勘察业 | 629 | 1.4 | 100641 | 0.7 | 29384 | 0.5 |
| 水利、环境和公共设施管理业 | 164 | 0.4 | 82209 | 0.5 | 22911 | 0.4 |
| 居民服务和其他服务业 | 251 | 0.6 | 54251 | 0.4 | 15795 | 0.3 |
| 教育 | 59 | 0.1 | 17274 | 0.1 | 3841 | 0.06 |
| 卫生、社会保障和社会福利业 | 21 | 0.05 | 14720 | 0.1 | 8738 | 0.1 |
| 文化、体育和娱乐业 | 272 | 0.6 | 101281 | 0.7 | 44776 | 0.7 |
| 公共管理和社会组织 | 2 | 0.005 | 1370 | 0.009 | 180 | 0.003 |

资料来源:根据《中国统计年鉴电子版(2005)》计算而得。

根据对我国税法及外商投资企业布局的分析,我们可以看出,目前我国外资税收激励政策在产业导向方面存在如下一些问题:

(1)对生产性行业的普遍优惠削弱了我国税收杠杆的调节功能

我国目前的涉外税收政策虽然对外商投资企业分生产性行业和非生产性行业实行不同的税收优惠政策,但并没有明确的产业导向目标,只是对农林牧等几个行业的特殊优惠进行了粗略的规定,对其他行业则不分产业性质,实行"一刀切"的优惠政策。而对于生产性外商投资企业,不分其是否属于我国急需发展的行业和项目,也不论投资项目在种类、利润和风险上的差异,一律给予基本一致的优惠。这就导致在不同的风险与技术投入下,不同行业承担相同税负,未能有效地引导外资流向我国急需发展的瓶颈产业(如交通运输业),使外商乐于投资高利润、低风险的行业(如劳动密集型行业)。目前我国生产性外商投资企业项目中,简单加工的偏多,大多是投资期短、见效快的

"短平快"型项目,甚至国外淘汰项目也大量涌入我国,加剧了我国现行经济结构、产业结构不合理的矛盾。我们应该看到,这种对一般性加工企业的税收优惠只是增加了一般性的资本量,对改善我国产业结构,提高我国整体经济水平,加快我国工业化进程并没有起到积极作用。在改革开放初期,这种优惠政策解决了国内资本短缺的问题,也利于我国学习国外企业的先进技术和管理经验,但随着我国外资量的进一步增多,外资政策应该逐步致力于经济结构的调整而不仅仅只是资本量的增多。

（2）对国家重点发展的能源、交通、原材料及一些知识技术密集型部门,我国在涉外税收政策上并没有给予足够的重视

相对于一般生产性企业而言,一些基础性及知识技术密集型产业对一国经济的发展起着更为关键的作用,对我国整体经济技术水平的提高具有重要的带动和促进作用。但就我国目前的税收政策来看,有关的特别优惠措施只限于经济特区、经济技术开发区、沿海经济开放区和国务院批准的特定地区,而对能源、原材料丰富的内地没有给予应有的税收优惠,是作为一项区域性的优惠措施来实施的。再就中国目前外商投资企业的现状看,大规模的项目较少,高科技项目不多,恰恰是中国目前外资项目的缺陷之一。这使得一些基础性产业的发展受到限制,加剧了基础产业对国民经济发展的"瓶颈"制约作用,知识技术密集型产业发展也远远落后于发达国家,不利于我国产业结构的优化升级。

（3）农林牧等基础产业导向不明显

对从事农林牧业等这些投资量大、资本回收期长、利润率低的行业的外商直接投资,国家虽然有一定的税收优惠,但与设在经济特区的一般性外商直接投资享有的优惠相比,两者差别不大,适用税率都是 15% ,没有突出对我国这些急需发展的行业和项目的特别优惠。

## 7.3.2　税收激励加剧了区域经济发展的不平衡

自东向西的梯度税收优惠是我国税收政策重要内容,我国在给予 FDI 企业普遍优惠的基础上,又将优惠的侧重点放在不同的区域。税收优惠政策可以促进地区经济的发展,但也可能造成地区经济发展的不平衡。我国改革开放早期对东部地区一边倒的税收优惠政策一定程度上造成了我国地区经济的不平衡发展,到 1999 年虽然设置了一些有利于中西部地区经济发展的外资税

收激励政策,但根据我国外商投资企业地区分布情况来看,对中西部地区的外
资税收激励政策并没有起到明显的效果。

从表 7.2 我们可以看出,我国外商投资企业主要分布在华东、华北及中南
地区,这三个地区占去了我国外商投资企业总户数的 86.91%、总的外方注册
资本的 85.54%,其中华东地区占去了我国将近一半的外商投资企业及外方
注册资本。而我国广大的西南、西北部地区外商投资企业数目仅占全国外商
投资企业数目的将近 5%。值得注意的是,从省份分布来看,一半以上的外商
投资企业分布在我国的广东、上海、江苏、浙江、福建、山东等一些经济特区及
经济技术开发区。其中,虽然中南部外商投资并不算少,占全国总的外商投资
企业数及外方注册资本分别为 28.6%、27.06%,但是中南部近 80% 的外资都
集中在具有经济特区及经济技术开发区的广东省。也就是说,广东省集中了
超过全国五分之一的外商投资企业。

表 7.2　中国外商投资企业地区分布情况(2004 年底)

| 地区 | 企业数 | | 投资总额 | | 注册资本 | | 外方注册资本 | |
|---|---|---|---|---|---|---|---|---|
| | 户数(个) | 占总比(%) | 投资额(亿美元) | 占总比(%) | 注册资本(亿美元) | 占总比(%) | 外方注册资本(亿美元) | 占总比(%) |
| 全　国 | 242284 | － | 13113 | － | 7285 | － | 5580 | － |
| 华　北 | 24877 | 10.27 | 1380 | 10.52 | 762 | 10.46 | 553 | 9.91 |
| 北　京 | 9890 | 4.08 | 532 | 4.06 | 290 | 3.98 | 207 | 3.71 |
| 天　津 | 9938 | 4.10 | 470 | 3.58 | 275 | 3.78 | 221 | 3.96 |
| 河　北 | 3497 | 1.44 | 201 | 1.53 | 106 | 1.46 | 68 | 1.22 |
| 山　西 | 705 | 0.30 | 69 | 0.53 | 35 | 0.48 | 21 | 0.38 |
| 内蒙古 | 847 | 0.35 | 108 | 0.82 | 56 | 0.77 | 36 | 0.65 |
| 东　北 | 19430 | 8.02 | 968 | 7.38 | 519 | 7.12 | 358 | 6.42 |
| 辽　宁 | 14858 | 6.13 | 679 | 5.18 | 402 | 5.52 | 280 | 5.02 |
| 吉　林 | 2370 | 0.98 | 194 | 1.48 | 60 | 0.82 | 42 | 0.75 |
| 黑龙江 | 2202 | 0.91 | 95 | 0.72 | 57 | 0.78 | 36 | 0.65 |
| 华　东 | 116404 | 48.04 | 6401 | 48.81 | 3440 | 47.22 | 2710 | 48.57 |
| 上　海 | 26657 | 11.00 | 1722 | 13.13 | 923 | 12.67 | 718 | 12.87 |

| | | | | | | | | |
|---|---|---|---|---|---|---|---|---|
| 江　苏 | 29939 | 12.36 | 2170 | 16.55 | 1083 | 14.87 | 901 | 16.15 |
| 浙　江 | 17792 | 7.34 | 834 | 6.36 | 467 | 6.41 | 339 | 6.08 |
| 安　徽 | 2114 | 0.87 | 129 | 0.98 | 76 | 1.04 | 48 | 0.86 |
| 福　建 | 17236 | 7.11 | 689 | 5.25 | 387 | 5.31 | 344 | 6.16 |
| 江　西 | 3415 | 1.41 | 163 | 1.24 | 88 | 1.21 | 67 | 1.20 |
| 山　东 | 19251 | 7.95 | 694 | 5.29 | 416 | 5.71 | 293 | 5.25 |
| 中　南 | 69295 | 28.60 | 3318 | 25.30 | 1942 | 26.66 | 1510 | 27.06 |
| 河　南 | 2600 | 1.07 | 149 | 1.14 | 87 | 1.19 | 56 | 1.00 |
| 湖　北 | 4173 | 1.72 | 227 | 1.73 | 136 | 1.87 | 85 | 1.52 |
| 湖　南 | 2598 | 1.07 | 119 | 0.91 | 70 | 0.96 | 53 | 0.95 |
| 广　东 | 55259 | 22.81 | 2610 | 19.90 | 1520 | 20.86 | 1219 | 21.86 |
| 广　西 | 2336 | 0.96 | 127 | 0.97 | 74 | 1.02 | 54 | 0.97 |
| 海　南 | 2329 | 0.96 | 86 | 0.66 | 55 | 0.76 | 43 | 0.77 |
| 西　南 | 7571 | 3.13 | 316 | 2.41 | 193 | 2.65 | 119 | 2.13 |
| 重　庆 | 1294 | 0.53 | 72 | 0.55 | 39 | 0.54 | 26 | 0.47 |
| 四　川 | 3789 | 1.56 | 140 | 1.07 | 94 | 1.29 | 55 | 0.99 |
| 贵　州 | 641 | 0.27 | 22 | 0.17 | 14 | 0.19 | 10 | 0.18 |
| 云　南 | 1761 | 0.73 | 79 | 0.60 | 44 | 0.60 | 27 | 0.48 |
| 西　藏 | 86 | 0.04 | 3 | 0.02 | 2 | 0.03 | 1 | 0.02 |
| 西　北 | 4350 | 1.80 | 221 | 1.69 | 126 | 1.73 | 88 | 1.58 |
| 陕　西 | 2754 | 1.14 | 125 | 0.95 | 71 | 0.98 | 50 | 0.90 |
| 甘　肃 | 650 | 0.27 | 31 | 0.24 | 19 | 0.26 | 13 | 0.23 |
| 青　海 | 161 | 0.07 | 10 | 0.08 | 6 | 0.08 | 4 | 0.07 |
| 宁　夏 | 454 | 0.19 | 41 | 0.31 | 20 | 0.27 | 15 | 0.27 |
| 新　疆 | 331 | 0.14 | 14 | 0.11 | 10 | 0.14 | 6 | 0.11 |
| 国　家 | 357 | 0.15 | 509 | 3.88 | 300 | 4.12 | 243 | 4.35 |

资料来源:根据《中国统计年鉴电子版(2005)》计算而得。

不难看出,虽然税法对我国东部及中西部地区吸引外资都有一些激励措施,但是我国目前区域性经济结构失调仍然与地域歧视性的优惠政策有一定关系。

(1)我国现行涉外税收法规对东部地区的优惠政策主要有如下一些:

设在经济特区的外商投资企业,在经济特区设立机构、场所从事生产、经营的外国企业和设在经济开发区的生产性外商投资企业,减按15%的税率征收企业所得税。

设在沿海经济开放区和经济特区、经济技术开放区所在城市的老市区的生产性外商投资企业,减按24%的税率征收企业所得税。设在沿海经济技术开放区和经济特区、经济技术开发区所在城市的老市区或者设在国务院规定的其他地区的外商投资企业,属于能源、交通、港口、码头或者国家鼓励的其他项目的,可以减按15%的税率征收企业所得税。

在上海浦东新区设立的生产性外商投资企业及北京市新技术产业开发试验区设立的被认定为新技术企业的外商投资企业,可以减按15%的税率征收企业所得税。在上海浦东新区或海南经济特区设立的从事机场、港口、铁路、公路、电站等能源、交通建设等基础项目的外商投资企业,对经营期在10年以上的这类生产性外商投资企业,给以从开始获利的年度起,第1年和第2年免征企业所得税,第3年至第5年减半征收企业所得税的税收优惠。

在经济特区和国务院批准的其他地区设立的、以外国投资者投入资本或者分行由总行拨入营运资金超过一千万美元、经营期在10年以上的外资银行、中外合资银行等金融机构减按15%的税率征收企业所得税。

从以上的税收法规我们可以看出,东部地区所能享受到的税收优惠政策数量较多且覆盖面广。从优惠地区来说,包括了经济特区、沿海经济开发区、技术开发区、国务院规定的特定省市等地区。从优惠行业来看,除了主要的生产性行业外,还包括服务业、金融业、从事基础项目建设的行业,从优惠方式来看,主要是税率优惠,包括低税率及零税率等直接优惠方式。

(2)1999年开始,我国政府提出了"西部大开发"的经济发展战略,外商投资企业和外国企业所得税优惠开始向中西部地区倾斜。国家规定,2000年开始,对设在中西部地区的国家鼓励类外商投资企业,执行现有税收优惠政策期满后的3年减为按15%征收企业所得税。对国家确定的"老、少、边、穷"地区新办的外商投资企业,可以在3年内减征或者免征所得税。对设在经济不发达的边远地区的外商投资企业,除了可以享受"两免三减半"的税收待遇,还可以在期满后享受在以后的 10 年内可以继续按应缴纳税额减征 15% ~ 30% 的企业所得税的税收优惠。

从以上可以看出,中西部地区所享受到的税收优惠数量较少,并且大部分税收优惠是同东部地区共享的,相对于东部地区,中西部地区并没有什么特别的区域性税收优惠。对于基础设施落后的中西部地区,这些共享性的优惠政策在中西部地区吸引外资方面并没有起到显著的作用。

我国目前外国资本和先进技术的"东高西低"的基本格局并未改变。过于倾斜的区域性外资税收政策使我国东部地区的投资回报率明显高于中西部地区,加上东部地区的投资环境本来就优于中西部地区,大量的外国资本、技术仍旧继续向东部地区流动,东部地区得到了更大的发展,而中西部的落后状况并没有显著的改善。

## 7.4　税收激励政策缺乏系统性和动态性

外商投资税收优惠政策主要是从成本、应税所得额、税额三方面来减轻纳税人的负担,可供东道国政府选择的常用的税收激励工具有:减免税、低税率、加速折旧、亏损转结、纳税扣除、再投资退税、投资抵免、延期纳税等。按其运行结果可将其分为两类:一类是直接优惠,减免税、低税率、延期纳税属于这一类。另一类是间接优惠,包括加速折旧、亏损转结、纳税扣除、再投资退税、投资抵免等。直接优惠方式的特点是对税收的直接免除,这不但容易造成税收收入的减少,而且容易造成钻政策空子逃避纳税。间接优惠方式是允许企业在合乎规定的年限内,分期缴纳或延迟缴纳税款,其税收主权没有放弃,有利于体现公平竞争,维护市场经济的平稳发展,保障国家税收收入。前者有利于实现引资的数量目标,后者有利于实现引资的质量与效益目标,增强引资的针对性。

我国外资的税收优惠政策,是在改革开放的 20 多年中陆续制定实施的,主要的优惠方式包括免税、减税、加速折旧、亏损结转、投资抵免、再投资退税等,其中又是以免税和减税为主,优惠幅度大,期限长。这些税收激励工具尽管在吸引外资、促进地区经济发展等方面发挥了积极作用,但也存在不少问题。

### 7.4.1 税收激励政策庞杂

目前我国外资税收激励工具面临单一与庞杂并存的矛盾局面。单一是指我国虽然已经开始逐步强调了对加速折旧、投资抵免等间接优惠工具的运用，但是以定期减免税、优惠税率等直接为主的状况并没有得到根本改变。庞杂则是指我国制定的外资税收优惠政策数量多，层次多。我国的外资税收优惠政策由全国人大及其常委会制定了一部分，一部分包含在国务院及各部委发布的全国性或区域性法规之中，还有相当数量更加优惠的规定分散在各种地方性法规和地方优惠政策之中。据不完全统计，中央一级颁布的此类法律、法规有200多部，国务院各部门以及地方政府公布的法规、规章有1000多部①。税收优惠层次过多主要表现在地域上形成了按"经济特区——经济技术开发区——沿海经济开放区——其他特定地区——内地一般地区"的顺序实行递减的税收优惠政策，这种在不同的经济区域设置不同税收优惠政策的体制构成了我国庞杂的税收优惠体系。如根据《外商投资企业和外国企业所得税法》，对于生产性外商投资企业，经营期在10年以上的，从开始获利的年度起，第1年和第2年免征企业所得税，第3年至第5年减半征收企业所得税。对某些特定地区(如经济特区、沿海经济开放区、经济技术开发区、高新技术产业开发区等)和某些特定行业(如能源、交通、港口、码头、铁路、公路、电站、煤矿、水利等)的投资，政府往往在"两免三减半"的基础上再给予税率优惠(税率为15%或24%)。同时，我国还给予外商投资企业"再投资退税"的优惠，根据税法，"外商投资企业的外国投资者，将从企业取得的利润直接再投资于该企业，增加注册资本，或者作为资本投资开办其他外商投资企业，经营期不少于5年的，经投资者申请，税务机关批准，退还其再投资部分已缴纳所得税的40%税款"。另外，外商投资企业购买国产设备投资可以抵免企业所得税。按核实征收方式缴纳企业所得税的企业，其购买国产设备投资的40%可从购置设备当年比前一年新增的企业所得税中抵免。如果当年新增的企业所得税税额不足抵免，未予抵免的投资额，可用以后年度比设备购置的前一年新增的企业所得税税额延续抵免，但延续抵免的期限最长不得超过5年。可

① 国家税务总局:《关于实施对设在中西部地区的外商投资企业给予三年减按15%税率征收企业所得税的优惠的通知》，国税发(1999)172号，1999。

见,我国采用的激励工具是相当庞杂的,外资通过这些名目繁多的税收优惠政策在我国的税收和地租方面享受的"超国民待遇"相当可观。

### 7.4.2　税收激励政策缺乏系统性

从总体上看,我国涉外税收优惠政策目标不清晰,没有从系统的战略出发。虽然我国税收激励工具在一定范围内和一定程度上体现了我国产业政策的要求,但是由于规定比较笼统,对优惠产业不够细化,只对农、林、牧等几个行业的特殊优惠进行了粗线条的规定,对其他行业则不分产业性质,一律实行优惠政策,因此没有突出我国的产业政策和有关经济政策的主导方向,系统性不强,导致了我国现行优惠的范围很广,一般外商投资企业可以享受一种或几种优惠政策。并且我国现行的许多涉外税收政策主要是由国务院以及财政部、国家税务总局通过单个的、零散的税收通知来颁布实施的,涉外税收法规多而不全,既有完整的某个税种的税收法律法规,更有大量的补充规定和修订条款,甚至存在上下、前后不一致的地方。一些涉外税收法规因临时性的需要而仓促出台,没有总体上的政策导向,必然缺乏系统性①。此外,我国税收优惠政策的弹性比较大,不少优惠政策只规定了一些原则,却没有具体可操作的规定,以至于各地政府的从当地的利益出发,对相同的政策有不同的解释与执行方法,导致地区间的不公平现象严重。以企业所得税为例,外商投资企业的基本税率是33%,设在沿海经济开放区、经济技术开发区所在城市老市区、沿海开放城市、沿边开放城市等地区的生产性外商投资企业可按24%的税率征收;设在经济特区的外商投资企业、设在经济技术开发区和上海浦东新区的生产性企业则可按15%的税率征收。

### 7.4.3　税收激励政策缺乏动态性

我国现行外商投资企业所得税优惠政策基本上都是在20世纪80年代开始实施的,20多年来我国的经济形势已经发生了翻天覆地的变化,而税收政策自制定以来,有近10年未做相应调整。目前涉外企业涉及到的税种有11个,几个主要税种的法律、条例,如外商投资企业和外国企业所得税法、个人所

① 陈洁:"WTO下我国现行FDI税收政策缺陷与调整思路",《上海财税》2003年第5期。

得税法、增值税条例、消费税条例、营业税条例、土地增值税条例、资源税条例均是 90 年代初期出台的,与实际不相适应的地方越来越多,甚至成为我国经济发展的制约点。随着我国经济的迅猛发展,特别是加入 WTO,我国投资环境不断改善,中国市场被越来越多的国外企业看好,吸引了大量外资,此时过去那些重量不重质损失本国福利的吸引外资的税收优惠就显得不合时宜了①。中国政府一定要与时俱进制定新的既使本国福利损失小,又能吸引高效外资的税收优惠政策,以保持合理的引资数量和结构。而随着外资的大量进入,作为纳税主体的外资纳税人的数量急剧增加,占整个纳税主体的比例也会明显增大,使现有纳税人结构发生明显变化,税收政策和征收管理手段也应相应改进。

## 7.5  税收激励政策缺乏法制化和规范性

(1)内外税制有别,管理不规范。在改革开放的初级阶段,采取内外有别、对外资相对优惠的税收优惠政策,从战略上来讲是利大于弊的。但是随着中国对外开放的深化,必须提高引入外资的质量和效益,进入利用外资的更高的成熟阶段。中国加入 WTO 标志着中国的对外开放进入一个新阶段。在利用国际市场时,我国必须权衡国际国内两种资源配置的效率,考虑国际的经济和政治安全,调整和制定中国的税收优惠政策。如果继续实行内外有别的税收优惠政策,将更加不利于国内企业与外商投资企业的竞争,而且由于逐步向外国开放了中国一些盈利较大的服务部门,可能引起税收更多的流失,各种负面效应将更为明显,"利大于弊"的效应格局将转变为"弊大于利"。而且建立一套统一、规范、公平、透明的内外企业税收制度,公平内外商投资企业税负,实行国民待遇和非歧视性原则也是世界各国的通行做法,同时也是我国入世和经济全球化的必然要求。我国现行税法制度也正在发生着由内外商投资企业完全分离向逐步统一方向转变。随着内外商投资企业所得税的统一,也必然要求内外商投资企业所得税优惠政策的统一。这种统一是社会主义市场经济建立公平税负、鼓励竞争机制的客观需要,也是规范企业所得税制,提高税收效率的需要。

---

①  薛睿、李翠华、王如渊:"中国现行税收政策对 FDI 的影响及其利弊分析",《税务与经济》2006 年第 2 期。

（2）税收优惠的法制化程度低。税收优惠可以促进一国经济发展，但不当的税收优惠范围会引起税源流失，加速经济畸形发展。我国的税收优惠政策（包括内、外资）历来既复杂又混乱，执行难度大，税收流失严重。为了改变外商直接投资税收优惠目前内容杂、规定散、补充繁、变化快的局面，建议我国的立法机关在统一我国内外商投资企业税收制度的前提下，从吸引外商直接投资的现状和国民经济发展的需要出发，借鉴世界各国和地区的政策经验，对其单独立法，制定一部同时适合内、外企业的税收优惠法，明确税收优惠的具体措施、范围、内容、办法、审批程序、审批办法、享受税收优惠的权利和义务等规定，内容涵盖对外商直接投资的所有税收优惠。这样，只需在有关税种基本法中对各税种的优惠问题做出几条原则性规定，至于优惠的具体措施项目、内容、办法、审批权限等，尽收税收优惠法中。以"法"为依据，才能有效地增强税收优惠的规范性、透明性和整体性，也有利于消除地方政府在税收优惠领域的过度竞争行为。

# 第8章　中国涉外税收政策调整

　　我国外商投资税收激励政策是在我国特有的经济背景下产生和形成的。自改革开放以来,我国利用外商直接投资工作取得了巨大成效,及时有效地弥补了我国经济发展过程中出现的巨大资本缺口。据统计,截至2005年底,我国累计批准外商直接投资企业552942家,实际利用外资金额6224.26亿美元。中国已经成为世界上利用外资最多的发展中国家。这一成果的取得与我国的外资政策,特别是我国对外商直接投资企业的税收优惠政策的实施有直接关系。

　　在世界竞争日趋激烈、联系日趋紧密、国际贸易高度发达的环境下,是否要继续实施外商投资税收激励政策这一问题,出现了争议,形成了两种不同意见。一种意见认为应该按照国民待遇原则,取消给外资的税收优惠,统一中外资税收制度;另一种观点认为,应当坚持税收优惠,保持外资税收政策的连续性。针对这一争论,我们不能简单地在取消或保留的问题上做出选择,必须结合我国经济的发展阶段和发展目标的需要来予以判断。从我国当前的经济发展形势来看,我国外商投资税收激励政策存在的问题,不单纯是税收激励政策本身的问题,更重要的是税收激励政策与我国引资战略是否相适应的问题。《中共中央关于制定国民经济和社会发展第十一个五年规划的建议》明确提出:"继续积极有效利用外资,切实提高利用外资的质量,加强对外资的产业和区域投向引导,促进国内产业优化升级"。这一目标的提出,意味着我国引资战略即将进入关键的调整时期,将逐步从过去单纯重视数量的"引资"阶段向重视质量的"选资"阶段转化,不断提高利用外资的质量已成为引资工作的重心。显然,目前以引资数量为导向的税收激励政策体系已无法满足引资战略调整需要。西方税制优化理论认为,当周围客观环境发生变化时,税制必须适时做出相应地调整,以符合社会政治经济发展的要求。因此,在"两税合一"的大方向下,对中国现行的涉外税收激励政策进行与时俱进的调整是必要的。

## 8.1　中国涉外税收激励政策调整的必要性分析

### 8.1.1　涉外税收激励政策调整是适应其引资效应变化的需要

(1)引资数量效应递减

近 10 年来,我国涉外税收优惠所带来的外资数量在日益递减,虽然从表面上看,中国实际利用外资的额度每年都有所增加,但实际上,因税收优惠所让渡的税收收入远大于引进的外资数量,如表 8.1 所示,每亿元税收优惠所带来的引资数量的变化每年都在急剧递减。引资数量效应在递减,但国家却为此支付了高昂的财政代价,逃、避税现象普遍,国家税收流失严重,财政收入减少。

表 8.1　每亿元涉外税收优惠带来的引进外资数量的变化

| 年份 | 涉外税收优惠额度<br>(亿元) | 实际利用外资额度<br>(亿元) | 每亿元税收优惠带来的<br>引资数量的变化(亿元) |
|---|---|---|---|
| 1992 | 4.00 | 1589.23 | 397.3075 |
| 1993 | 6.31 | 3224.49 | 511.0126783 |
| 1994 | 10.96 | 3576.48 | 326.3211679 |
| 1995 | 23.94 | 3983.68 | 166.4026734 |
| 1996 | 31.50 | 4535.80 | 143.9936508 |
| 1997 | 48.97 | 5330.66 | 108.8556259 |
| 1998 | 85.51 | 4846.41 | 56.67652906 |
| 1999 | 114.63 | 4358.27 | 38.02032627 |
| 2000 | 153.62 | 4912.54 | 31.97851842 |
| 2001 | 188.92 | 4111.05 | 21.76079822 |
| 2002 | 201.39 | 4552.93 | 22.60752768 |
| 2003 | 304.81 | 4646.37 | 15.24349595 |

资料来源:《中国对外经济贸易白皮书 2003》。

注释:每亿元涉外税收优惠带来的引进外资数量的变化 = 实际利益外资额度/涉外税收优惠额度。

我国的涉外税收优惠政策,特别是所得税优惠政策,是在改革开放的 20

多年中针对不同区域陆续制定和实施的,其优惠的内容多、范围广、层次多,仅中央出台的优惠政策就高达 100 多项,加之各个地方政府为吸引更多外资都竞相出台本地区的税收优惠政策,有的甚至越权减免税收,使得涉外税收优惠政策过多、过滥。据有关方面的不完全统计,2002 年全国税收(不含关税和农业税)的减免额为 901 亿元,其中涉外企业的减免额为 357 亿元。但是外商投资企业对财政收入的贡献与他们的规模不成比率,结果,国家支付了高昂的引资成本,却未收到涉外税收激励预期的政策效果。据有关资料显示:1994 年外资工业企业的产值约占 GDP 的 8%,但缴纳的所得税不到 1%;1995 年我国因实行外商投资优惠政策而让渡的税收利益占 GDP 的 1.2%,直接造成国家财政损失 660 亿元人民币①。

　　另一方面,由于我国对外商投资企业的税收优惠过多,地方政府为“抢引外资”,层层开展了“优惠政策大战”,加之有关法律尚有漏洞,为一些追求不正当利益的外商投资企业逃避税收提供了可乘之机。例如,因“免二减三”优惠期的起算期是企业开始获利的年度,一些大型的跨国公司往往利用各国形式的税收管辖权的不同和税种、税率的不同进行跨国避税,通过转让定价的方式在购销、资金往来、劳务技术等各方面尽可能地把利润转移到其他国家的关联企业,千方百计地推迟获利年度,使得这些外商投资企业总出现“零利润”或亏损的假象。一位专家称,仅福州市每年外商转移的利润就在 10 亿元以上,流失税款达 1 亿元左右。而广州著名的跨国企业宝洁公司曾一次避税8149 万元。这些外商投资企业在享受超国民待遇之后,仍然采取避税手段,逃避纳税义务,侵害了我国税收主权,降低了税收优惠的引资效应。

　　(2)引资质量效应递减

　　从引资的产业分布来看,由于我国现行涉外税收激励政策缺乏针对性,只是对农林牧等几个行业的特殊优惠进行了粗线条的规划,大多激励措施则不分行业性质,实行“一刀切”的激励政策。如我国外商投资企业所得税法规定,外商投资企业在开业后从获利年度起享受“免二减三”或“免五减五”的优惠,而大多数外商投资者希望在尽可能短的期间内收回投资,因而在选择投资项目时,倾向于选择投入规模小、技术含量低、周期短、高回报率集中在经营期限前期的项目,借助于减免税待遇可以尽快收回投资并获得高收益。所以,外

---

① 现行外商投资税收政策对促进经济结构优化调整的影响,http://ctax.diy.myrice.com/wenzai/swwz/swwz003.htm。

资主要投向了第二产业,特别是制造业中的一般加工工业甚至一些高能耗、高污染以及技术在发达国家淘汰的项目,而我国经济急需发展的农业、能源、交通、运输等基础性产业和高新技术产业,则由于其投资大、回收期长、风险大等原因而使外资投入数量少。因而税收激励政策的产业导向模糊,难以有效地引导外资流向我国急需发展的瓶颈产业,引资的质量不高。

　　从引资的地区分布来看,由于长期以来我国税收激励政策明显的地域导向性,使得外商直接投资主要集中分布在我国的东部沿海地区,这与我国改革开放的历程相适应,但客观上却造成了地区间经济发展差距的进一步扩大。外商直接投资85%以上集中在东部沿海地区,70%以上集中在珠江三角洲、长江三角洲和环渤海湾地区,而中西部内陆地区吸收外商投资却很少。截至2003年底,在全国累计批准设立的外商投资企业数、合同外资金额和实际使用外资金额中,东部地区所占比重分别为82.00%、86.86%和86.27%,而中西部地区仅为28%、13.14%和13.72%。这主要是由于东西部税收优惠政策不平等。我国在给予外商投资企业所得税优惠的基础上,又将优惠的侧重点放在不同的区域,按"经济特区——沿海经济开发区——内地一般地区"从低到高设计梯级税率(15%、24%、30%,经济特区中部分企业最低为10%),对外商投资企业按投资地区实行不同层次的特殊优惠。而特别优惠的地区又主要集中在沿海地区,使沿海地区的投资回报率大幅度提高,导致大量的外国资本、技术向该地区流动。同时,还吸引了中西部欠发达地区的资金、人才、劳动力等生产要素因收益差异向东部沿海地区流动,形成了发展经济学中关于发展中国家因存在"地理上的二元经济结构"差异而产生的"回波效应"。

　　从引资的来源和规模结构来看,虽然目前我国已吸引世界上近130个国家和地区的外商投资,但主要投资来源仍集中于港、澳、台地区,尤其是香港地区,而发达国家及国际著名跨国公司的投资所占比重较小,导致我国引进外资的来源结构畸形发展。据统计,1994年仅香港地区对内地的协议投资项目就达24622项,协议投资金额达469.71亿美元,占我国协议投资总金额的56.8%;而同期美国的协议投资项目仅为4223个,协议投资金额仅为60.1亿美元,占我国协议投资总金额的7.3%,德国等其他西方发达国家的投资则更少。以引进外资最具代表性的上海、广东两个地区为例,如表8.2,广东的港澳台资占到67.07%,而欧美发达国家的外商直接投资仅占11.35%,上海吸引欧美发达国家的比重达到31.71%。可见这种畸形的投资来源结构并不利于引资质量的提高,削减了引资的质量效益。

表8.2　2000年外商直接投资主要来源地的数额和比重　（万美元）

| | 港澳台地区 | | 亚洲主要国家 | | 欧美主要国家 | |
|---|---|---|---|---|---|---|
| | 数额 | 比重(%) | 数额 | 比重(%) | 数额 | 比重(%) |
| 上海 | 96868 | 30.65 | 55684 | 17.62 | 100226 | 31.71 |
| 广东 | 820709 | 67.07 | 93638 | 0.08 | 89838 | 11.35 |

资料来源:《上海统计年鉴》2001年,《广东统计年鉴》2001年。

　　根据以上分析可知,由于我国的涉外税收激励政策未能及时地随我国社会经济形式的变化而相应的调整,我国引进外商直接投资的效应在不断的递减,由表8.1以每亿元涉外税收优惠带来的引进外资数量变化反映的我国涉外税收优惠的引资效应的变化情况,如图8.1所示:

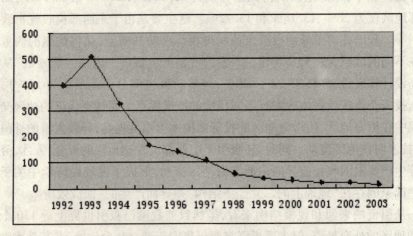

图8.1　我国涉外税收激励引资效应的变化情况

## 8.1.2　涉外税收激励政策调整是适应 WTO 规则的需要

　　中国已经加入 WTO5 年了,而 WTO 实质上是由自身的规则(即《世界贸易组织协议》)及历经多年贸易谈判所达成的众多协议和规则性文件组成的,并按此进行运作。这些协议和规则性文件,可以集中归纳为成员国必须遵循的若干规则,用以破除各种贸易壁垒,保障推进世界贸易自由化。在世界贸易组织的各项规则当中,同税收密切相关的主要原则有:①国民待遇原则;②最惠国待遇原则;③关税减让原则和反倾销、反补贴原则;④政策透明和可预见性原则;⑤例外原则和发展中国家优惠原则;⑥促进公平竞争原则;⑦市场开放原则。中国作为 WTO 的成员国,应该遵循 WTO 的各项规则,对照这些原则要求来考察我国的外商投资税收激励政策,不难发现,我国外资税收法律制度总体上是适应世界贸易组织要求的,与 WTO 的相关原则并没有根本性的冲突,但不可否认的是,在许多方面还是存在着与 WTO 原则不一致的地方,具体表现在以下几方面:

(1)中国目前的关税水平与 WTO 的要求相比,仍然偏高,不符合关税减让和市场开放原则。世界贸易组织要求其成员国大幅度降低关税税率,对于种种为保护国内民族产业的高关税和非关税贸易壁垒的措施都有严格的限制,WTO 要求其成员方的总体平均关税降为 6% 左右,其中发达国家为 3% ,发展中国家为 10% 。我国关税减让谈判的起点是 1992 年的关税水平,当年的平均关税水平是 43.2% 。1994 年以来中国三次大幅度降低关税,第一次是 1994 年,关税平均水平从 43.2% 降到 35.9% ;第二次是 1996 年,从 35.9% 降到 23% ;第三次是 1999 年,从 23% 降到 17% 。2003 年 10 月 29 日国务院对《进出口关税条例》再次进行了修改,自 2004 年 1 月 1 日起施行。我国的关税税率在经过几次大幅调整之后,关税算术平均总水平降至 11% 。尽管我国关税的整体水平一降再降,但名义税率仍然过高,这不符合 WTO 规则中的关税减让原则。另外我国的名义税率虽高,但实际关税税率并不高,据测算,我国从 1986 年到 1996 年间,关税实际征收税率最高为 10.1% ,最低为 3% ,可见,我国实际关税税率远远低于名义关税税率,主要原因是实施的各种减免税,税收优惠过多。据海关有关资料显示,1995 年我国享受各种减免关税的进口商品占进口总额的 40% [①],这些关税减免既不符合国际惯例,也违背了世界贸易组织的国民待遇原则。非关税措施是关税之外限制外国商品进口的方式,也是保护国内市场的重要手段。中国从 1993 年开始就在减少非关税壁垒方面做了大量工作,但目前仍然对部分进口商品实行进口配额、进口许可证制度和外汇管制等许多非关税措施,并对部分进口商品实行进口特定登记,这也不符合 WTO 的市场开放原则。

(2)政出多门,不符合政策透明和可预见性原则。中国涉外税收立法层

---

[①]　岳树海:"中国的涉外税法与国际惯例及 WTO 规则的冲突与协调",《商业研究》2006 年第 3 期。

次较低,除《外商投资企业和外国企业所得税法》以外,现行涉外税收制度的许多规定都是通过税收规章、规范性文件等非法律形式予以公布并实施的,缺乏透明度和可预见性,不符合 WTO 规则中的透明度原则。而且,有关涉外税收政策在执行过程中也存在很多不规范、不透明的问题。中国颁布的涉及外商投资的法律、法规有 500 多项,许多都没有具体的可操作性的规定,以至于不同的地区存在不同的解释与执行方法。尽管中央政府多次采取措施进行治理、整治,有些地方政府还是为了自身的利益,扩大本地区吸引外资的规模,无视中央与地方的职权划分,擅自越权减免税收,任意扩大税收优惠的范围,任意出台外资优惠政策。这些都使中国的法律环境达不到 WTO 规则要求的政策透明和可预见性原则。

(3)税收协定削弱了税收优惠政策的实际效果。中国目前已经与 66 个国家和地区签订了双边税收协定,在 66 个双边税收协定中,41 个规定有税收饶让条款,其中采取普遍饶让的有 10 个、采用定率饶让的有 15 个、同时采取两种饶让方式的有 16 个。按税收协定,中国对外商投资企业经营利润实施的税收减免只有在当外国投资者汇回利润,且对方缔约国的税法允许抵免的情况下,外国投资者才能最终得到饶让的好处,真正享受到中国政府给予的税收优惠。另外,中国与大多数国家签订的税收协定中,对方国对于利息和特许权使用费所使用的饶让税率与中国税法规定的优惠税率往往差异不大,间接投资的税收优惠的实际效果并不明显。中国给予外商投资企业的税收优惠,由于受到各种上述种种因素的制约,在减免税优惠的效应发挥上存在着很大的局限,税收优惠政策难以落实到外国投资者身上,而是将本来属于中国应该征收的税款拱手让给了外国政府。从中美税收协定里面并没有税收饶让条款,但美国企业在中国投资额一直属于前列且持续增长这一事实可以看出,中国涉外税收优惠的实际效果并不明显。① 另外国际税收协定中的税收管辖权在中国也未能得到很好的体现。在国际税收中,地域管辖权中的"收入来源地"和居民税收管辖权中的"居民"的确定,是一个主权国家正确行使税收管辖权的关键所在。由于对"收入来源地"、"居民"的确定各国有不同的标准,因此,一个主权国家对跨国纳税人如何行使税收管辖权及行使什么样的税收管辖权,完全依赖于当事国各方在这些方面通过谈判达成的国际税收协定,并在协

---

① 张轩维:"入世后中国外商投资企业税收优惠政策研究",《暨南大学硕士学位论文》2005 年。

定生效后作为各国适用的法律依据。而且按照国际惯例,在法律适用上协定规定优先于国内税法,即国内税法规定与协定相冲突的地方,以协定规定为准。在实际工作中,由于我国税收执法人员对国际税收协定的有关知识掌握不多,给境外纳税人滥用国际税收协定,成功避税、逃税提供了机会。

因此,就目前我国外商投资税收制度的发展程度而言,我国涉外税收激励政策与 WTO 规则的要求还是有一定距离。但就其本质来看,却没有根本冲突。首先,从理论上看,国民待遇原则虽然要求我国政府给予外国人以不低于本国人的待遇地位,包括税收待遇,它是对外国人权益的一种保障。从这个意义上说,国民待遇原则没有必要去禁止一国对外国人提供超国民待遇,因为这样只会增加外国人的方便和利益,而不会产生丝毫损害。而 TRIMS 协定虽然对一国鼓励外商投资的税收优惠措施规定了一定的限制,但其目的是为了防止税收恶性竞争,扭曲国际贸易和国际投资,却并没有不允许鼓励措施的存在。因此,只要我国的外商投资税收政策不致产生"避税港"现象,不为国际避税提供便利条件,而只是放弃一部分税收利益以吸引投资,促进国内经济的发展,就不会与 TRIMS 协定发生根本冲突。

虽然我国的外商投资税收激励政策与 WTO 的具体规则并没有发生消极的冲突,但我国加入 WTO 的 5 年过渡期已过,与 WTO 原则的不一致不容忽视,否则有可能导致我国经济发展与世界经济一体化的趋势背道而驰,对内资企业形成新的歧视,所以涉外税收政策的调整是必要的。

### 8.1.3　涉外税收政策调整是避免恶性国际税收竞争的需要

随着经济一体化趋势的日趋明显,各国经济相互依赖和渗透的程度日益加深,劳动力和资本的流动加剧,为跨国公司在全球选择最佳的投资地点提供了条件,也为发展中国家大力发展本国经济,积极参与世界竞争提供了机会。外资的流入能有效改善本国的经济,增进本国福利,一些发展中国家纷纷出台包括税收政策在内的各种吸引外资的措施。同时一些西方发达国家对那些追求安全稳定的国际资本的吸引力也很强。于是国与国之间吸引外资的竞争也愈来愈激烈,各国在税制改革过程中不断加剧的税收竞争就是这种竞争的一种体现。虽然影响跨国投资地区选择的因素很多,但税收尤其是与投资回报密切相关的外商投资企业所得税对跨国投资的影响较为显著。因而近 20 年来,各国为吸引 FDI,促进国内投资,纷纷采取以减税为主要内容的税制改革措施,从而加剧了国际税收竞争。

我国加入 WTO 和资本市场逐步对外开放后,我国的税收制度与国外的依存度增加,因而积极的面对税收国际化和税收竞争是理性的选择。目前,我国的某些涉外税收激励政策存在着有害税收竞争之嫌,对照《OECD 报告》所确定的有害税收竞争标准,我国涉外税收激励政策的有害之处主要表现在:

(1)外商投资企业长期享受优惠待遇,一定程度上形成了"环形篱笆"。在所得税方面,涉外企业所得税的实际负担率远远低于内资企业的负担率。在流转税方面,内资企业进口设备要缴纳进口关税、增值税和消费税,外商投资企业则可减税或免税进口。这些税收优惠政策在某种程度上将外商投资企业与内资企业隔开,形成了"环形篱笆"。对边境贸易和我国港澳台地区投资制定的一些优惠政策及围绕着经济区、沿海开放城市、沿海经济开放区、经济技术开发区等设计的多层次的地区税收优惠政策事实上也是一种"环形篱笆"。只不过前者优惠的是一定的纳税人范围,而后者优惠的是一定的地区范围。

(2)税收优惠层次多、内容庞杂,税收制度缺乏透明性。我国现行的税法大量使用授权立法,税收法规大多是由行政机关以条例、暂行条例、实施细则、决定、通知、补充规定等形式表现出来的,其中大部分并不向社会公告,加上宣传力度不够,投资者知之甚少,其操作过程更不容易为其他国家的政府所知。许多税收优惠政策只规定了一些基本原则,缺乏相应的实施细则,弹性较大,可操作性不强,以至于在不同的地区有不同的解释与执行方式。更有甚者,有些地方政府为了扩大本地区吸引外商的力度和规模,竞相越权减免、扩大优惠范围,并将税收优惠作为本地区招商引资、增强企业竞争力的重要手段。

(3)与别国税务部门之间缺乏有效的信息交换。据江苏省某国税局下属的管理分局统计,该局每年寄往各地的协查函,回函率仅在 40% ~ 50% 之间。虽然国家税务总局一再强调加强税务机关的协调与合作,但这最基本的协查回函率仍是很低。同属一家的国家税务局尚且如此,就不用说与海关、工商等部门的合作了,更何况是与其他国家之间的信息交换呢?[①]而且,税收方面的技术支持不高,网络资源不发达、也无疑影响到我国与别国税务部门之间进行信息交换。

---

① 汪玉千、朱家波:"税收竞争下我国涉外税收优惠政策的选择",《税务与经济》2003 年第4 期。

恶性税收竞争不但会侵蚀税基,造成财政功能弱化,扭曲税收的作用,不利于公平和就业,而且会破坏税收中性,扭曲国际资源的地域流向,增加征税成本等负面效应。我国目前还是一个发展中国家,在有些问题上还需要他国的支持,如果我国的税收优惠政策没有发达国家的税收饶让政策的配合,显然其引资的效应被大打折扣,如果我国被他国认定是从事恶性税收竞争的国家,就有可能遭致这些国家的报复,使得我国正常的税收激励政策难以得到实施。因此,我国的税收激励政策有必要随着国际环境的变化适时调整。

## 8.1.4　涉外税收政策调整是顺应世界性税制改革潮流的需要

20 世纪 80 年代美国掀开了世界税制改革的序幕,紧接着西方发达国家纷纷进行以"降低税率,拓宽税基"为主要内容的所得税制改革,税制改革浪潮席卷全球,几乎所有的 OECD 成员国都不同程度地降低了公司所得税率。1997 年英国将公司所得税率下调 2%,即将标准税率和中小企业适用的低税率降至 31% 和 21%;又于 1999 年 3 月,再次将公司所得税降至 30% 和20%。德国 1997 年宣布分两步降低公司所得税率,1999 年决定降低个人所得税的最低税率,由 23.9% 降至 22.9%,2003 年将最低税率降至 17%,个人所得税和公司所得税税率都有大幅度削减。加拿大于 2000 年 10 月 18 日宣布了历史上最大的减税计划,减税总额近 1000 亿加元,减税内容包括全面降低个人所得税税率,增加税前扣除和降低公司所得税税率。法国历来以高税闻名,2000 年 3 月,法国宣布对所得税前两档级距的税率进行调整,10.5% 降为 9.5%,24% 降为 23%;同年 9 月,宣布将在今后的 3 年采取一系列减税措施,减税总额高达 1200 亿法郎,除了降低个人所得税税率和公司所得税税率外,还要降低增值税的标准税率。美国总统布什在 2001 年 6 月签署了 10 年内减税 1.35 万亿美元的减税计划,到 2006 年底前,最低所得税税率从 15% 降到 10%,39.6% 的高收入者税率降到 35%,其他人群也逐步下调,分别从 36% 降至 33%,31% 降至 28%,28% 降至 25%。"9·11"事件后,布什加快了减税计划的实行。另外,意大利、澳大利亚、比利时、瑞典、俄罗斯、荷兰、葡萄牙、罗马尼亚、印度、巴基斯坦、日本等国也采取了一些减税措施①。

---

①　温桂荣:"全球性减税浪潮与我国目前税收政策取向",《湖南商学院学报》2003 年第 3期。

世界性减税浪潮的形成,一方面是因为经济全球化所带来的激烈的国际竞争。各个国家希望通过减税来增强本国企业出口产品的国际竞争力。各国为了把国际间的资本、人才和技术吸引到本国,纷纷采取"以进为退"的策略,即暂时"弱化本国的财政主权",对这些项目实施减税措施甚者实行零税率,以期带来资本要素的流入和税基的扩大。各国开放政策和科学技术的发展,使国际间生产要素的流动愈来愈频繁,世界经济出现全球化和一体化趋势,特别是发达国家之间,由于经济发展实力和水平差别不大,税前回报率差别也不大,因而税收对要素流动有特别重要的影响,税收竞争的实质就是经济实力的竞争。另一方面是因为当前出现了世界性的经济增长速度减缓和滑坡的局面,各国政府都把减税作为刺激需求和扩大投资的重要手段,以直接拉动消费和投资需求,从而达到恢复经济增长的目的。

世界性的减税浪潮和日益激烈的国际税收竞争无疑对我国的经济尤其是税收政策产生了明显的影响,不但弱化了我国 FDI 税收激励政策对外资的吸引力,而且还会造成本国资金的外流。因为一般来说,一国税收负担的高低是影响国际投资的极为重要的因素,而低税国是国际资本流动的主要目标。目前,在许多国家纷纷实行减税政策,降低所得税率的背景下,随着我国经济与世界经济的融合,国内民营投资者和现已投资我国的外商投资企业都会对国内或者国外投资的预期作比较和选择,如果国外投资的预期回报率高于国内,就存在着国内资金向低税或避税地国家和地区转移的可能。我国为吸引外资的税收激励政策的效应就会被大打折扣。因此,随着世界性减税潮流的到来,进一步加大了我国调整涉外税收激励政策的必要性和紧迫性。

## 8.2　中国涉外税收政策调整的基本思路: 建立质量导向型政策体系

根据前面的分析我们知道,针对我国目前经济发展的需要和我国整体税制的现状,涉外税收激励政策的调整是我国提高引资效应、遵守 WTO 规则、避免恶性税收竞争以及顺应世界税制改革潮流的需要,但并不是说涉外税收政策的调整就是盲目地、笼统地取消所有涉外税收激励政策。我国外商投资税收激励政策调整的取向,应该是在"两税合一"的大方向下,以服务于我国引资战略调整为基本宗旨,以提高引资质量为导向调整我国外商投资税收激励政策体系。笔者认为,在现阶段,我国税收激励政策应与引资战略保持同步协调发展的步伐,通过采取取消一批、调整一批、适当保留一批的分层次调整措施,以分层次、分步骤的手段确保中国涉外税收政策从数量导向型向质量导向型转化,提高我国利用外资的质量,从而建立起与我国经济发展阶段相适应的质量导向型涉外税收体系。

## 8.2.1　涉外税收政策调整应服务于引资战略调整

随着我国经济形势的变化以及自身经济发展的需要,我国在引进外资方面将进入战略调整期,税收政策应与引资战略调整的侧重点紧密结合起来,积极促成我国引资战略调整目标的顺利实现。

(1)涉外税收政策调整应服务于我国引资战略目标的调整。从引资目标来看,我国的引资将从较为单一的弥补资金缺口向有选择的目的多元化发展,引资行为从混沌走向理性。从开始引进外国直接投资以来的很长一段时期内,我国利用外资的目的仅为弥补自身资金的不足,国家鼓励政策的运用很大程度上是以资金流入作为基点,尽管在投资规模上取得了可喜的成绩,但由此也带来了引资行为的盲目性,造成部分地区和企业为了引资而引资。随着经济发展形势的变化以及投资环境的不断优化,我们应逐步打破这过于单一的目标,更多地考虑我国经济结构的调整、企业尤其是国有企业的改制与改组、公司治理结构与股权结构的优化、企业竞争力的提高等在我国经济改革中急需解决的难题,使我国在引进外国直接投资上目的更为明确,行为更加理性,真正实现从"引资"向"选资"的跨越发展,进一步巩固和提高外资利用的经济效益。因此,我们应明确涉外税收政策的目标,在对现有税收政策进行审视和评估的基础上,紧紧围绕"选资"的需要重新进行政策体系设计,彻底改变过去普遍优惠的做法。

(2)涉外税收政策调整应服务于我国引资方式的调整。从引资方式上看,我国引资应逐步打破单一的引资方式,实现方式多元化的引资。鉴于跨国购并和研发国际化已成为国际直接投资的主要方式,现阶段我国应积极研究和探索适合我国国情的跨国并购形式和融入研发国际化的措施,在借鉴国际经验和做法的基础上,结合中国经济体制特点和企业的具体情况,鼓励国内企业通过国际并购和研发国际化手段来达到既吸引外国直接投资,又促进企业自身做大做强、提高自身竞争力的目的。在涉外税收政策的调整上,应考虑税收激励与引资方式的结合,鼓励跨国并购方式的采用和研发活动的开展,无疑将有利于提高我国利用外资的质量与我国经济发展速度。从成本—效益的角度来看,引资效益的提高是大大降低引资成本的有效途径。

(3)涉外税收政策调整应服务于我国引资结构的调整。从我国引资结构上看,我国引资应打破过度集中的产业聚集和空间聚集的格局。从产业聚集上看,应从主要集中于制造业逐步向其他领域扩散,并依据产业发展与调整的规律明确发展重心;从空间聚集来看,应从东南沿海地区向中西部扩散,配合中国区域经济发展的战略。因此,从引资结构调整的需要来看,我国涉外税收政策必须进行动态调整,使我国涉外税收政策的产业导向、地区导向更为明确,始终以引资质量导向为基本宗旨进行产业和地区选择,形成科学合理的产业布局和地区布局。

### 8.2.2 涉外税收政策调整应体现引资质量提高的需要

为了达到提高引资质量的目标,要求我们充分科学地利用税收政策的导向作用,使外资为我国的经济发展服务,切实提高外资在我国经济增长中的贡献度。因此,涉外税收政策调整应从投资主体选择、投资项目选择、投资行为选择等方面明确政策目标来体现提高外资质量的需要。

(1)涉外税收政策应体现投资者甄别的需要

在境外投资者中,除了一些是真正希望实现产业转移与发展的投资者以外,也存在为了上市套现的投资者和赚取汇率变动收益的基金,他们具有一定的投机性,不符合我国引资的意图。当国内企业对他们加以区分比较困难时容易产生引入的盲目性。因此,税收政策应体现投资者的甄别机制。目前我国现有的针对引进外资的税收政策在这方面的功能相当有限,很大程度上只局限于引资的本身,无法体现"选资"的需要,也就是说对投资者的身份并没有做到明确的区别。为了达到切实引进我们所希望的投资者的目的,应建立投资者的遴选标准,并且在是否给予税收激励的条件上体现出来,针对鼓励性投资者和一般性投资者采用有差别的税收待遇。遴选标准可以考虑投资者的国际声誉、品牌知名度、投资前五年或三年的市场开拓能力和财务状况、投资与被投资企业的业务紧密度等因素,切忌单一的投资额标准。

(2)涉外税收政策应体现投资业绩的需要

联合国贸发会议(UNCTAD)在《外国直接投资与业绩要求:几个国家的新证据》的报告中指出,在经济全球化加快发展的背景下,业绩要求是提高外国直接投资效益和解决引资有关问题的一个重要政策工具。为使外资发挥的效用最大化，许多国家要求外国投资者在东道国的经营要达到特定目标，并将这种"业绩要求"与贸易政策、审议机制等其他政策工具一起应用，以达到各种不同的发展目的。根据我国的经济发展目标和投资战略目标，在税收激励政策的制定中，应将优惠条件的给予与其实际达到的业绩结合起来，重点考虑就业机会的创造、地区的平衡发展、行业和企业发展的扩散效应、技术的转让和提升以及产品附加值提高，引导境外战略投资者在获得投资收益的同时，真正为我国经济发展服务，达到一种双赢的局面。

（3）涉外税收政策应体现培育项目载体的需要

我国已制定了《外商投资产业指导目录》和《指导外商投资方向暂行规定》等外商投资的产业政策，但在具体实施上，还需加强与关税政策、税收政策等方面的配套与协调，不断推动我国产业结构的调整与升级。在引进外资和培育外商投资项目载体时，税收政策应有所作为。目前在我国针对外资的产业税收政策中，"生产性标准"是优惠政策的基本分界，使得我国制造业在引进外国直接投资上占主导地位。随着我国引资目标的转变以及我们在其他行业领域的逐步放开，税收上的"生产性标准"将有弱化趋势，实际应用标准必然要体现到提高企业竞争力上面来。因此，在坚持国家产业政策导向的基础上，相应调整我国的税收导向，从科学培育项目载体的目标出发，利用境外战略投资者在管理、技术、品牌等优势，通过产业的关联效应培育一批示范性强的项目载体，使我国的涉外投资税收政策不管是在制造业还是其他急需改造和发展的行业、不管是在劳动密集型行业还是资本密集型和知识密集型行业都有一定的适用性。对于具有战略意义的风险投资也应作为引进投资者过程中的项目载体培育对象，应完善风险投资税收政策。对于一般加工业和简单制造业应排除在战略投资者引入的范围之列而免予优惠，限制国外淘汰产业、高消耗型产业以及破坏和恶化我国自然环境的产业进入，防止外商投资可能对实现中国产业目标造成不良影响[1]。

（4）涉外税收政策应体现建立投资行为良性循环机制的需要

投资或持股的期限在很大程度上体现投资者的目标差异，投资者的投资期限应成为享受税收激励政策的重要前提之一。为了体现税收政策上的这一考虑，我国税收优惠环节的选择应从目前的企业设立环节向后予以推移，在达

---

[1]　邹根宝、舒鹏、关世琪："我国涉外税收优惠的利弊分析"，《当代财经》2004 年第 2 期。

到所要求的期限后开始享受税收的优惠,投资期越长,税收政策优惠力度越大,使投资者的投资行为朝长期化发展。同时,应强化再投资退税政策的运用力度与运用领域,鼓励投资者用于再投资而不是将利润迅速汇回母国,从而建立一种投资在东道国良性循环发展的机制,同时也保障我国资本项目上的安全。

（5）涉外税收政策应体现激励手段科学合理选择的需要

涉外税收政策调整并不是在原有政策上简单地增减,而是在审视原有政策的基础上以提高引资质量为导向对税收政策予以重构。税收激励手段是否科学合理,不仅涉及到引资的成本付出,而且涉及到引资的效应发挥,因此,税收激励手段的选择同样是建立质量导向型税收政策的题中应有之义。税收激励在涉外税收政策的运用中,无论在哪个环节采取何种税收政策,必须注重税收优惠手段的效率性,其包括两种含义:一是税收激励手段本身的效率性;二是税收激励手段对经济行为调控的效率性。前者要求我们以最少的税式支出成本来达到受惠者的投资成本降低,后者则要求提高投资者行为对优惠手段的反应灵敏度。因此,在税收政策的运用中,我们应掌握跨国公司投资最新特点及投资选择等,了解跨国公司投资决策的运作特点,明确自身在吸引跨国公司投资方面所具有的优势和存在的不足,以最少的成本付出来提高引资的效率和成功率。此外,应加强对投资国税制的研究,避免税收调控效应在国际税制差异的影响下弱化。

## 8.3　中国涉外税收政策调整的基本原则

1994 年税制改革以后,我国的内、外商投资企业分别实行两套不同的企业所得税制,一个税种两套税制,这在整个世界范围内都是罕见的。改革开放初期,我国对外资开放的领域和投资的条件是有限制的,因此税收上的优惠起到了一定的补偿作用。但是,随着经济的发展,实行内外两套企业所得税制所存在的弊端日益凸现。由于我国逐步履行 WTO 承诺,当年的投资限制已经不存在,现在外企在投资方面反而享受着比民企更优惠的待遇,以至于不少民营企业搞"假外资",很多外商投资企业其实是民营企业的资金在海外转了一圈又回到中国,以套取税收优惠①。同时,现在外商投资主要集中在东部地

---

① 邓力平:"经济全球化与税收政策的国际协调",《涉外税务》2000 年第 3 期。

区,所以内外商投资企业在税收上的差异也客观加剧了东、西部地区之间的不平等。因此过去我国"以市场换技术"的两套税制已经严重阻碍了当今经济的发展,《中华人民共和国企业所得税暂行条例》和《中华人民共和国外商投资企业和外国企业所得税法》合并势在必行,在"两税"合并的大前提下调整我国的涉外税收政策。"两税合一"是新一轮税制改革的主要内容,其改革也应该遵循新一轮税制改革的基本原则,即"简税制、宽税基、低税率、严征管"。此外,我国的涉外税收政策调整必须针对我国目前涉外税收激励政策存在的问题,顺应世界税制改革的发展趋势,结合我国的国情来进行。我国的涉外税收政策调整必须坚持以下原则:公平与效率相结合原则;产业税收激励与区域税收激励相结合原则;适度性与可操作性相结合原则以及国际化与本土化相结合原则。

### 8.3.1　公平与效率相结合的原则

所谓"两税并存",是指内外企业所得税在税制构成要素规定上的不统一①。主要表现在:(1)内外商投资企业所得税税基不统一。与外商投资企业相比,内资企业普遍存在成本费用补偿不足问题。(2)内外商投资企业税率不统一。虽然内外商投资企业所得税的名义税率(法定税率)都是33%,但由于税收优惠等政策因素的影响,其实际税负却都大大低于名义税率,内外商投资企业之间实际税负差别很大。(3)内外商投资企业税收优惠政策不统一。在税收优惠方面,外商投资企业比内资企业享受的面更广,优惠更多,从而实际税负更轻。另外,在我国,税收优惠政策多而复杂且极不规范,有行业优惠政策、区域优惠政策,有区分经济性质的优惠政策,此外还有大量的临时性减免等②。税收优惠政策过多过滥,破坏了公平税负的原则,影响了税法的严肃性和权威性,因此应当予以规范。应多采用符合税收公平原则和国际惯例的间接优惠措施,如税收抵免、亏损结转、加速折旧、再投资退税等,这些措施不受国际税收因素的制约。统一后的企业所得税应该在整体上充分体现公平,为所有企业提供一个公平的竞争环境,并可以通过对税基和税率的有效设置,

---

① 夏杰长、李朱:"税收激励与 FDI:理论分析与中国经验的检验",《涉外税务》2004 年第 9 期。

② 李传永:"我国外商直接投资税收政策的改革取向",《财政研究》1999 年第 1 期。

减少逃税激励,充分发挥税收对资源配置的杠杆作用,提高税收的征管效率和经济效率。

效率原则可以从两个层次来理解:

其一,税种设计应尽量保持中性,不干预市场经济的正常运行,不影响微观经济主体决策,使税收超额负担趋向于最少,应当避免对市场经济行为的扭曲,从而使市场充分发挥资源配置作用。我国通过经济发展的合意外资。税收优惠只是达到这一目的的手段,因而必须强调引资的效率原则。通过涉外税收政策的调整,不仅是提高引资的数量和规模,更重要的是提高引资的质量。引资的质量具体来说包括是否能提高我国的技术管理水平,增加就业,均衡区域经济发展,提高本国企业的竞争力。为了吸引外资进入我国,我国实行税收激励政策的成本代价是高昂的,包括直接成本、间接成本以及部分隐性成本。我国引进了相当数量的外资但是也伴随着相当大的一部分税收收入损失,引资成本较高。付出这些代价所希望实现的目的就是引进的外资能够很好带动我国经济的发展,因此,如何付出最少的代价带来最大的效益就是政府在制定税收激励政策时必须考虑的问题。我们在制定税收优惠政策时要对不同的税收激励工具所产生的效益和水平进行比较分析,从中选择最佳的优惠方式减少税收成本的支出。此外我国加入 WTO 以后经济发展迅速,人均国民收入和购买力逐步提高,外资进入我国的目标也发生了改变。外资类型中市场导向型多了起来,我国的引资目标势必要相应跟着改变。应该实施高效的税收激励政策将外资吸引到最有利于我国经济发展的地方去。因此涉外税收政策的调整应体现税收应有的经济运转效率,针对外商投资的特点与我国利用外商投资的需要及我国经济发展的目标,制定相应的外商投资税收政策,更有效的提高我国利用外资的质量,从而促进我国的产业结构调整与优化,推动我国高科技产业的发展、技术的进步及出口贸易的持续稳定增长,使涉外税收最大限度实现政府既定的社会经济目标,以充分反映成本与收益考核的效率原则。

其二,税收征管效率要求,即国家必须以尽可能少的征税成本获得尽可能多的税收收入。涉外税收应该向简便易行调整,在降低征税成本的同时,堵塞税收优惠漏洞,提高税收征管效率。以效率原则衡量我国涉外税收政策的调整,不仅要评价它所形成的行政效率,更注重评价它对资源配置的影响效应,较高的行政效率一般说来总是能够促进经济效率的提高。涉外税收政策的调整必须符合帕累托效应的要求,不增加社会经济的额外负担,不扭曲资源的有效配置,尽可能地提高经济效率,增进社会福利。

## 8.3.2　产业税收激励与区域税收激励相结合的原则

产业税收激励与区域税收激励相结合是指以产业税收激励为主,区域税收激励为辅。我国目前以区域性激励为主的所得税激励政策加剧了区域间经济发展的不平衡,而且,目前这种"普惠制"的所得税激励政策,并没有对资本密集型和技术密集型产业产生明显的引力作用,反而为那些劳动密集型、技术含量不高的投资项目带来了大量利润,不利于我国外资结构的优化和产业结构的调整①。统一后的企业所得税的一个重要功能就是有助于实现国家产业结构的合理化。特别是在税收激励政策的设计上,应坚持产业导向的原则,将资本引导到我国需要优先发展的产业上来,不断提升和优化我国的产业结构。因此,在"两税"合并的大趋势下,我国涉外税收政策的调整要统一税收激励政策,形成以产业激励为主、区域激励为辅的税收激励政策新格局。

现行的产业政策是通过大力发展农、林、牧、渔等落后产业,能源、交通、原材料等瓶颈产业及技术密集型产业以达到优化产业结构的目的。现行的涉外税收激励政策只对农、林、牧等几个行业的特殊优惠进行了粗线条的规定,对其他行业不分产业性质实行"一刀切"的激励政策。结果是不同行业承担着相同的税负,未能有效地引导外资流向我国亟待发展的瓶颈产业。另外由于外商投资企业在所得税和进口税方面比内资企业享有更大的优惠而在流转税方面的税负较重,导致外商投资企业为了获得更多的利润而把资金主要投资于规模小、周期短、见效快的一般生产、加工、消费性产业,导致这些产业的过度发展。而一些投资规模大、经营周期长、见效慢的基础产业和技术、资本密集型产业这些国家所急需发展的产业得不到足够的资金,加剧了我国产业结构的不合理。可以说目前我国的税收激励政策多属行业性或区域性优惠,如对经济特区的优惠、西部大开发的优惠、基础能源建设项目的优惠等等,而产业性优惠政策很少,与国家宏观的产业结构调整缺乏有效配合。借鉴各国税制改革的成功经验,税收优惠政策必须突出产业政策,促进资本、知识密集型产业发展,由普惠制过渡到特惠制。现阶段调整我国的涉外税收要从根本上服从于产业结构政策,服务于我国的产业结构升级的要求。

---

① 安体富、王海勇:"论内外两套企业所得税制的合并",《税务研究》2005 年第 3 期。

现行的涉外税收优惠层次过多,税收优惠政策主要针对的是经济特区、沿海经济开发区及边远地区等,主要倾斜于东部沿海地区。这种在不同的经济区域设置不同的税收优惠税率的政策导致大量外资流向了沿海,使内地的发展因缺少资金而受阻,进一步拉大了东部沿海地区与中西部地区的经济差距,不利于实现区域经济均衡发展的目标。特别是现行涉外税收优惠政策偏多,政策目标之间缺乏协调,地方并且各个地区出台了不同的优惠政策盲目的引进外资,只重数量忽视质量,既影响收入又形成了各地区争夺外资的恶性竞争局面,每个地区从自身利益最大化出发而不考虑整体利益这本身就构成了"囚徒困境",既不利于保证全国利益最大化,也不利于各地区自身的长远利益。因而涉外税收的优化就要改进这一缺陷,为西部引资出台优惠措施,缩小东西差距,平衡地区经济,另一方面要实行全国统一的外资政策限制各地区制定特殊的政策。

### 8.3.3　适度性与可操作性相结合的原则

20 世纪 80 年代中期以来世界性税改呈现的"中性化"浪潮带来人们对涉外税收优惠作用认识的巨大转变,也在世界范围内降低了人们对涉外税收优惠作用的期望值。今后我国涉外税收优惠发展的取向应当是"适度"地把握税收优惠,把给予外商投资企业的税收优惠控制在适当的水平上。这里所说的"适度",包含三层意义:一是从发展的方向看,我国的涉外税收优惠要逐步向国民待遇原则靠拢,过多、过滥的税收优惠应当加以严格清理和坚决压缩,这也体现了"两税"合并的精神。二是向国民待遇原则靠拢并不意味着要完全废除涉外税收优惠,"两税"合并是大前提,但是对于一些重点行业,涉外企业与内资企业所得税的统一并不意味着外商投资企业就不能从其他方面得到税收优惠,国家应鼓励通过其他手段来吸引外资。三是任何政策的调整都不可能一步到位,必须采取渐进式的调整策略①。

任何政策设计出来都需要真正实施下去才能实现其目的,因此在调整税收激励政策时必须考虑政策的可操作性,尤其是在我国。目前我国的不少税收政策执行部门的工作人员法制意识不够强,专业素质不高,造成在税收政策执行时随意性比较大,透明性和稳定性不高。因此在设计涉外税收激励政策

---

① 屠建平:"'两税合并'中的税收合并政策探讨",《税务研究》2006 年第 1 期。

时,一定要针对这种现状,将政策制定得比较具体,减少执行的随意性,提高透明度和稳定性。

## 8.3.4 国际化与本土化相结合的原则

现代经济条件下市场机制在全球发挥作用,关系到所有参与全球化国家的利益,而每个参与者都要在既定的规则下竞争。我国已经成为世界贸易组织的成员国,就应该努力融入世界经济当中,使国内经济运行体制、规则向国际规则靠拢,使"小经济"在一个共同规则的基础上和"大经济"一起运行。因此我国涉外税收政策的调整,首先要在符合经济全球化总体规则的要求下逐步取消那些不符合经济全球化规则的涉外税收政策[①]。"两税合一"本身就是符合国际惯例的表现,因为像我国这样对内、外商投资企业分设两套税法的国家已经很少了,统一税法才是主流。其次随着经济全球化的发展,我国对外经济交往的扩大为了便于国际经济、技术、文化交流,便于国际税收协调及防止国际避税,涉外税收政策应尽可能地与国际接轨,取消与客观形势发展不相适应的税种,合并那些重复设置的税种,开征一些确有必要开征的新税种。

涉外税收实际上是我国和外商投资企业的一个动态博弈过程的结果。外商投资企业投资的目的就是为了获取利润。税收政策优惠能够使其受益,这也是外商投资企业投资考虑的因素之一。我国制定这些涉外税收政策的目的是为了吸引外资,促进本国经济发展。涉外税收政策的调整是中国经济发展与外商投资企业之间的博弈过程,从经济学的角度讲是利益分配格局的调整与和谐的过程,实际上就是国家利益与外商投资企业利益之间的博弈过程。涉外税收政策调整的目的是为了达到我国经济发展和外商投资回报双赢的最佳和谐点[②]。我们应该意识到要保持税收优惠政策的实施效果,必须依据经济发展状况对现有的税收优惠政策进行及时的修订和调整,无限度地实施税收优惠只会导致经济发展目标的扭曲,违背我们制定政策的初衷。所以,税收政策不能是一成不变的,必须考虑外商投资趋势的变动和本国国情的变化,以时间、地域和经济环境为转移,紧紧围绕最佳和谐点适时地进行政策调整。最

---

① 夏杰长、李朱:"税收激励与 FDI:理论分析与中国经验的检验",《涉外税务》2004 年第 9 期。

② 邹根宝、舒鹏、关世琪:"我国涉外税收优惠的利弊分析",《当代财经》2004 年第 2 期。

后,还要做到稳定性和灵活性的有机结合。保持税收优惠政策的相对稳定,是保持经济稳定健康发展的重要因素。但稳定性是相对的,国家根据政治经济形势需要,适时对不合时宜的税收优惠政策进行必要的调整,也是调整涉外税收政策的一项重要措施,两者必须结合好。

## 8.4　中国涉外税收激励政策调整

改革开放至今,税收激励政策对于我国引进外资起到了极大的促进作用,但是也给我国带来了较多的税收流失,产生了不少负面影响。随着我国经济的迅速发展,社会主义市场经济体制的逐步建立和完善,现行的以牺牲本国经济利益吸引外资的税收激励政策已经不再适应我国经济发展的需要,其弊端不断凸显出来。目前,统一内外商投资企业所得税的呼声越来越高,而且"两税合一"草案已通过两会表决,新的企业所得税法将于 2008 年开始实行。尽管企业所得税的统一并不意味着税收优惠政策的完全取消,但伴随着内外资所得税制的合并,我国的对外税收激励政策也应根据经济发展的需要相应作出调整,将过去对外资的优惠从普惠制转变为特惠制。两税合并后,税收激励政策调整的主要目标是:一是产业导向为主,兼顾区域性;二是间接优惠为主,直接优惠为辅。如何调整我国的涉外税收激励政策是一个难点问题,既不能因为税收激励政策的调整而使外资引进产生太大的动荡,又要争取付出最小的代价引进外商战略投资者,同时还结合我国的实际情况,制定具有可操作性的涉外税收政策。

### 8.4.1　涉外税收优惠方式调整

(1)税收优惠方式由以直接优惠为主转为以间接优惠为主。直接优惠和间接优惠方式允许的结果是不同的。直接优惠方式的特点是对税收的直接减免,这不但直接造成税收收入的流失,而且容易使享受税收优惠的企业钻政策空子逃避税收;间接优惠方式的特点是对税收的间接免除,这种形式是允许企业在合乎规定的年限内,分期缴纳或延迟缴纳税款,其税收的主权没有放弃,有利于体现公平竞争,维护市场经济的平稳发展,保障国家税收收入。长期以来,我国的税收优惠方式一直以低税率和减免税为主,这种直接优惠方式在实践中暴露出了其成本大、管理难且效率低下的缺点。由于世界上多数国家都实行税收抵免制度,而我国与许多发达国家之间并没有税收饶让协定,因此我国对外商直接投资优惠的税款往往被其母国政府所获得,外商并没有直接从中受益。这种税后优惠的方式造成了只有赢利企业才能真正享受税收优惠的好处,亏损企业和微利企业则相对不能得到优惠政策的更多好处。这使得投资者因为投资的产业收益特点不同,而享受的优惠政策的实效不同。从而,降低了那些投资规模大、投资周期长、获利小、见效慢的项目对外资的吸引力。而这往往又是我国急需发展的瓶颈产业,如农业、基础产业等。而加速折旧、费用加倍扣除、亏损结转、投资税收抵免和再投资退税等多种间接优惠形式,既能避开相关国家涉外税制的制约,又能使纳税人真正受益,还能尽量降低税收优惠成本(因为间接优惠仅是改变税收收入的入库期限,而不会影响税收收入的总量,对于国家财政收入的影响相对较小),而且更适合于鼓励资本密集型和技术密集型项目的投资。另外,直接税收优惠大多针对的是外商投资企业所得税实施优惠,这与内外资所得税合并的趋势不相符合,必须对其进行调整,减少减免型优惠政策的使用,降低其优惠的幅度,缩短优惠的期限。但同时鉴于我国目前的实际税收征管水平,直接税收优惠具有简单、易操作性的特点,也不可完全放弃,且过快的调整将对外资进入我国产生大的震荡,因此,在对减免型税收优惠方式进行调整时不宜采取一次性到位的调整,要分步实施,逐步减少优惠的幅度,给外商一个明确的过渡期①。对于已享受"两免三减半"等直接优惠而期限未到的企业,原则上是老企业老办法,新企业新办法,确保改革的顺利进行。

(2)增加税收激励手段的多样性,提高其选择性。由于不同的税收优惠方式对投资的影响不同,有的是减少资本投入,有的是降低成本费用,有的是延迟税款入库,因而应采取多种税收优惠方式,提高我国对外商直接投资税收优惠的实际效果。针对我国外商投资来源广泛、投资领域多样化的特点,除了调整我国现行的直接优惠性质的税收措施外,还应根据具体情况,提供有关加速折旧、税收抵免、投资扣除、亏损结转和再投资退税等间接性的税收优惠措施,以增加税收政策手段的多样性,扩大外商投资者对于税收激励政策的选择空间,增强税收优惠的有效性。结合各国不同的税收原则和政策,考虑不同产业的投资和收益特点,采取灵活多样的税收优惠方式。例如,对经认定的高新

---

①　薛睿、李翠华、王如渊:"中国现行税收政策对 FDI 的影响及其利弊分析",《税务与经济》2006 年第 2 期。

技术企业,可考虑采取如下间接优惠方式:首先,对于固定资产可采用加速折旧,按照技术标准规定加速折旧的程度;其次,可增加税前列支项目,允许按一定比例扣除科研、开发、专利费用、风险准备金支出等,对填补国内空白的重点项目的固定资本支出,可按其投入额的 50% 抵扣当前应缴纳的所得税款;最后,将亏损弥补年限延迟至 6～8 年,减少企业由于投资于高风险领域而蒙受的损失。此外,对国家级新产品的开发、研制、生产的企业,可允许按一定比例扣除开发新产品的成本、费用,以及为推广新产品而支付的广告宣传费用。其基本目标是:压缩低税率和减免税适应范围的同时,引入并扩大对加速折旧、盈亏抵补、投资抵免、税收信贷、再投资退税和投资准备金制度等间接优惠手段的运用,改革现行不合理的再投资退税和亏损结转制度,放宽科研和开发费用各项扣除的标准等,逐步建立起以间接优惠为主,多种优惠手段协调运作的优惠体系,真正发挥其独特的调解、激励的作用,保证税收优惠的好处确实落到外商投资者手中。当然,在适当抑制外资对中国传统产业的直接投资的同时,应当用其他的税收优惠政策鼓励外资对传统产业的间接融资和技术转移①。

总体来说,结合我国税收的产业和区域优惠政策,可以针对不同类型的外商投资企业采取不同的优惠方式:①对于有利于均衡区域经济发展的外资,还是可以采用直接优惠方式,但是要降低优惠的幅度。这方面可考虑在中西部地区设几个特区,这种特区的概念是虚的,不是地理意义上的,只要符合某些条件即可享受一些优惠,而不必单独圈定一些区域做特区。②对于促进技术、管理、再投资等方面的外资主要选择间接优惠方式。企业必须采取符合政策目标的措施后才能享有这类优惠,因而不仅更易实现引资目标,而且可以减少无谓的"假外资"流入②。

(3)加强国际协调,坚持订立税收饶让抵免条款。外国投资者能否真正得到资本输入国给予的税收优惠,很大程度取决于资本输出国能否实行税收饶让。而目前和我国签订税收协定的 80 多个国家中,大多数国家采取居民管辖原则,对其本国投资者来源于全球范围的所得征税,不实行税收饶让,这就意味着,我国采取税收优惠政策对外商直接减免的税款,大部分被投资者居住国政府补征回去,外商并没有得到真正实惠。这样既起不到鼓励外商投资的

① 苏建华:"促进 FDI 与中国涉外税收的动态和谐",《经济与管理》2006 年第 3 期。
② 周清:"对涉外税收优惠政策的理性分析",《经济师》2005 年第 8 期。

作用,又造成国家税收权益的外流①。因此,为使我国的税收优惠政策真正达到其引资的激励效应,一方面,我国应进一步加强双边国际税收协调,在对外税收协定中坚持列入税收饶让抵免条款,以使外商投资企业真正受益,而且为了避免跨国关联企业滥用税收协定中的饶让及优惠等条款进行跨国避税,应考虑在税收协定增添情报交换条款和防止利用转让定价、资本弱化、避税地等避税的专门条款等;另一方面,我国应积极参与多边国际税收协调,遵从 WTO 与税收相关的各项规则,关注国际组织非强制性税收协调的动向,吸收、借鉴有关税收实务的国际惯例。

## 8.4.2　产业税收激励政策调整

产业税收激励政策的调整,关键在于产业的选择,应立足于我国经济发展的需要,有利于提高企业的创新能力,有利于产业结构的优化,有利于经济可持续发展。其中尤为重要的是要有利于提高企业自主创新能力。就目前情况看,我国企业的自主创新能力还是非常薄弱的。在高新技术产品的出口中,"三资企业"占了 80% 以上,而我国企业自主创新的高技术产品出口只占到外贸总额的 2%。我国有自主知识产权、核心技术的企业只占到我国企业数的万分之三。当代世界各国的税制改革趋势,其采取的税收激励政策多是以促进资本密集型和技术密集型产业为导向的,这些优惠政策大大提高了发达国家在经济全球化中的国际竞争力。而一直以来我国的产业优惠政策只对农、林、牧、渔等几个行业的特殊优惠进行了粗线条的规定,其他行业则不分行业性质,实行"一刀切"的优惠政策。这些优惠政策产业导向模糊,并没有对资本密集型和知识密集型产业产生引力作用。因而,我国在调整税收激励政策时,应借鉴发达国家的经验,并根据外资的拉动效应、"外溢"效应等积极效应和贸易利益转移问题、"挤出效应"等负面影响,在我国颁布的《90 年代国家产业政策纲要》基础上分部门、产业制定不同的外资激励政策,将外资激励政策同企业自主创新能力相结合,提升产业竞争力。

(1)对重点产业、主导产业的投资,无论内外资均应享有税收优惠,并在此基础上,给予投资于某些先驱产业的外资一定程度的特殊优惠。在经济全球化当中,各国产业结构调整的核心目标是提高产业的国际竞争力,而一国产

---

① 韩霖:"'两税合并'之际涉外税收优惠应何去何从",《税务研究》2005 年第 11 期。

业国际竞争力的形成关键在于建立具有国际竞争力优势的主导型战略产业，如新兴信息产业、新技术产业、生物工程、软件电子工程等。我国产业税收激励政策的调整，应根据高新技术产业发展的特点和需要，改变对不同高技术企业给予不同优惠的行为，在"两税合一"的大方向下，有针对性地选取具有国际竞争的重点产业、主导产业给予较大幅度的优惠。具体内容如下：

①在企业所得税方面，调整原有的税收优惠。优惠的重点应从对企事业单位、科研成果转向对高科技企业的成长时期或重大技术攻关、重大市场开拓等关键阶段的税收优惠和税收支持。另外，为保证税收优惠的实际效果，应考虑建立科技投资项目登记制度，并进行跟踪监督，根据国家的产业政策予以优惠；同时，规定高新技术企业所得税优惠税率的效用期限，以及优惠对象在违背政策目标时的惩处办法，如对技术、产品、成果不再属于高新技术的企业，恢复按33%税率征收，对最终成果不符合要求或将资金挪作他用的，必须及时取消其享受优惠的资格，追回所给予的优惠。

②增值税方面关于高科技产业优惠政策的完善。在增值税尚未实施转型之前，建议在增值税条例中增加特定扣除项目的条款，对高新技术企业的技术性费用、研究开发费用、新产品试制和宣传广告费允许税前抵扣，如软件生产企业开发、销售软件的直接支出，包括开发人员工资、销售软件培训费、维护费、差旅费、升级费等准予据实抵扣（据测算，软件开发直接支出占软件收入的60%~70%之间，如据实抵扣，税负在5.1%~6.8%之间）；对专利权、非专利权技术转让，按其实际所含的营业税予以抵扣；对技术含量高、增加值比率在60%以上的高科技产品，实行13%的低档税率，适当降低其实际税负。同时应根据经济形势的不断发展变化，考虑扩大增值税的征收范围，将与高新技术产业发展密切相关的交通运输、服务业等行业纳入增值税征收范围。作为实施此项政策的过渡措施，目前可对企业购入和自行开发的科技成果费用中所含的税款，比照免税农产品与交通运输费的有关规定，按照一定的比例计算扣除进项税额，以减轻高科技企业的实际税收负担。

③调整高科技产业的优惠方式。首先，采用投资抵免、再投资退税等税收优惠政策引导外资的产业流向，如对投资于国家认定的高新技术产业和项目的外资，允许其将投资资产按一定比例冲抵所得税税额；对再投资高新技术产业和项目的外资给予50%的退税优惠待遇；高科技企业的利润用于生产规模的扩大或者国家鼓励的科研开发项目的投资时，可全部或部分退还其缴纳的企业所得税。其次，实行资产的加速折旧，明确规定用于研究开发活动的新设

备、新工具可实行双倍余额递减法或年数总和法等加速折旧办法;对技术领先的环保设备、国产软件的购置和风险资本的投资实行"期初扣除"的折旧方式,允许在投资当年就扣除 50% ~ 100% [1]。

④建立鼓励风险投资税收优惠政策体系。高风险是制约企业扩大科技投资的一个非常重要的因素,所以应从税收角度制定一些优惠政策鼓励风险投资的发展。首先,制定有关风险投资的税收倾斜政策,鼓励风险投资机制建立。一方面,对风险投资公司投资高新技术企业的风险投资收入,免征营业税,并对其长期实行较低的所得税率;另一方面,对法人投资于风险投资公司获得的利润减半征收企业所得税,对居民投资于风险投资公司获得的收入免征或减征个人所得税;其次,直接对高新技术产业发展过程中存在的风险因素给予考虑,准许高新技术企业按照销售或营业收入的一定比例设立各种准备金,如风险准备金、技术开发准备金、新产品试制准备金以及亏损准备金等,用于研究开发、技术更新等方面,并将这些准备金在所得税前扣除;允许企业特别是有科技发展前途的中小企业,按其销售收入一定比例提取科技开发基金,以弥补科技开发可能造成的损失,并对科技开发基金进行规范,规定准备金必须在规定时间内用于研究开发,技术更新和技术培训等与科技进步的方面,对逾期不用或挪作他用的,应补缴税款并加罚滞纳金。最后,制定有关风险投资的税收倾斜政策,鼓励风险投资机制创建立。一方面,对风险投资公司投资高新技术企业的风险投资收入,免征营业税,并对其长期实行较低的所得税率;另一方面,对法人投资于风险投资公司获得的利润减半征收企业所得税,对居民投资于风险投资公司获得的收入免征或减征个人所得税;最后,对企业投资高新技术获得利润再用于高新技术投资的,不论其经济性质如何,均退还其用于投资部分利润所对应的企业所得税。

⑤适时提高高新技术企业计税工资的标准。由于高新技术企业对于员工的文化素质和技术水平要求较高,所以员工的工资普遍偏高。尽管我国提高了计税工资的标准,但据调查,高新技术企业人均工资每年至少达到 3 万 ~ 5 万元,而且当前工资的内容包括了住房、医疗、保险、交通等方面,这造成了高新技术企业应纳税所得额的虚增,增加了企业的税收负担。因此,对高科技产业领域从事科技开发和研究的人员,在计征个人所得税时,要提高对其工资薪金收入和其他收入的个人所得税起征点,而科研奖励收入及对科技成果收益

---

[1]　韩凤芹:"促进高技术产业发展的税收政策",《中国经贸导刊》2005 年第 7 期。

的提成收入考虑免征个人所得税,以鼓励其从事科研开发工作。

(2)对中性产业投资,则外商投资企业与国内企业享有对等的税收优惠,统一内外商投资企业的税收。

(3)对限制性行业,则一律不予税收优惠,并可考虑加征一定的附加税。例如外商大量投资的我国的传统行业劳动密集型产业。中国就业人数多,有大量廉价劳动力,因此生产的劳动密集型产品价格比较低,竞争力强,产品都保持着强劲的出口竞争力。外资进入中国的这些产业,是为了利用中国的廉价劳动力等生产要素,并且会挤出部分国内企业,掠夺市场和贸易利益。因此,对于进入这些产业的外资应当取消"超国民待遇",不仅不应给予税收优惠,还应适当提高外商投资企业的税率,以弥补其给东道国造成的福利损失。

(4)从全球范围看,各国的投资激励政策在经历了以消除市场进入障碍为目标的第一代促进投资政策和以国家整体实力来推动的第二代促进投资政策以后,强调聚集效应的第三代促进投资政策正在形成。因此,中国未来应取消外资的"超国民待遇",转向提高产业关联效应、集聚效应、完善特定的需求配套等外资激励政策。这不仅对外资更具吸引力,而且可以减少本国的福利损失,提升产业的国际竞争力,推动产业结构调整。苏南地区外商云集就是利用产业关联效应的很好例子。例如,无锡高新技术开发区被称之为"日资高地",在那里投资的日子本企业主要集中在微电子、半导体和电子产业,在日本微电子、半导体产业外迁过程中,无锡由于以日本半导体技术为背景发展起来的华晶集团的存在,半导体产业基础较好,所以日资的这类投资大都选择从无锡进入中国市场①。

### 8.4.3 区域税收激励政策调整

当前我国的区域性税收优惠政策主要针对经济特区、沿海经济开发区及边远地区等,主要倾斜于东部沿海地区,这种税收优惠的区域不平等,导致大量外资流向沿海地区,使内地的发展因缺少资金而受阻,进一步拉大了内地尤其是中西部地区与沿海地区的经济发展距离,导致我国地区经济发展的不平衡状况越来越严重,不利于我国建立社会主义和谐社会这一宏伟目标的实现。因此,为平衡地区差距,实现全国各地区税负公平,促进全国经济的均衡发展,

---

① 屠建平:"'两税合并'中的税收合并政策探讨",《税务研究》2006年第1期。

我国区域税收优惠政策应由东部沿海经济发达地区向中西部不发达地区转移:

(1)在"两税合一"的新的企业所得税法里,税收优惠的重点已由区域税收优惠为主转为产业优惠为主,基本已取消区域性税收优惠,但为缓解新税法对部分老企业增加税负的影响,新税法中对"老的外商投资企业享受 5 年过渡期"等过渡优惠期安排。笔者认为应取消对经济特区、经济技术开发区等东部经济发达地区所享受的一切区域性税收倾斜政策,但基于政策的连续性、稳定性及政治因素考虑,五个经济特区(尤其是深圳)和上海浦东新区优惠政策的过渡时间可适当延长一些,以便继续发挥这些地区招商引资的窗口示范作用。其实,我国入世后,经济特区作为我国改革开放窗口的历史任务已经完成,已转向成熟期的经济特区、经济技术开发区等东部享受区域税收优惠的地区今后的发展不能再靠政策优惠,而应主要靠自身积蓄的能量,并通过优化投资环境来广泛地吸引高质量的外资。而且,随着税收优化政策效应的逐步弱化,即使全部取消区域税收优惠政策,东部沿海地区优越的地理位置和投资环境以及廉价的劳动力资源优势,对吸引外商直接投资仍然具有比较优势。所以,东部地区应最大限度地减少国家财政收入的损失和税收利益的让渡,同时,帮助中西部地区共同发展。

(2)尚处于开发初期急需资金的中西部地区,则应实行优惠幅度相对较大的优惠政策,并以直接性的税收优惠为主,以扩大外商投资的空间[126]①。除了传统的外商合资、合作等外资利用方式外,还可以采取多种新形式利用外资,如引进 BOT、项目融资、转让项目经营权和证券融资等新的外资利用方式。在此基础上,以产业政策为导向,对投资中西部地区基础设施建设的企业,应给予更多的优惠;对于中西部地区国家鼓励的外商投资企业,生产产品技术含量高,国内需求大的,将进一步放宽对其产品外销和出口的要求。

(3)由于西部地区投资环境较差,税收政策的作用可能受到抵消,因此不宜采取全面性的地区税收优惠政策,可以考虑辅以其他非税收优惠政策的各种手段加大对西部地区的资金投入,中央应进一步增加对西部地区的转移支付力度,取消全面税收优惠后所增加的收入应全部投入西部地区的基础设施

---

① 国务院:《中华人民共和国外商投资企业和外国企业所得税法实施细则》,国务院令第 85 号,1991。

建设。这些做法一方面通过税收优惠弥补了中西部地区投资环境较差所增加的投资成本，以引导资金、技术和管理经验向中西部地区流动，从而促进东部发达地区的部分产业和企业向中西部地区迁移，扩大横向经济联合与协作，使西部地区的资源优势转化为经济优势，从而有利于资源的有效配置；另一方面也有利于发挥税收调控作用，促进地区间经济平衡发展。

根据以上原则性政策，政府可以逐步颁布许多有利于中西部引资的具体政策，如鼓励沿海地区外商投资企业到中西部地区再投资，外商投资比例超过某个比例的项目，视同外商投资企业，此外，中西部省会城市还可进行国内商业、外贸、旅行社的开放试点。经国家有关部门批准，中西部确有优势产业项目可列入鼓励类外商投资项目，享受进口自用设备免征关税和进口环节增值税等优惠[1]；对限制类和限定外商股权比例项目的设立条件和市场开放程序，可适当放宽；优先安排一批农业、水利、交通、能源、原材料和环保项目在中西部吸收外商，并加大对项目配套资金及相关措施的支持；鼓励中西部军转民企业和国有大中型企业利用外资进行技术改进。

## 8.5 中国涉外税种的调整

### 8.5.1 企业所得税的调整

对我国现行企业所得税制度的改革是当前涉外税收政策调整的最为重要的一步，因为我国有关外资的税收优惠主要集中在所得税之中。目前我国政治形式稳定，市场经济体制改革不断深入，经济持续平稳较快增长，企业投资和发展环境日臻完善。我国加入世界贸易组织的过渡期已经结束，外资的市场准入方面的限制大大放宽和相继取消。借鉴国际税制改革经验，实施宽税基、低税率的企业所得税改革时机已经成熟，"两税合并"成为改革的必然趋势。"两税合并"是指将两部法律法规统一成一部企业所得税法，在税率等方面对内外商投资企业一视同仁。

（1）纳税人的界定

我国现行企业所得税对纳税人的界定比较模糊，由于现实社会中企业的

---

① 薛睿、李翠华、王如渊："中国现行税收政策对 FDI 的影响及其利弊分析"，《税务与经济》2006 年第 2 期。

组织形式不同,分类标准不一,在课征范围上的不同划分,形成了企业所得税的不同类型。外商投资企业所得税法以法人作为纳税人,内资企业所得税则沿用传统规定,以独立经济核算的经济实体作为判断纳税人的标准。在现实中往往出现一个企业法人可以派生多个经济核算的分支机构,一个法人纳税人下又可以派生多个非法人的纳税人,因此容易造成税收征管上的混乱,而且税法规定的纳税人包括有法人地位的企业和不具法人地位的经济组织和实体,可把企业与自然人分别看成独立的主体分别课税,容易造成企业所得税和个人所得税之间的重复征收。

因而,借鉴国外经验,我国企业所得税合并后,在纳税人的规定上应以法人作为企业所得税纳税人的判断标准。原因如下:①法人所得税法的适用范围更广,不仅可以包括企业法人而且还可以包括事业法人和社团法人。目前我国存在一些实行自收自支、企业化管理的社会团体,以及财政差额管理的事业单位,它们并不具备企业的性质,对这些社会团体、事业单位的生产经营所得和其他所得征收企业所得税名不副实,而且法人还区别了不是法人的合伙企业和个人独资企业,合伙企业和个人独资企业没有法人资格,不交纳企业所得税可交纳个人所得税。②法人所得税法是借鉴西方国家成功经验的总结。西方国家中企业的形式包括单人业主制、合伙制和公司制三类,因此对于纳税人的界定,国际上通行的做法是一般只对按公司法组建而成的法人公司征收企业(公司)所得税,而对非法人公司的合伙企业和个人独资企业不征收企业(公司)所得税,只征收个人所得税。

此外,我国企业所得税的纳税人实质上是不区分法人和非法人,在税收管辖权方面没有明确表述居民与非居民的概念。因此,改革后的企业所得税还要注意结合注册登记地和住所标准来确定居民法人和非居民法人。主要办事机构在中国境内的,是中国居民法人,就要就来源于中国境内外的所得纳税。外国法人在中国设立机构或场所,独立生产经营或与中国境内法人合作生产经营以及虽未设立机构、场所,但有来源于中国境内的所得纳税。

(2)税率的确定

现行的内资企业所得税法税率是33%,只是对应纳税所得额不超过3万元的,适用18%的税率,不超过10万元的,适用27%的税率。外商投资企业适用的是30%的基本税率加3%的地方税率,设在特定地区和属于特定产业的,分别不同情况减按24%和15%的税率征收,实际执行的也是按减低后的两级优惠税率,有的还适用10%的更低税率。内资企业的税率水平普遍高于外商投资企业,是当前存在的一个重要矛盾。统一企业所得税,首先就要统一税率①。

在企业所得税的税率水平设计上,首先要顺应国际上降低所得税税率水平的趋势。从我国周边国家和地区看,企业所得税最高的是印度,为40%,最低的是中国香港,为16.5%。西方主要发达国家企业所得税税率为:德国25%,英国30%,美国实行15%、18%、25%、33%四档超额累进税率。其次要考虑我国国内企业的平均盈利水平不高的实际情况。统一后的企业所得税税率应本着鼓励内外商投资企业平等竞争、同国际惯例接轨,同时保持税率的相对稳定的原则。尽管2007年全国人大审议的企业所得税税率定为25%,但笔者认为合并后的企业所得税税率以27%更为适宜。理由是:27%是我国现行内资企业所得税三档税率中的一个,实行该税率档次有助于保持政策的连续性和稳定性;上面提到的几个国家和地区的税率平均水平也是27%,实行该税率档次更符合国际趋势,便于继续吸引外资,也有利于减少国际间由于要素流动、国与国之间的税率差异所引起的逃避税;由33%降低到27%,降幅不算大,加之合并后的企业所得税拓宽税基,辅之以加强征管,能保证我国的财政承受能力。

(3)应纳税所得额的确定

合理确定税基是统一内外商投资企业所得税的基础。当前,内外商投资企业在费用和扣除标准上存在差异,内资企业的扣除标准要高于外商投资企业,外商投资企业的税基比内资企业要窄。为公平税负,合理确定税基,调整后的新税法应对税收收入的确定,扣除项目的范围和标准、资产的税务处理等做出具体规定,具体来说:

①计税收入的确定

由于会计利润旨在反映企业的经营成果,理应严格按照权责发生制原则确认收入的实现,而纳税义务的发生,直接引起企业的现金流出。本着税收为经济建设服务的宗旨,顺应企业发展规律,建议在应税收入确定时,适当兼顾收付实现制原则。如对应收未收的销售收入、对金融企业应收未收的利息收入、对接受非货币性资产的捐赠、以非货币性资产对外投资评估增值所取得的经济利益等项目,可以在限定条件下适用收付实现制。这里的限定条件很重

---

① 杨燕萍:"统一内外商投资企业所得税的探讨",《广东财政职业学院学报》2005年第10期。

要,如对金融企业超过规定的期限以上的应收未收利息才按实际收到利息计算应税所得,对接受捐赠的非货币性资产、以非货币性资产对外投资评估增值部分,金额较大的,可按期分摊计入应税所得。

②统一税前扣除标准和范围

第一,工资的税务处理。工资的税务处理。目前对内资企业的限制中,计税工资的弊端很多,造成企业重复纳税,既纳了个人所得税又纳了企业所得税。所以应将计税工资这项取消,采取目前外商投资企业工资列支的办法,即企业按实际工资发生额进行所得税前扣除。如果担心企业工资失控,可以通过个人所得税加以调节。为此,应加强企业所得税与个人所得税在税制上和征管上的衔接。而且必须遵循工资的扣除要与企业的经营业绩、经营规模相比配的原则,以更合理的措施调控企业工资增长的速度。

第二,关于股息、红利的处理。外商投资企业所得税是采用免税的税额扣除法,而内资企业分回的利润、股息和红利存在一个补缴差额税款的问题,而外资经营企业则不存在补缴税款的问题。为真正避免经济上的重复征税及公平内外商投资企业税负,"两税合一"后可参照外商投资企业所得税法中的相关规定,统一立法。

第三,统一风险金的提取。我国内资企业所得税规定的坏账准备的提取比例只有0.3% ~0.5%,两税并轨后风险金的提取比例可参照外商投资企业的做法,按照3%的比例提取。

第四,统一业务招待费和慈善捐赠的扣除上限。统一企业所得税后,应对这两类项目的扣除进行适当的调整,鼓励企业进行公益慈善捐赠。

③资产的税务处理

第一,固定资产的折旧的处理。调整对固定资产折旧的税收政策,在折旧年限、折旧方法上采取更灵活优惠的措施促进企业设备更新和技术改造。随着科学技术的发展和技术进步的加快,无形资产的实际有效期限越来越短,原税法规定的不得少于10年的摊销期限应该缩短;企业筹建期间发生的开办费,一律规定在不短于5年的期限分期摊销不合适,期限也应缩短。

第二,股票溢价、股息及资本利得或损失的税务处理。股票溢价部分实属股东权益,不应征税。股息可根据来源不同做不同的税务处理,如可以对来源于境内投资企业(除低税区企业外)予以免税,而投资于境外企业所取得股息应并入企业利润总额纳税。资本利得收益应视同利润合并缴税,而损失部分,只能在资本利得收益限额中冲减,不得冲减企业的正常利润,冲减期限为 5 年①。

(4)企业所得税税收优惠政策的调整

①取消内外商投资企业所得税优惠的双轨制,统一内外商投资企业的所得税。我国目前关于涉外企业所得税优惠的幅度,是其他税收优惠措施所不能比拟的,如"二免三减"、"五免五减"、"二免三减再加三减"或继续减按15%或10%的优惠税率征税;还有优惠幅度更大的是"五免再加五年减按10%税率征税"、"六免再加四年减按10%税率征税"等,如属高新技术产业的,还可多享受二年免征企业所得税优惠。而目前各地给予内资企业的所得税优惠是极为有限的,根本无法与外商投资企业相比②。在两税并行体制下,内资企业所得税税率为33%,外商投资企业为15%,去除大量税收优惠政策的因素,内资企业所得税平均实际负担率为22%左右,外商投资企业为11%左右。外商投资企业所得税率比内资企业低出整整一半。同为同一市场的企业却享受不同的待遇,不在同一平台上哪能进行公平的竞争?照此下去,内资企业只能以自动退出市场而告终。为此,应取消内外商投资企业所得税优惠的双轨制,至少应尽快缩小内外商投资企业的所得税优惠差别,构筑内外商投资企业研发博弈与市场竞争的同一平台③。要做到这一点,首先,应统一内外商投资企业所得税法律体系,在新法中规定统一的企业所得税税率和优惠措施。其次,应明确税收优惠立法权的主体,即明确该主体只能是税收最高立法机关,而规定税收优惠制度的文件只能是该主体制定的法律,其余的行政法规、规章、地方性法规与规章等文件均无权涉及税收优惠措施。即便是我国目前还不能一步到位完全由最高立法机关行使税收优惠立法权,那么暂时可以考虑由最高行政机关即国务院通过行政法规的形式对高新技术产业等赋予统一的税收优惠待遇,其他任何机关都无权通过地方性文件确立税收优惠措施。只有这样,税法的合法性和权威性才能得到有效的保障。再者,应给予一定的过渡期。设立一定期限的过渡期有利于缓冲"两税合一"对外商投资企业所造成的影响,减少短期内对引进外资造成不必要的负面影响。同时,过渡期实行"老企业老办法,新企业新办法",可以给企业一个较稳定的预期,也是我国

---

① 刘华:"我国外商直接投资税制的优化研究",《西安交通大学硕士学位论文》,2003 年。
② 周清:"对涉外税收优惠政策的理性分析",《经济师》2005 年第 8 期。
③ 王耀中:"入世后内外商投资企业的博弈竞争及内资企业的对策",《国际商务》2004 年第 11 期。

政府信守承诺的表现。但过渡期时间不宜过长,最长不能超过 5 年。因为两税合并酝酿已久,外商投资企业其实早有了心理准备,过渡期越长对内资企业的成长和发展就越不利。

②建立防范利用优惠制度逃税的有效机制,防止逃税现象的发生。由于两税合并不是短时间内立即实施的,需要一定的过渡时期。因此仍需建立防范利用优惠制度逃税的有效机制。《涉外企业所得税法》规定,涉外企业所得税减免的实施期是从企业"开始获利年度"起计算的,而内资企业所得税减免的实施,按照地方性优惠政策的规定,则是从企业开业之日或投产年度起计算的。正是因为我们尚未建立相应的防范机制,而导致人为推迟获利年度或账面年年亏损而逃税现象时有发生。我们目前亟须建立一种有效的防范机制,修改优惠期起算条款,将生产性和服务性企业的优惠期从"企业开始获利年度"起算改为从"投资年度"起算,一方面避免了推迟获利年度现象的发生,另一方面又统一了内外商投资企业优惠期的起算时间。①

### 8.5.2　流转税的调整

根据我国现行的税制,流转税包括增值税、营业税、消费税、土地增值税、关税及一些地方性工商税种。其中与外商投资相关性较大的是增值税、营业税、消费税及关税。因而流转税的调整主要集中以下几个方面:

(1)将生产型增值税平稳过渡到消费型增值税。世界上所有实行增值税制度的国家,只有中国和印度尼西亚实行生产型增值税,其他国家都是实行消费型增值税。我国的生产型增值税,即对购买固定资产所含税金不允许作为进项额扣除,从而没有完全避免重复征税,使得不同产业的商品因原产企业的资本有机构成不同,税负迥异,不利于我国高新技术产业、采掘业的发展和企业的技术改造与创新,同时也影响了外商投资企业投资于高风险、高投入的高新技术产业的积极性,因为这些行业需要的生产设备和劳动工具的技术含量高,技术员工的工薪水平高,成本价值大,从而增加了高新技术企业的税收负担,也使得外商投资企业主要投资于产期短、回报率集中在经营前期、低风险的项目,使我国的产业结构更加不合理。生产型增值税还使得出口型企业无法获得完全退税,影响了其出口产品的国际竞争力。所以应对所有的行业全

---

① 　以上部分资料引自搜狐网站两税改革专题。

面实施消费型增值税,允许纳税人新增固定资产支付的增值税在销项税额中全部扣除。适当提高增值税税率2个百分点,转型减收的代价部分由纳税人负担,部分由国家财政承受。扩大增值税的征税范围,将建筑安装、交通运输纳入征税范围。结合增值税的转型,将与增值税征收链条关联密切的交通运输业、建筑业和销售不动产改征增值税,可以克服增值税与营业税间的部分重复征税,既有利于增值税制的规范化,又有利于加强增值税的征收管理,更能调动和激活企业投资的积极性,吸引外资促进本国产业的发展。取消增值税各环节的减免税,减少征管的漏洞①。

(2)营业税调整。营业税是我国地方税的主体税种,在目前的情况下不可能进行大的改革,只能从征收范围和税率两个角度出发,在原有基础上作局部的改革。在征税范围上,营业税纳税对象主要针对劳务服务的第三产业,可以将建筑业、交通业的营业税改征为增值税,与增值税的改革相衔接。在税率上,应根据外资对我国服务行业的冲击程度适当降低营业税的税率,保护我国的相关产业。

(3)消费税调整。消费税具有特有的财政功能、寓禁于征以及征收简便等特点,随着大量外资涌入我国,消费税将在保护国内产业、实现国家产业政策调整等方面发挥更大的作用。应该适当调整并扩大消费税的征收范围,对国内供应能力不足并且不具有国际竞争力的非生活必需品和国内有开发潜力但没有形成实际生产能力的产品实行较高的消费税率,抵消部分我国入世后关税保护弱化对国内幼稚产业发展和税收收入的负面影响,给本国产业一定程度的隐性保护。将某些不利于环保的消费品纳入征收范围,同时取消对轮胎、酒精等产品征收消费税,充分发挥其在国内产业保护上的准关税作用。

(4)关税调整。应取消进口关税的"同步减免"。长期以来,我国实行关税与海关代征的增值税和消费税等进口环节税同步减免的政策,在关税大幅削减的同时也就造成了进口环节税的大量减免。尤其是我国将继续按照加入世界贸易组织的关税减让承诺,2007年我国的关税总水平将由2005年的10%降至9.8%,同步减免进口环节税的弊端更加明显。还有可能使这部分减免进口关税产品的税负远低于国内同类型产品,从而大大地削弱了国内产品的市场竞争力。目前外商投资企业除可以免征进口设备的关税外,还可免征进口环节的增值税,而内资企业则无此优惠,造成一定程度的内资投资歧

---

① 刘建民、印慧:"西方主要发达国家税制改革经验与借鉴",《财政研究》2004年第4期。

视。因此,对现行进口环节偏多的税收优惠办法应该予以清理和调整,取消关税与进口环节税同步减免的做法,严格控制进口环节税的单独减免,这样才能继续发挥税收优惠政策的引资效应,并为内资企业与外商投资企业、进口产品与国内产品在国内市场上创造一个公平竞争的环境。

### 8.5.3 其他税种的调整

目前,我国吸收的大量外资积淀于一般的生产、加工、消费性产业,截至2004年,制造业外商投资企业数和合同金额分别占累计总外商投资企业数和合同金额的72.57%和64.76%。外资大量涌入第二产业一个很重要的因素就是要利用我国丰富廉价的资源和我国相对较低的环境保护标准。因此,虽然外资的进入对我国经济发展起到了很大的促进作用,但也带来了我国环境破坏严重、社会保障力度不够等不良现象,因此开征其他税种改善这种局面势在必行。其他税种的实施不仅能起到保护我国资源环境的作用,还能引导外资的流向,吸引更多对我国经济拉动作用更大、负面效用更小的外资。

(1)开征环境保护税。根据国际通行原则,环境保护税应由破坏和污染环境者负担。因此,根据"谁污染,谁纳税"的原则,凡在中国境内从事有害环境应税产品的生产和存在应税排污行为的单位和个人均是环境保护税的纳税人。课征的对象是直接污染环境的行为和在消费过程中会造成污染的产品。关于税基的选择,应根据我国的实际情况,对于排污行为,包括工业废水、有害气体等污染物以排放量为税基,对工业固体废弃物、一次性难降解的塑料、塑料包装物等以污染性企业的生产销售量为税基,而对电池、农药化肥等污染物以生产要素或消费品所包含的污染物数量作为税基。环境保护税的税目可以包括大气污染税、水污染税、生态补偿税、噪音税、垃圾污染税、固体废弃物污染税等。在环境保护税的税率设计上,应以累进税率为主,考虑到我国国情在现阶段不能定得过高,而且各地的气候条件、人口密度及经济发展水平,对清洁环境的要求程度有差异,同等的污染量对不同地区的边际社会损害程度不同,因此,应根据污染物在不同地区对自然环境的边际影响程度以及污染物的特点设置差别税率,对环境危害大的污染物征收高税率,对环境危害小的污染物征收低税率。而且为鼓励外商投资企业进行"绿色"生产和"绿色"消费,减少环境污染,鼓励外商投资企业投资于治理环境污染的产品研制和开发项目,可以对研究控制污染的新技术与产品的开发给予减免税优惠,对为治理污染而购进的先进环保设备,允许作为成本税前列支,并允许加速折旧等。

环境保护税课征具体分为以下几个方面:①大气污染税,凡对在生产经营过程中向空气中排放二氧化碳、二氧化硫、一氧化碳、氮氧化物、烟尘等有害气体的单位征收环境保护税,以其排放量和排放气体的浓度实行从量课征的累进税。②水污染税,对排放工业废水的企事业单位及排放生活废水的城市居民征税,确定一定的排量标准,根据纳税人的废水排放量和含量实行有差别的累进税制。③噪音税,对在生产经营过程中产生噪音的生产企业进行征税,以其造成的噪音超过人的承受能力的分贝值作为征税依据①。④垃圾税,以排放垃圾的企业和家庭为征收单位,考虑征收的成本及征收的可操作性,建议以家庭成员和企业成员为征税依据进行定额征收。⑤固体废物税,对塑料包装物、废纸、旧轮胎等固体废弃物按其体积和类型进行定额征收。⑥农药化肥税,鉴于市场上对环境有害的无机农药化肥大量使用,而对环境无害的有机农药化肥市场狭小的不利状况,建议对生产无机农药和化肥的生产企业,根据其生产销售量进行征收一定量的环保税。

(2)开征社会保障税。社会保障制度是一国经济发展不可缺少的重要组成部分,但随着市场经济体制改革的进一步深化,我国现有的社会保障体系已明显滞后于经济发展的要求,其原因在于其自身存在着保障资金来源不稳定、管理操作不规范等一系列问题。目前,我国的社会保障只覆盖了国有企业和部分集体企业职工及行政事业单位这小部分范围,其他所有制职工大多没有参加社会保障,农村基本处于空白。外商投资企业在为我国提供大量就业岗位,缓解就业压力的同时,由于我国社会保障制度的不健全,未能为外企职工提供养老、医疗、失业等社会保障,而且我国许多外商投资企业招聘的员工多为农民工,收入较低,生产和生活环境相对比较恶劣,无力缴纳社会保障费,在与外企解除劳动合同,离休、退休或者失业后,生活得不到任何保障,这无益于社会的稳定和我国经济的长远发展。因此,针对这种情况,国家应对这些企业征收社会保障税,让其根据企业收入按一定税率缴纳税款,国家统一将这笔资金投入工人的包括养老、医疗、生育、失业、工伤等五险在内的社会保障体系中,既保护了外商投资企业职工的合法权益,也能在长远上促进外商投资企业的快速发展。

---

① 康晓明:"促进资源有效利用和环境保护的税收政策研究",《广东经济管理学院学报》2006 年第 3 期。

　　开征社会保障税,要按照循序渐进、平稳过渡的原则,根据我国的基本国情,在借鉴国外开征税收保障税的经验的基础上,设计出切实可行的社会保障税制。社会保障税的纳税人应是我国境内一切具有交纳能力和符合交纳社会保障税的单位和个人。社会保障税的税目可暂行设立职工养老保险税、医疗保险税和失业保险税三种,至于工伤保险和生育保险因其尚处于试点阶段,可通过商业保险方式解决,待将来条件成熟时再逐步纳入社会保障税的范畴。我国现行的社会统筹是以工资薪金作为课征对象的,基于政策的稳定性和连续性,我国社会保障税应继续以工薪收入总额为税基,企事业单位以实际支付的工薪总额为课税对象,个人以其所得工薪总额为课税对象,个体工商户和私营企业等非工薪收入者以毛收入为课税对象。社会保障税的税率主要取决于保障支出的基本需求、保障水平及纳税人的承受能力,鉴于我国的经济发展水平和生活水平较低,企业和个人的纳税能力有限,可考虑实行分享比例税率并采取差别税率。在目前情况下,可继续延续以前的征收率,即养老保险税率为28%,其中雇主缴纳20%,员工缴纳8%;失业保险税率为3%,其中雇主缴纳2%,员工缴纳1%;医疗保险税率为8%,其中雇主缴纳6%,员工缴纳2%[1],至于社会保障税的征收可实行自行申报纳税与核定征收相结合的方式,对所有性质的企业和个人,由企业自行申报纳税,职工负担的那部分税款由其企业在发放工资时扣除并和企业应负担的那部分税款一并上缴;行政事业单位负担的社会保障支出,由财政部门统一足额的拨入社会保障基金的管理机构;对账目不健全,难以准确提供工资发放情况的企业和个人及自由职业者,由税务部门核定其应纳税额,再由参保人根据核定的税额申报纳税,这样就能保证我国社会保障基金的筹集。入库后的税款列入同级财政预算管理,再通过法定预算程序由财政部门按时足额地划拨到社会保障机构,使专款专用落到实处。

## 8.5.4　税收征管的优化调整

　　之前已分析由于我国税收优惠政策内容多、范围广、层次多,外商投资企业利用税收优惠政策和税收征管的漏洞逃、避税现象严重。为使税收激励政策真正发挥其引资效应,维护国家的合法权益,同时减轻"两税合一"给政府带来的财政收入的损失,应强化我国的税收征管。主要包括以下几方面的

---

① 班奕:"我国开征社会保障税地税制设计初探",《商业时代》2006年第2期。

内容：

（1）严格执行外商投资企业的税收优惠标准。其一，对享受税收优惠政策的企业所在行业、技术水平、知识含量、资本规模等严格审定；其二，对外商投资企业出口创汇比例严格审查，确属符合政策规定条件的企业方可享受税收优惠，防止个别企业钻政策空子。

（2）坚决取缔假合资企业。假合资企业有多种类型，有的是外商投资到位后不久即撤走的，有的是内地资金转出又以外商名义投入的，目的都是骗取国家的税收优惠。应通过严格外商投资企业验资手续、严格外商投资企业的定期审计等方式，清理各类假合资企业，保证真正的外商投资企业享受优惠，防止假合资企业非法占有国家税收收入。

（3）税务部门加强税收征管改革步伐，实现全面征税管理，健全高效制约机制，适时调整征管重点，堵塞征管漏洞。具体是：第一，把"纳税评估"纳入当前征管模式，形成"以申报纳税和优化服务为基础，以计算机网络为依托，集中征管，纳税评估和重点稽查相结合，强化管理"的税收征管模式。第二，进一步加强计算机开发应用水平。第三，提高税务人员的业务水平，强化税务稽查的职能作用。第四，建立健全税收司法保障体系，增强税务部门的执法刚性，加大对违法违纪案件的处罚力度。

（4）加强反避税的研究工作。我国为吸引外资，促进我国经济增长，给予了外商投资企业相当多的税收优惠政策，但跨国公司往往还会通过转移定价、资本弱化等手段进行逃避税。"两税合一"后，外商投资企业享受的税收优惠减少，其税率将提高，这使得跨国公司更加扩大避税的范围和避税的手段，我们面临的反避税工作将会更加艰巨。为了配合"两税合一"的实施，我们应加紧研究反避税的措施。首先，要继续完善转让定价的税收管理法规，借鉴国际先进经验，尽快实施预约定价制度。执行转移定价的有关规则，对明显的转移利润的企业，调整商品的进销价格，待条件成熟后，制定比较系统的反避税规则，针对经济全球化对跨国公司的管理要求，补充、修订转移定价和调整方法及其使用条件。其次，要针对外商投资企业大面积亏损，且亏损面不断上升的趋势，广泛进行调查研究，分析亏损原因，加大税源控制力度。最后，要强化税收情报交换及反避税信息工作，根据税收协定的有关规定，加强与相关国家的情报交换工作，推广反避税软件，恢复反避税价格信息查询。唯有这样才能不断提高反避税水平，防止税收流失，提高外资税收激励政策的效应。

## 8.6 中国涉外税收政策调整的配套措施

经济全球化进程使得各国经济联系更加紧密,同时也使世界各国争夺外资的竞争日趋激励。从中国当前引资形势分析,由于中国自身改革进入攻坚阶段,深层次矛盾暴露出来,对经济的进一步运行构成严峻挑战。面对中国对外引资的严峻现实,我们在扩大开放、积极利用外资研究中应切实解决这样一个问题:如何适应跨国资本流动的新形势,例如跨国购并日益成为对外直接投资的重要手段,周边国家日益加大吸引外商直接投资优惠政策的力度等。从我国当前吸引外资的现状看,我国的投资环境已取得很大进步,税收优惠政策的采用吸引了相当数量的外资,但在经济转型时期,无论是法律法规还是对外运作管理,尚有许多方面亟待完善。因此,中国在调整吸引外资的涉外税收优惠政策的同时,还需进一步加大开放力度,完善投资环境和吸引外商投资的法律体系。

### 8.6.1 进一步完善吸引外商投资的法律体系

入世以来,为了适应 WTO 的规则,兑现入世承诺和扩大利用外资,我国政府出台了一系列鼓励外商投资的新政策,并且对原有的有关外商投资的法律、法规与规章有步骤、有计划地进行了修订、增补和废止,完善了我国的外商投资法律体系,但是仍存在许多需要完善的不足之处。如我国的税收优惠政策中有不少只规定了一些原则,却没有具体可供操作的规定,导致各地从自己的利益出发执行这些税收政策,而不少地方的税收征管部门的工作人员征管技术落后,素质较低,由于法律规定不明确,在征管时随意性比较大。因此,我们应完善吸引外商投资的法律法规体系,统一税收政策,保持外商投资政策的稳定性、连续性、可预期性和可操作性,进一步简化外资审批程序,实施规范化、标准化的审批制度,努力为外商投资创造统一、稳定、透明、可预见的法律环境和政策环境。另一方面,通过完善立法可以增强税收征管人员法制观念,做到公开、公正、透明,为外商投资提供法律上的保障①。具体来说,为我国完善外商投资的法律体系,提出如下建议:

---

① 李道昌:"改革中的中国外商投资法律环境",《法制与经济》1998 年第 3 期。

（1）制定专门的税收优惠法。我国的税收优惠政策（包括内外资）范围广、内容多，既复杂又混乱，执行难度大，逃、避税现象严重，导致我国税收流失严重。为了强化税收优惠政策的法制性、整体性和透明性，便于征纳双方执行，建议我国的立法机关在统一我国内外商投资企业税收制度的前提下，从我国吸引外商投资的现状和国民经济发展的需要出发，借鉴周边国家和地区的政策经验，对其单独立法，制定一部同时适合内、外商投资企业的税收优惠法，具体明确税收优惠的具体措施、范围、内容、办法、审批程序、审批办法、享受税收优惠的权利和义务等规定，内容涵盖对外商直接投资的所有税收优惠。严格细化享受税收优惠的条件和程序，而且应修改和取消一些与世界贸易组织要求不相符合甚至抵触的规定，例如取消对出口导向型外商投资企业的减半征税优惠，以避免遭遇他国的反补贴行动。如此以"法"为依据，可有效增强税收优惠的刚性，也有利于消除地方政府在税收优惠领域的过度竞争行为。这样，只需要在有关税种基本法中对该税种优惠问题做出几条原则性规定，至于优惠的具体措施项目、内容、办法、审批权限等，尽收税收优惠法中。

（2）我国加入 WTO 已有五年之多，我国的涉外经济法律体系中存在许多与 WTO 规则相冲突的地方，因而，适应入世要求，要按照法制统一、非歧视和公开透明的原则，各级政府和有关部门要加快清理与 WTO 规则不相适应的政策规章和文件，抓紧建立和完善既符合 WTO 规则，又符合我国国情的涉外经济法律体系。抓紧涉外经济法规的立法工作，制定和完善有关反垄断、反倾销、反补贴等方面的法律法规，继续清理涉外法律、法规、规章和其他有关政策措施，对其中有违反 WTO 规定和我国对外承诺，以及不适应社会主义市场经济要求的内容加以调整修改，可由立法机关组织专门的研究小组，继续探讨中国法律与 WTO 法律体系接轨问题，根据现有中国外资法律、法规的实施情况和 WTO 规则要求以及中国对外承诺，提出修改意见：建立统一、规范、公开的外商投资准入制度，凡未列入国家法律法规规定的外商投资准入审批事项，应予以取消；法律法规规定的外商投资准入审批事项，也要改革审批制度，减少审批内容，简化审批程序，缩短审批时间。提高政策法规的透明度，逐步公开涉外法律法规、地方和部门规章以及政策性文件。

（3）当前，就我国外资法的总体框架来看，其体系比较杂乱，立法间也缺乏足够的配合与协调，甚至还存在许多矛盾和冲突。因此，除对现行外资法中相应立法的内容进行补充或修改之外，还应当进一步理顺我国现行外资法的体系，规范外资立法权限，收回地方的外资立法权，对于有关外资引进和管理

的各项行政法规、规章的制定权,应收归国家对外经贸主管机关单独或会同有
关职能机关行使。这样,可以较大程度地避免各项外资法律、法规内容重复、
冲突现象的出现,保证外资法在全国范围内得以有效、全面的实施,有助于提
高我国外资立法的透明度,改善引进外资的法律环境①。

### 8.6.2　为实施税收激励政策营造良好投资环境

能否扩大和有效利用外商直接投资,投资环境是一个非常重要的因素。
所谓投资环境,是指足以影响国际资本有效运行,发挥资本的基本职能,以及
资本增值的一切外部条件和因素,它是一个由各种外部条件和因素有机结合
而形成的综合环境,包括自然的、社会的、政治的、经济的、法律的、科技的等等
在内的一个综合体系。税收优惠是投资环境的重要组成部分,其作用的有效
发挥必须借助其他条件的成熟。因此我国在采取税收优惠等经济优惠政策吸
引外资的同时,还应该为税收激励政策的实施营造良好的投资环境,以提高税
收激励政策的有效性。改革开放 20 多年来,中国的投资硬环境已得到较大的
改善,各地的交通、运输、通信等原来经济发展的"瓶颈"现在已经不复存在,
水、电等资源的供应也已基本满足经济发展的需要。所以,目前美国、日本、德
国等发达国家的外商对中国投资环境不够满意的地方主要来自于软环境,由
于不熟悉中国的文化背景、法律体制以及经济体制,对中国的软环境更难以适
应。因此,扩大和优化外商来华直接投资,提高税收激励政策的引资效应,就
必须进一步优化中国的投资软环境。改善引资软环境的具体措施很多,总体
可以分为以下几个方面:

(1)提高政府工作效率,方便快捷地为外商投资企业办理各项业务。首
先,健全外资管理机构,加强统一管理和协调。各地政府应设立利用外资委员
会等专门机构,以法律的形式赋予其各项职权,使外资委成为独立的、权威性
的外商投资综合管理机构,对外资的审查、增资、减资、工商登记、劳动工资、行
政管理等全权负责,并监督、协调、指导税务、海关、邮政、电信、电力、银行、卫
生、防疫、公安等各部门中与利用外资有关的工作。其次,简化审批程序,推行
联审制、登记制及回避制,实行便捷、高效、廉洁的管理方式。登记证是对审批
权限内的一般性鼓励和允许项目,直接审批合同章程后到工商局登记注册,如

---

① 陈巍:"论外商投资法律环境的完善",《北方经济》2006 年第 8 期。

果外资项目一时还把握不准的,可以先到工商局注册公司,给半年时间选择项目,先发营业执照后审核合同章程;联审制是对属于本级审批的限制性项目和重大项目实行联合审批,联审实行例会制度,由外资管理综合部门的主要领导主持,项目涉及部门派全权代表参加,会议决定后,各部门不再复议,收录文件,做到收文的不参加审批,审批的不得收文,以利于防止不正之风、克服消极腐败现象。再次,建立健全政策法规体系,加强职能部门的监督执法职能,把引进外资工作及"三资"企业的后期管理纳入法制轨道。一是对利于健全外资的政策法规进行清理、完善、修改和补充,尽快形成一整套比较完善的政策法规体系,为"三资"企业依法管理提供依据。二是外资综合管理部门、工商、财税、司法等执法监督部门应强化本部门的职能,各司其职、各尽其责,以国家及地方有关政策法规为依据,一方面保护"三资"企业的合法权益,另一方面严格监督"三资"企业的行为,对守法经营的企业给予表彰、奖励或进一步优惠,对违法经营行为采取严厉措施予以查处,把对外商投资企业的管理纳入法制轨道。同时,要提高各部门管理人员的素质,对各级领导干部及有关机构的工作人员进行普及国家经济法律和惯例的教育,积极推行按国际惯例办事①。

(2)加大外商法制服务,使市场更为规范。首先,各级政府应开展外商投诉受理服务,尽快建立外商投诉中心和涉外经济法律服务站,实行外商投诉纠纷处理责任制。为外商解决实际问题带来方便,要切实从外商的实际利益出发,对投诉案件按企业所在地原则实行负责制,由各级政府指定的专门机构受理并认真及时处理。其次,加大执法力度,规范执法行为。要加大整顿和规范市场经济秩序,打破地方保护,消除地区封锁,保护公平竞争,严厉打击对外地产品采取歧视性措施限制外地产品进入本地市场的行为;打击假冒外商投资企业产品的行为,切实保护外商的知识产权。我们必须明确,切实保护知识产权不仅仅是遵守 WTO 的《知识产权保护协定》的需要,更是一国经济和社会发展的需要。我们应切实树立知识产权保护的观念,并真正落实到保护外商的知识产权行动中来,以便更好地利用外资,引进先进技术和产品,真正发挥高科技产业税收激励政策的效果。另一方面,各级政府相关职能部门的工作人员要增强法律意识,严格依法行政,任何部门和单位不得侵犯外资投资企业,依照法律、法规和经批准的合同、章程享有的经营自主权。特别是要规范检查和收费行为,严格清理现行的各种收费项目,实行收费登记卡制度,明确

---

① 卢晓勇:《中国利用发达国家直接投资研究》,江西人民出版社 2003 年版。

合理的收费项目和收费标准,这样既保证了依法收费,又保障了外商投资企业依法拒付不合理收费①。

(3)加强与投资者的沟通,充分发挥外商投资企业协会的作用。在外商投资企业协会下设立信息中心,加快信息网络建设,完善信息系统,广开信息渠道,及时向企业传递各方面的信息,建立各行业的同业公会,开展厂商联谊会、投资人座谈会、信息交流会,并邀请各部门的有关领导,倾听"三资"企业呼声,引导"三资"企业在经营管理中正确调整经营方向,进行科学决策,提高企业经济效益。

---

① 王春艳:"加强投资环境建设,增强对外资的吸引力",《白城师范学院学报》2005 年第 4 期。

# 结　论

　　企业对外投资具有不同的动因,不同时期及不同类型的外商投资企业其对外投资动因组合存在着差异。因此,不同投资者对税收激励的敏感程度也是不相同的,也就是说,税收激励产生的效应也不相同。这一特点决定了税收激励政策的选取上必须在本国发展需要的基础上遵循因势利导的原则,本书的实证分析和国际比较都较好地支持了上述观点。特别是在"以市场换技术"的思路受到严重制约的今天,从国家发展战略出发制定的税收激励政策更成为时代的要求。

　　通过分析不同企业税收激励反应程度的差异发现,在市场经济中,由于利益驱动,各个企业对外投资都会尽力使自己所拥有的生产要素得到最充分的利用,以提高经济效益,增强自身竞争力。对于不同的投资者来说,税收激励政策在其投资决策中的作用也是不尽相同的。税收激励主要通过影响企业的留利和企业折旧,进而影响外商的投资决策。同时,外商在华的投资战略和公司的新旧程度都会对税收激励的效果产生不同程度的影响。

　　以中国为例,对税收激励引起本国福利变化的分析表明,税收激励对国民福利的改善不明显甚至为负。从外商来中国投资的动因出发,本书把外资分为两类:市场需求型和出口加工型,并通过对这两类外资的分析得出结论,对市场需求型的外商投资,在大国自由贸易情形下,对资本征税是最优的干预政策;在贸易条件恶化的情况下,也有必要对资本的所得进行征税,以限制利润的流出;而对于非充分就业的发展中国家而言,由于资本的流入对就业有正的促进效应。对出口加工型的外商投资,本书尝试性地从"价值链"的角度和内生经济增长理论进行分析,认为发展中国家在参与国际分工时不能一味追求价值链攀升,税收激励虽然在短期内促进就业,提升本国的产业结构水平,但是从长远来看,容易陷入低发展水平陷阱。

　　通过对我国税收激励与外商投资规模、外商投资结构和外商投资企业税收收入的关系实证分析发现,我国在税收激励政策的把握上应当坚持:(1)税收激励适度原则。由于税收激励政策在外资地点确定方面的作用较为有限，并会直接导致税收收入减少，但在同一地区实施税收激励政策可更好地吸引外资流入，建议重新定位税收激励政策的作用，制定适当税率。税收激励目标应从增加引资总量转变为提高引资质量。（2）实行产业导向的税收激励政策。我国针对某一产业实施更多税收激励，有利于该产业吸引更多的外资。现行的外商投资税收激励政策导致外商投资主要流向了制造业，尤其是一般加工性企业，劳动密集型企业过多，技术和资本密集型企业过少。对这些企业的税收激励只会增加资本量，无益于我国产业结构升级，而产业结构调整和升级又是我国目前急需解决的问题。（3）调整东部地区的税收激励。实证结论表明，我国税收激励政策地区导向是有效的，由于东部地区在引资税收激励政策起步较早，优惠幅度更多更广，目前已形成较好的投资环境，相对西部更强化了东部地区的优势，间接削弱了西部地区引资的规模，扩大了东西部地区经济差距。

通过对韩国、中国香港、新加坡、印度四国（地区）在鼓励外商投资方面制定的主要税收激励政策的比较，以及在此基础上对四国（地区）税收激励政策的共性和差异性分析，总结出四国（地区）鼓励外商投资税收政策的成功经验：（1）四国（地区）鼓励外商投资的税收政策是与本国（地区）的宏观经济政策保持协调一致的。（2）在税收激励政策的制定、实施过程中法制性强。（3）税收激励的形式灵活多样，政策手段多元化。（4）注重国内整体税收环境对吸引外资的影响。这些都是值得我国借鉴的成功经验。

我国的税收激励政策存在的问题主要包括：税收激励成本过高、税收激励边际收益递减、税收政策的国际协调滞后、税收激励结构性效应不强、税收激励工具庞杂，缺乏系统性和动态性等一系列问题。

由于以上问题的存在，我国的税制改革势在必行，在"两税"合并的大前提下调整我国的涉外税收政策。本书的最后就以此为基础提出了我国涉外税收政策调整应坚持公平与效率相结合、产业税收激励与区域税收激励相结合、适度性与可操作性相结合、国际化与本土相结合的原则，进行税收优惠方式调整、产业税收激励政策调整、区域税收激励政策和涉外税种的调整及其他配套措施。

# 参 考 文 献

［1］赵晋平：《利用外资与中国经济增长》，人民出版社 2000 年版。

［2］汪小涓："中国的外贸对经济增长、结构提升和竞争力的贡献"，《中国社会科学》2002 年第 6 期。

［3］邓宁（John H. Duning）："重估外国直接投资的利益"，《里丁大学国际投资与商务研究研讨会论文》1994 年第 7 版。

［4］Barlow, Ira T. Wender：Foreign Investment and Taxation, *Yale Law Journal*, Vol. 65, No. 8（Jul., 1956）, pp. 1223-1227.

［5］Root, F. and Ahmed, A.：The Influence of Policy Instruments on anufacturing Direct Foreign Investment in Developing Countries, in *Journal of International Business Studies*, 1978.

［6］Jack M. Mintz & Thomas Tsiopoulos："Corporate Income Taxation and Foreign Direct Investment in Central and Eastern Europe", 1992.

［7］左大培："外商投资企业税收优惠的非效率性"，《经济研究》2000 年第 5 期。

［8］Wells, L.："Investment Incentives：An Unnecessary Debate", CTC Roporter, 1978.

［9］Coyne, E. J.：An Articulated Analysis Model for FDI Attraction into Developing Countries, Florida, Nova Southeastern University, 1994.

［10］OECD："Tax Rates Are Falling ", OECD in Washington, March 2001.

［11］W. Steven Clark：Corporate Tax Incentives for Foreign Direct Investment, Financing for Developmetn UN/ECE Regional Conference In co-operation with the EBRD and UNCTAD, 2000.

［12］马栓友：" 税收优惠与投资的实证分析"，《 税务研究》2001 年第 10 期。

［13］陈丽霞、王长义："浅析利用税收优惠政策吸引 FDI 的激励机制"，《商场现代化》2005 年第 1 期。

［14］李宗卉、鲁明泓："中国外商投资企业税收优惠政策的有效性分析"，《世界经济》2004 年第 10 期。

［15］Estach, A, and Gaspar, V：Why Tax Incentives Do Not Promote Investment in Brazil, in Fiscal Incentives for Investment and Innovation, ed. by A Shah,（New York：Oxford University Press）, 1995.

［16］凌岚、刘恩专："外国直接投资的税收支出结构研究"，《南开经济研究》1996 年第 5 期。

［17］牛泽厚："税收优惠对跨国公司调控研究"，《中央财经大学博士学位论文》2003 年。

［18］方建裕："FDI 理论的比较分析：文献综述"，《商业研究》2003 年第 3 期。

［19］江心英："东道国因素与东道国外商直接投资特征"，《经济经纬》2004 年第 2 期。

［20］刘汉屏、吴江："论国际税收竞争"，《财贸经济》2003 年第 12 期。

［21］Jeffrey Owens：Competition for FDI and The Role of Taxation：The Experience of South Easten European countries，Taxation in EU New Members，Working Paper，No316，April 2004.

［22］苏建华："外商直接投资的税收敏感度分析"，《中央财经大学硕士论文》2004 年。

［23］《形式与热点 1998——中国融入世界经济大潮》，中国对外经济贸易出版社 1998 年版。

［24］姚利民、李攻："企业对外投资的战略动因"，《华东经济管理》1998 年第 3 期。

［25］尹玉林、宋剑文："跨国公司对外投资的宏微观原因分析"，《广西师范大学学报》1997 年。

［26］Easson，Alex：Taxation of Foreign Direct Investment：An Introduction，Kluwer Law International Ltd，1999.

［27］王耀中："论外资在中国资本市场融资"，《国际商务》2003 年第 5 期。

［28］王耀中："基于前后关联分析的外商直接投资与技术外溢"，《经济评论》2005 年第 6 期。

［29］王元龙："跨国公司对外直接投资的动因及其应对策略"，《中国外汇管理》2000 年第 8 期。

［30］董晓岩："海外投资的税收激励政策研究"，《东北财经大学硕士论文》2003 年。

［31］秦玲芳、王彤："税收激励的实质及其运用"，《吉林财税高等专科学校学报》2006 年第 1 期。

［32］刘鹏俊："论外国直接投资的财政优惠政策"，《对外经济贸易大学硕士论文》2005 年。

［33］Slemrod，J. & S. Yitzhaki：Tax Avoidance，Evasion，and Administration，in Handbook of Public Economics 2002.

［34］李海绒："税收优惠政策对 FDI 的影响"，《会计之友》2005 年第 11 期。

［35］钟炜："企业所得税并轨对我国引进外国直接投资的影响"，《当代财经》2005 年第 6 期。

［36］扬静："论引进外国直接投资的税收优惠"，《中央财经大学硕士论文论文》1999 年。

［37］蒋顺怀："1990 年以来日本对外直接投资动因与结构变化"，《探求》2005 年第 1 期。

［38］Rosen，H. S.：《财政学》，中国人民大学出版社 2003 年版。

[39] 王镭:"国际投资中的涉外企业所得税收问题研究",《中国社科院研究生论文》2003 年。

[40] Coyne, E. J . :An Articulated Analysis Model for FDI Attraction into Developing Countries, Florida, Nova Southeastern University,1994.

[41] 江小娟:"投资鼓励措施与吸引外资问题探讨",《现代乡镇》2003 年第 4 期。

[42] 江心英:"东道国外资税收激励政策效应的国际研究综述",《学术前沿》2005 年第 2 期。

[43] Henderson, J. M. and Quandt, R. E. : Microeconomic Theory, A Mathematical Approch, McGraw2Hill Co. Third Edition, 1980.

[44] Musgrave, R. A. :The Theory of Public Finance, McGraw 2 Hill, 1958.

[45] Varian, H. R. : Microeconomic Analysis, Third Edition, 1992.

[46] 梁琦:"跨国公司海外投资与产业集聚",《世界经济》2003 年第 9 期。

[47] 王选:"调整税收优惠政策完善税收优惠方式",《涉外税务》2004 年第 2 期。

[48] 徐思嘉,麦挺:"外国直接投资的福利效应与激励政策——兼论中国外资激励政策的调整",《改革》2004 年第 2 期。

[49] Ana Balcao Reis:"On the welfare effects of foreign investment"Journal of International Economics, 2001.

[50] 崔校宁、李智:"外商对华直接投资经济效应实证分析",《世界经济研究》2003 年第 6 期。

[51] 孙俊:"中国 FDI 地点选择的因素分析",《经济学( 季刊)》2002 年第 3 期。

[52] 左大培:"外商投资企业税收优惠的非效率性",《经济研究》2003 年第 5 期。

[53] UNCTAD:Incentives and Foreign Direct Investment, 1996.

[54] 哈利·G. 约翰逊:"存在关税条件下由效率提高和要素积累而产生收入损失的可能性",《经济学杂志》1967 年。

[55] 李荣林:"非充分就业情况下关税引致投资的福利分析",《世界经济》1999 年第 8 期。

[56] Grossman and Helpman :Quality ladders in the theory of growth,1991.

[57] 陈丽霞、王长义:"浅析利用税收优惠政策吸引 FDI 的激励机制——基于博弈模型的分析",《商业现代化》2005 年第 1 期。

[58] 欧阳雪梅:"韩国外国直接投资税收激励的效益分析",《涉外税务》2002 年第 10 期。

[59] 杨志安:"韩国技术创新的税收政策及启示",《税务研究》2004 年第 1 期。

[60] 钟惠坡:"香港的税收管理",《中国税务》2000 年第 11 期。

[61] 许在渭、石永新:"借鉴印度经验完善我国科技投资税收政策",《福建税务》2003 年第 4 期。

[62] 许在渭:"税收鼓励科技投资国际借鉴研究——借鉴印度经验",《中国西部科技》

2005 年第 12 期。

[63] 李尧、徐磊、毛燕:"印度对外国风险投资公司的税收管理及启示",《涉外税务》2004 年第 7 期。

[64]《2001/2002 世界经济年鉴》,北京:世界经济年鉴编辑部 2003 年版。

[65] 刘建民、印慧:"外商直接投资税收优惠政策国际比较与借鉴",《财经理论与实践》2004 年第 6 期。

[66] 窦清红:"工业化国家不同发展阶段的外商直接投资税收政策",《税务研究》2006 年第 5 期。

[67] 李华:"主要周边国家和地区鼓励外商投资的税收优惠政策评析",《涉外税务》2000 年第 4 期。

[68] Barlow, Ira T. Wender,:Foreign Investment and Taxation, *Yale Law Journal*, Vol. 65, No. 8(Jul. , 1956), pp:1223-1227.

[69] Root, F. and Ahmed, A. : The Influence of Policy Instruments on Manufacturing Direct Foreign Investment in Developing Countries, in Journal of International Business Studies, 1978.

[70] Grubert, H, &Mutti, J. : "Taxes, tariffs and transfer pricing in multinational corporate decision making", Review of Economic and Statistics, 1991.

[71] W Steven Clark:Corporate Tax Incentives for FDI, Financing for Development UN/ECE Regional Conference In cooperation with the EBRD and UNCTAD, 2000.

[72] 王逸、赵晶晶:"国内外 FDI 税收优惠述评及借鉴",《扬州大学税务学院学报》2005 年第 12 期。

[73] 鲁明泓:"外国直接投资区域分布与中国投资环境评估",《经济研究》1997 年第 12 期。

[74] 魏后凯:"外商直接投资对中国区域经济增长的影响",《经济研究》2002 年第 4 期。

[75] 乐为、孙培源:"我国税收区域优惠政策有效性的实证分析",《上海经济研究》2002 年第 6 期。

[76] 李宗卉、鲁明泓:"中国外商投资企业税收优惠政策的有效性分析",《世界经济》2004 年第 10 期。

[77] 孙俊:"中国 FDI 地点选择的因素分析",《经济学(季刊)》2002 年第 3 期。

[78] Oman, C. :" Policy Competition for Foreign Direct Investment : A Study of Competition among overnments to Attract FDI", OECD Development Centre Studies, January, 2000.

[79] 夏杰长、李朱:"税收激励与 FDI 理论分析与中国经验的检验",《涉外税务》2004 年第 9 期。

[80] 叶军:"外资税收优惠政策存废理由检讨",《涉外税务》2005 年第 11 期。

[81] 张亚倩、周华伟:"引进外资与涉外税收的调研报告",2001 年第 4 期。

[82] Charles P. Oman：Policy Competition and Foreign Direct Investment：A Study of Competition among Governments to Attract FDI, OECD Development Center, 1998.

[83] 陈华亭："透视内外商投资企业所得税并轨改革"，《财政与税务》2005 年第 3 期。

[84] 樊勇、饶立新："完善我国税收优惠政策管理的探讨"，《价格月刊》2005 年第 12 期。

[85] 黄桂香："我国税收优惠政策的最佳选择"，《当代财经》1997 年第 9 期。

[86] 戚新、洪光："对统一我国内外商投资企业所得税的探讨"，《吉林财税》2002 年第 9 期。

[87] 陈珍："过渡性资本外逃与外国直接投资的关系"，《金融教学与研究》2004 年第 3 期。

[88] 陈洁："WTO 下我国现行 FDI 税收政策缺陷与调整思路"，《上海财税》2003 年第 5 期。

[89] 岳彩申："试评中国的外商投资企业税收优惠法律制度"，《西南民族学院学报（哲学社会科学版）》2001 年第 10 期。

[90] 赵书博、胡江云："有效利用外资的税收对策"，《税务研究》2002 年第 2 期。

[91] 魏后凯："外商在华直接投资动机和区位因素分析"，《经济研究》2001 年第 2 期。

[92] 刘建民、张家军："税收政策调控困境的思考"，《求索》2004 年第 3 期。

[93] 郭培莉、王海勇："'两税合一'并不会影响外资流入"，《中央财经大学学报》2006 年第 2 期。

[94] 国家税务总局：《关于实施对设在中西部地区的外商投资企业给予三年减按 15% 税率征收企业所得税的优惠的通知》，国税发（1999）172 号，1999 年。

[95] 薛睿、李翠华、王如渊："中国现行税收政策对 FDI 的影响及其利弊分析"，《税务与经济》2006 年第 2 期。

[96] 闻媛："税收差别政策与外商直接投资"，《经济理论与经济管理》2005 年第 11 期。

[97] 李锐："透视税收激励政策"，《吉林财税》2004 年第 3 期。

[98] 刘建民、张家军："加入 WTO 后我国面临国际税收竞争的挑战与对策"，《财经理论与实践》2003 年第 6 期。

[99] 刘建民："'十一五'时期我国提高利用外资质量的战略思考"，《光明日报》2006 年 4 月 30 日。

[100] 刘建民、吴金光："我国引进境外战略投资者的税收政策选择"，《财政研究》2006 年第 1 期。

[101] 邹根宝、舒鹏、关世琪："我国涉外税收优惠的利弊分析"，《当代财经》2004 年第 2 期。

[102] 邓力平："经济全球化与税收政策的国际协调"，《涉外税务》2000 年第 3 期。

[103] 李传永："我国外商直接投资税收政策的改革取向"，《财政研究》1999 年第 1 期。

[104] 安体富、王海勇："论内外两套企业所得税制的合并"，《税务研究》2005 年第 3 期。

［105］屠建平："'两税合并'中的税收合并政策探讨",《税务研究》2006 年第 1 期。

［106］陈洁等："WTO 下现行 FDI 税收政策缺陷与调整思路",《上海财税》2003 年第 9 期。

［107］夏杰长、李朱："税收激励与 FDI：理论分析与中国经验的检验",《涉外税务》2004 年第 9 期。

［108］苏建华：促进 FDI 与中国涉外税收的动态和谐,《经济与管理》2006 年第 3 期。

［109］周清："对涉外税收优惠政策的理性分析",《经济师》2005 年第 8 期。

［110］韩霖："'两税合并'之际涉外税收优惠应何去何从",《税务研究》2005 年第 11 期。

［111］国务院：《中华人民共和国外商投资企业和外国企业所得税法实施细则》,国务院令第 85 号, 1991。

［112］王耀中、刘志忠："西部引进外资的困境与出路——一个新经济地理学的解释",《经济评论》2004 年第 4 期。

［113］王耀中："入世后内外商投资企业的博弈竞争及内资企业的对策",《国际商务》2004 年第 1 期。

［114］刘建民、印慧："西方主要发达国家税制改革经验与借鉴",《财政研究》2004 年第 4 期。

［115］李道昌："改革中的中国外商投资法律环境",《法制与经济》1998 年第 3 期。

［116］Walter A. Chudson：Yale Law, Foreign Investment and Taxation Journal, Vol. 65, No. 8 (Jul., 1956), pp. 1223-1227.

［117］Bressler and Ahmed：Biosynthetically active glutamine synthetase in the marine diatom Phaeodactylum tricornutum：optimization of the forward-reaction assay,1984.

［118］Jack M. Mint：Cashing Out Profits：Approaches to Dividend Taxation. Prepared for the conference, "The Future of the Corporate Tax：A Comparative Perspective", University of Michigan Law School.

［119］Joel B. Slemrod：Progressive Taxes, The concise Encyclepdia Economics,1993.

［120］Forsyth：. FOREIGN OWNERSHIP AND THE REGIONAL PROBLEM：COMPANY PERFORMANCE IN THE MECHANICAL ENGINEERING INDUSTRY. Oxford Journals. 1972.

［121］Stephen H. Hymer：The International Operations of National Firms. A Study of Direct Foreign Investment. Cloth / May 1976.

［122］Slemrod, Joel B. ed：Do Taxes Matter? The Impact of the Tax Reform Act of 1986. 1990.

［123］Slemrod, Joel B., ed.："Do We Know How Progressive the Income Tax System Should Be?" National Tax Journal 36, no. 3(September 1983)：361-69.

［124］Stiglitz, Joseph E：Economics of the Public Sector, 2d ed. 1988.

［125］Pechman, Joseph A：Who Paid the Taxes, 1966-1985？1985.

[126] Figlio, David N and Bruce A. Blonig: "The Effects of Foreign Direct Investment on Local Communities", Journal of Urban Economics,1999.

[127] Richard E. Baldwin, Fredric Robert-Nicoud: Free trade Agreements without delocation. The canadian Journal of Economics. Vol 33. No 3 2000,766-786.

[128] Negishi, T: History of Economic Theory. North Holland, Amsterdam. . 1989.

[129] Negishi, T. : Sraffa and the microfoundations of Keynes. Eur. J. History Econom. Thought 1998.

[130] Smith, A. , : An Inquiry into the Nature and Causes of the Wealth of Nations, Oxford University Press, London. Sraffa, P. The law of returns under competitive conditions. Econom, 1925.

[131] Smith, A: An Inquiry into the Nature and Causes of the Wealth of Nations. Oxford University Press, London,1976.

[132] 刘建民、曹升元、劳辉:"我国外商投资税收激励政策的效应分析及调整对策",《财经理论与实践》2007 年第 4 期。

[133] 汪玉千、朱家波:"收竞争下我国涉外税收优惠政策的选择",《税务与经济》2003 年第 7 期。

[134] 温桂荣:"全球性减税浪潮与我国目前税收政策取向",《湖南商学院学报》2003 年第 3 期。

[135] 李强:"对运用税收政策促进高科技产业发展的调查与思考",《湖南税务高等专科学校学报》2000 年第 2 期。

[136] 康晓明:"促进资源有效利用和环境保护的税收政策研究",《广东经济管理学院学报》2006 年第 3 期。

[137] 陈巍:"论外商投资法律环境的完善",《北方经济》2006 年第 8 期。

[138] 卢晓勇:《中国利用发达国家直接投资研究》,江西人民出版社 2003 年版。

[139] 王春艳:"加强投资环境建设,增强对外资的吸引力",《白城师范学院学报》2005 年第 4 期。

# 后　记

经过三年多的资料收集与整理，两年多的案牍劳神，终成此书。仰望星空，掩卷而思，心中充满了无限的感慨与感激。回首四年半的博士研究生求学历程，凝聚着老师的恩情、同学（事）的友情、家人的亲情，以及他们无尽的关爱和帮助。

首先，衷心感谢我的恩师王耀中教授和肖筱娟师母。恩师严谨科学的治学态度、虚怀若谷的人格魅力、崇高的敬业精神和深厚的学术造诣给予我无尽的启迪，是我工作、学习和生活的榜样。本书从选题、结构布局到语句斟酌、修改及最终定稿，无不倾注了恩师的大量心血和悉心指导。师恩似海，永世难忘！

在攻读博士研究生期间，我有幸得到了学校众多领导、老师和同事的指导和帮助，在此特别向刘克利教授、王柯敏教授、谷士文教授、钟志华教授、赵跃宇教授、张强教授、赖明勇教授、李松龄教授、廖进中教授、张亚斌教授、刘辉煌教授、罗能生教授、唐文进教授、王良健教授以及研究生院、经济与贸易学院、会计学院和计划财务处所有老师、同事表示最诚挚的谢意！

我还要在此特别感谢在写作过程中给予我启发和帮助的刘志忠博士、欧阳煌博士、郭平博士、林皎博士、刘寒波博士、吴金光博士，他们渊博的知识、深厚的理论素养给了我很大帮助。感谢我指导的硕士研究生宋建军、劳辉、张洪亮等给予很多的帮助。

感谢湖南省哲学社会科学规划办公室，我的博士学位论文获得了第十二届湖南省优秀社科学术著作出版资助，这也是我主持的国家、湖南省软科学研究计划项目最终研究成果。

我还要特别感谢生我养我的父母、贤惠的妻子和可爱的女儿，他们给予了我最深切最无私的爱，正是由于他们的支持和鼓励，我才能在繁忙的工作之余进行学习与论文写作。

最后，还要感谢人民出版社的李春生先生，是他诚挚帮助使本书最终得以付梓。需要指出的是,由于作者学识浅薄,且时间有限,本书的错误在所难免,应由作者承担全部责任,并恳请各位专家、同仁批评指正。

**刘 建 民**

2007 年 9 月于岳麓山下

责任编辑:李春林
封面设计:肖　辉
版式设计:程凤琴
责任校对:吕　飞

**图书在版编目(CIP)数据**

外商投资税收激励与政策调整/刘建民 著.
－北京:人民出版社,2007.12
ISBN 978－7－01－006665－3

Ⅰ.外…　Ⅱ.刘…　Ⅲ.外资公司-公司所得税-税收管理-财政政策-研究-中国　Ⅳ.F812.422

中国版本图书馆 CIP 数据核字(2007)第 176598 号

**外商投资税收激励与政策调整**
WAISHANG TOUZI SHUISHOU JILI YU ZHENGCE TIAOZHENG

刘建民　著

人民出版社 出版发行
(100706　北京朝阳门内大街 166 号)

北京市双桥印刷厂印刷　新华书店经销

2007 年 12 月第 1 版　2007 年 12 月北京第 1 次印刷
开本:710 毫米×1000 毫米 1/16　印张:13.25
字数:222 千字　印数:0,001－3,000 册

ISBN 978－7－01－006665－3　定价:30.00 元

邮购地址 100706　北京朝阳门内大街 166 号
人民东方图书销售中心　电话 (010)65250042　65289539